Postwar Historiography and Japanese Buddhism

戦後歴史学と日本仏教

法藏館

オリオン・クラウタウ

Orion KLAUTAU 編

Es gibt ein Bild von Klee, das Angelus Novus heißt. Ein Engel ist darauf dargestellt, der aussieht, als wäre er im Begriff, sich von etwas zu entfernen, worauf er starrt. Seine Augen sind aufgerissen, sein Mund steht offen und seine Flügel sind ausgespannt. Der Engel der Geschichte muß so aussehen. Er hat das Antlitz der Vergangenheit zugewendet. Wo eine Kette von Begebenheiten vor *uns* erscheint, da sieht *er* eine einzige Katastrophe, die unablässig Trümmer auf Trümmer häuft und sie ihm vor die Füße schleudert.

Walter Benjamin, *Über den Begriff der Geschichte*, IX.

「新しい天使」というクレーの絵がある。そこには一人の天使が描かれており、彼は自分がじっと見つめている何かから、遠ざかろうとしているように見える。その眼は大きく見開かれ、口は開き、翼は広げられている。歴史の天使とは、かかる姿であるに違いない。天使は過去に顔を向けており、我々には出来事の連鎖が見えるところに、彼はただ、破局のみを見る。その破局は、絶え間なく廃墟の上に廃墟を積み重ねて、彼の足元に投げつけてくる。

ヴァルター・ベンヤミン『歴史の概念について』(IX)から(編者訳)

戦後歴史学と日本仏教　目次

凡　例

・年代表記は、太陰太陽暦が用いられた明治五年（一八七二）までは年号と西暦を併記し、以後は西暦のみを記した。

・引用者による補足情報などは亀甲括弧〔　〕で括って示し、斜線／は引用文中における改行を意味し、リーダー……は省略を表す。

・文中、山括弧〈　〉は筆者による強調を指す。引用符〝　〟は、史料用語でない言葉を、筆者が相対的に捉えていることを示すものとして用いた。

・本書において研究者に言及する際、敬称は省略した。

戦後歴史学と日本仏教

Postwar Historiography and Japanese Buddhism
(Sengo rekishigaku to nihon bukkyō)
Edited by Orion KLAUTAU

HŌZŌKAN, Kyoto

戦後歴史学と日本仏教——序文

Orion Klautau

日本仏教史学の泰斗と称される辻善之助（一八七七—一九五五）は、いわゆる同時代を扱うのは歴史家の本務ではない、と考えていたようである。(1) 彼は例外を除いて、研究者として活躍した明治末期から昭和初期にかけて、歴史家として「現状」について述べることは——少なくとも意識的には——なかった。しかしその辻も、敗戦後になると、『明治仏教史の問題』（一九四九年）を発表し、その最終章である「信仰界の欠陥と神道国教主義」を、以下のような言葉で締めている。

小論は、著者が曾て大正年間起草し、発表の機会を窺ひつゝ年を過したものであつた。今や時勢の大転変に依つて、神道は全く国家と分離してしまつた。こゝにこの旧稿を顧みて、今昔の感転々切なるものあるを覚える。(2)

時代が変遷した、という認識の下で、辻はいよいよ戦前の宗教政策に関する歴史的評価を試みた、と解釈することもできる。そして敗戦を経て、日本は一つの新時代を迎えたという認識は、辻のみならず、当時の多くの知識人にも共有されるものであった。かかる変化の感覚は、多くの学術分野においてみられたものであり、日本仏教研究もまたその一つであった。本書は、こうした「戦後」という枠組における「日本仏教」の再構築を考えようとするものである。

＊＊＊＊＊

近代日本の歴史的過程で、仏教者は制度的な次元のみならず、イデオロギーの次元においても、日本帝国の領土拡大のための戦争に協力した。[3] このことは、当該時期の専門家でなくとも、周知に属そう。一九六〇年代以降、近代日本仏教研究がさかんになる大きな動機の一つには、こうした「天皇制国家」を支えた仏教に対する批判と反省があったとも言える。[4]

たとえば、この時期の近代日本仏教史学を代表する吉田久一や柏原祐泉のような研究者は、明治初期における島地黙雷（一八三八―一九一一）の大教院分離運動、境野黄洋（一八七一―一九三三）らの新仏教徒同志会、そして清沢満之（一八六三―一九〇三）の「精神主義」など、いわば「革新的」なものを「仏教近代化」の象徴として捉え、その解明に尽力した。そこには近代日本の仏教者たちによる反体制的な営為を評価し、一方で国家に「従属的」な思想や運動を「封建的なもの」と厳しく批判するような、いわゆる「近代化論」の枠組に立脚した学問的態度をみることができる。もとよりこうした研究の枠組は、この分野に限らず、日本史研究一般にみられ、いわゆる「戦後歴史学」の一つの基調をなすものでもあった。すなわち「天皇制国家」に親和的（とみなされたような）思想家たちの営みは、多くの場合、「封建的残滓」や「皇国史観」といった批判的レッテルが貼られるのみで、その歴史的意義について言及されることはほとんどなかったのである。

しかし、二〇〇〇年代以降、近代日本における国家と仏教をめぐる研究が次々と発表され、その関係の内実が様々な方面から検討された。むろん、残されている課題は多いが、大教院制度の成立から植民地支配の問題に至り、日本帝国の形成に対して仏教が果たした役割に関する我々の理解は、三〇年ほど前に比べて大きく深まったことは間違いない。この間、明治維新の開始より、第二次世界大戦の終結までに、仏教が国家といかに協力し、ナショナルな枠組においていかに再編成されたのかに関して、多様な成果がもたらされてきたと言えよう[(5)]。

ただし、こうした戦前期に関する研究成果の蓄積に対して、敗戦を経て、「日本仏教」の語り方がどのように変遷したかをめぐる考察は――特に思想史のレベルで――十分であるとは言えない。その理由の一つには、「近代日本仏教」をフィールドとする研究者の共同体における射程がもっぱら戦前期を対象としていることもあろうが、同時に、「日本仏教」を本質論的に語っていたような人間の多くが、大日本帝国の解体にともなうイデオロギー転換に臨んで、自ら沈黙を選ばざるを得なかったことも大きな要因であろう[(6)]。戦後の学術世界において、それまで抑圧の対象であったマルクス主義史学が主流的位置を占めていく一方、かつての皇国史観的な叙述枠は、内在的反省を経ることなく、機械的に廃棄されていったことが、こうした「沈黙」に拍車をかけたのである。

以上のように、思想界全体が変遷する中で、「日本仏教」の学術的言説がいかに展開していったのかを考えることが本書の趣旨である。かかる目的を成し遂げるべく、本書では、マルクス主義歴史学の「勝利」としての敗戦から始まり、一九六〇年代のアカデミズム批判を経て、公式主義的な歴史学への反省がもたらされた一九七〇年代まで、「日本仏教」の研究をリードした十五名の営みが戦後日本思想史の文脈で回顧されている。今日における「日本仏教」理解の基礎的な部分のほとんどが、彼らによって形作られたことは論を俟たない。しかしながら、それらが「常識」となっているがゆえに、この三〇年余の時期における学知の構造については、等閑視されてきたこともまた事実である。この「常識」を疑うことは、いわゆる言語論的転回以後の世界において、「日本仏教」の叙述を構想するうえでも必要な作業であろう。ここでは、これら十五人の「先人」たちを、「戦後歴史学」という言葉をもって総称している。本書の趣旨を説明する段を終えるにあたり、この点について述べておきたい。

「日本史学史入門」といったジャンルの書物を手にすると、少なくとも一八八〇年代におけるアカデミズム史学の成立以降に関して、かつての「国史学」(日本史学)という分野の展開が、叙述の筋となっていることは、珍しくないこともわかる。(7) 狭義での「アカデミズム史学」の発達を描くことが目的であれば、このような叙述方法も有効であろうが、戦後日本における歴史叙述思想の全体像に迫ることが目指される場合、やはり断片的な方法となろう。いわゆる「歴史」を描くのは、当然ながら一分野の独占的権利でなく、「記憶」の形成という営為との関連において考えると、学問の世界にとどまる問題ですらないこともわかる。(8) 本書はこうして「戦後歴史学」を広く捉え、(9) 多角的な側面から「日本仏教」にまつわる「過去」の再構築に取り組んだようなキーパーソンに焦点を当てる。各論稿の詳細は、次に述べるとおりである。

＊＊＊＊＊

「家永三郎――戦後仏教史学の出発点としての否定の論理」(末木文美士)では、日本仏教研究のみならず、近代史の分野全体にも大きく影響した家永の業績が検討されている。末木が指摘するように、家永三郎の仏教史研究は、主に日本が総力戦を遂行するなかで行われ、その成果は戦後にかけて発表された。本稿は、日本仏教史叙述における「鎌倉新仏教」の位置づけを戦後の学術世界の枠組で再表現した家永の思想的ルーツを戦中の研究活動に求め、敗戦という移行期における仏教史学の変遷をめぐって示唆している。

「服部之総――「生得の因縁」と戦後親鸞論の出発点」（桐原健真）でも、戦中から戦後への展開が検討される。講座派の明治維新史研究者として知られる服部は、戦前、真宗寺院の実家から離れた事情もあり、「本願寺」や仏教に対しほとんど言及しなかった。しかし、三木清（一八九七―一九四五）との論争からも窺えるように、宗教に対する彼の関心が皆無だったわけではない。むしろ、本稿が検討するように、服部は戦後――あるいは三木の死後――皇国史観に色濃く染められた親鸞の歴史像の再構築を、マルクス主義史学のうちで試みたのである。

「井上光貞――焼け跡闇市世代の歴史学」（平雅行）では、戦後における古代中世仏教史の研究を支えた井上の業績とその思想的背景が詳細に検討されている。元勲井上馨の孫という「名門中の名門の出身」であった井上は、没落と混乱の敗戦日本で、「中下級貴族」の没落と再生を主眼とする浄土教の研究に取り組み、従来の日本仏教史の書き換えに成功した。本稿では、摂関期における「中下級貴族の没落とその批判精神は我が事のように共感を覚えた」井上の学風とその思想史的な意義が明らかにされている。

「圭室諦成――社会経済史の日本宗教研究」（林淳）は、「葬式仏教」というタームを戦後の学術世界に定着させた圭室の学的営みとその問題意識を主題としている。曹洞宗の寺院出身であり、東京帝国大学で辻善之助から「国史」の研究方法を学んだ彼は、一九二〇年代から日本の学術世界に流通したマルクス主義歴史学の影響下で、それまで課題とされてこなかった「葬式法要」や「廃仏毀釈」の社会経済史的研究に取り組み、さらに敗戦後には、柳田民俗学の枠組で「葬式」を位置づけることを試みた。本稿は、こうした圭室の業績の根底には、寺院出身者としての彼個人の切実な問いがあったことを指摘する。

「古田紹欽――大拙に近侍した禅学者」（大澤広嗣）は、「日本文化」なる構築物と不可分な要素としてのZenを世界に広げた鈴木大拙（一八七〇―一九六六）に師事し、また東京帝国大学では曹洞宗の宇井伯寿（一八八二―一九六三）にも指導を受けた古田を取り上げる。二十世紀前半における最大の禅学者ともいえる二人を師とした古田は、それまで研究が及んでいなかった近世日本の仏教思想を文化史的コンテキストにおいて描き出そうとした。本稿では、超宗派を志向するような、新たな「禅学」の構想も試みた古田の学風とその意義が明らかにされている。

「**中村元――東方人文主義の日本思想史**」（西村玲）では、仏教のみならず、「東洋思想」なるもの全体の解明に尽力した中村の学問的営為が検討されている。世界思想における「東方」の意義が再び議論されていく冷戦期、マックス・ヴェーバー（一八六四―一九二〇）の近代化論から大きな影響を受けた中村は、日本思想史における「仏教」を位置づけようとした。「東京大学教授」という日本アカデミズムにおける最高の肩書を有しながら、一般市民に対して仏教学の成果普及を目指す東方学院の院長も務めた中村の思想と行動の意味が、本稿では改めて検討されている。

「**笠原一男――戦後歴史学と総合的宗教史叙述のはざま**」（菊地大樹）では、本願寺を中心とする「鎌倉仏教」の研究から出発し、創価学会や立正佼成会のような「新興宗教」をめぐる業績まで世に問うた史学者の笠原が取り上げられている。マルクス主義史学が主流となっていく戦後社会において、笠原は「社会経済的基盤」から「宗教の発展」を理解すべく、日本宗教史における「一揆」や「農民」の位置を考究した。さらには親鸞論、近世の往生伝、「女性と仏教」のようなテーマに関しても論述した笠原による「総合的宗教史」の思想的枠組が、本稿において描かれている。

「**森龍吉――仏教近代化論と真宗思想史研究**」（岩田真美）では、日本共産党員とその支持者が公職のみならず、民間企業からも解雇される「レッドパージ」に遭った森の学術的意義が考察されている。ヴェーバー論を中心として、欧州の宗教社会学に大きく影響を受けた森は、早くも一九四七年から「日本仏教」をいわば、総合的に捉え直そうとしており、「近代化」の視点から親鸞や蓮如の思想と行動に関する多くの著作を発表した。本稿では、こうした浄土真宗を中心とする森の「仏教近代化論」の思想史的意味について検討されている。

「柏原祐泉——自律的信仰の系譜をたどって」（引野亨輔）では、近代仏教研究の先駆者として広く知られながら、中近世の日本仏教史に関しても多くの成果を残した柏原の問題意識が扱われている。江戸期の国学者の思想形成における仏教の役割という研究課題から出発した柏原は、最終的に鎌倉時代から明治期までを自らの研究対象としたが、いずれの時代においても一貫して「近代化」がその主題であった。しかるべき実証作業を踏まえつつ、「宗教の自律性」および「仏教の本来性」を軸とする叙述に取り組んだ柏原の思想的意義が、本稿では明らかにされている。

「五来重——仏教民俗学と庶民信仰の探究」（碧海寿広）では、「仏教民俗学」という分野を定着させた中心的な存在である五来が取り上げられる。東京帝国大学の印度哲学科で仏教文献学を修め、高野山大学の助手に就任した後、京都帝国大学に再入学し、今度は国史学を専攻した五来は、最終的に、いずれのディシプリンにも収まり切らない新たな研究を展開した。本稿では、柳田国男（一八七五—一九六二）の民俗学からの影響を受けながらも、それとは異なる「庶民信仰」体系の構築を試みた五来の歴史観について検討されている。

「吉田久一——近代仏教史研究の開拓と方法」（繁田真爾）では、日本における社会福祉事業史の課題に取り組みながら、近代日本仏教の研究も著しく発展させた吉田の学問的意義が考察されている。大正大学を卒業後、応召によって満州や沖縄に駐屯した彼は、敗戦後、マルクス主義史学の影響下で、日本仏教における「近代」の本質を解明しようとした。本稿では、資本主義や天皇制への批判を学問の推進力として、それまで展開されることがなかった「仏教近代化」の物語を提供した吉田の学的視座と方法とが解き明かされている。

「**石田瑞麿——日本仏教研究における戒律への視角**」（前川健一）では、戒律を中心とした日本仏教史に関する著名な成果をあげた石田の学術的な営為に着目する。明治維新以降、それまで仏教の本質的要素とも考えられていた「戒律」は、様々な意味で相対化されるようになっていき、それゆえ研究対象としても関心が薄くなっていった。しかし、石田は、「日本仏教」の意味内容自体が問い直されていく敗戦後の世界において、あえて「戒律」なるものを通して一つの回答案を提示しようとした。本稿は、こうした石田の営みを今日における戒律研究のコンテキストから検討することを試みている。

「**二葉憲香——仏教の立場に立つ歴史学**」（近藤俊太郎）では、戦後の古代仏教史研究の第一人者たる二葉における仏教史像の核心を、その親鸞理解に見出し、彼の思想的構造について考察されている。敗戦を満州国で迎えた彼は、帰国後、それまで主流であった国家主義的仏教史研究を乗り越えるべく、国家主義的仏教の伝統に「仏教本来の伝統」を対置しようとした。本稿では、「仏教的主体の成立を仏教史研究の前提とする」二葉の研究における学問的態度が明らかにされている。

「**田村芳朗——思想史学と本覚思想研究**」（花野充道）では、「本覚思想」の研究を新たな次元に展開させた田村の思想形成が取り上げられている。皇国史観的な「日本仏教」理解が相対化され、その特質が様々な側面から求められた戦後の学界において、「本覚思想」は一つの回答として浮上してきた。本稿は、田村に系譜するような戦後の教理史研究における「本覚思想」を再検討し、それが一九九〇年代から展開していく「批判仏教」の動向へといかに関わるのかも示しつつ、まさに現在進行形のプロジェクトとの関係において、田村の問題意識を捉え直している。

「**黒田俊雄——マルクス主義史学におけるカミの発見**」（佐藤弘夫）では、権門体制論を提唱し、中世における国家と宗教の理解を一変させた黒田の思想が検討されている。幼少期から親鸞への強い関心を有していた彼は、研究者として、親鸞思想を中世史の文脈において位置づけようとした。黒田は、親鸞が対峙した顕密社寺勢力を中世国家の核心と考え、そのシステムの解明にこそ、親鸞理解の鍵があると考えた。本稿では、マルクス主義の影響を受けながら、上部構造に関して独自の解釈を加えた黒田の学説が再考されている。

＊＊＊＊＊

以上、敗戦直後より一九七〇年代まで、様々な立場から「日本仏教」の歴史像の再構築に貢献した十五名が本書では取り上げられている。「日本仏教」にまつわる課題の多様性に加え、紙幅の制約という、より現実的な問題も考えた上での選定ではあるが、たとえば、大久保道舟（一八九六—一九九四）、宮崎円遵（一九〇六—一九八三）、赤松俊秀（一九〇七—一九七九）、渡辺照宏（一九〇七—一九七七）、川崎庸之（一九〇八—一九九六）、堀一郎（一九一〇—一九七四）、玉村竹二（一九一一—二〇〇三）、戸頃重基（一九一一—一九七七）、竹田聴洲（一九一六—一九八〇）、田村円澄（一九一七—二〇一三）、柳田聖山（一九二二—二〇〇六）、大橋俊雄（一九二五—二〇〇一）、池田英俊（一九二五—二〇〇四）、浅井円道（一九二七—二〇〇四）、高木豊（一九二八—一九九九）など、他に取り上げるべきだった人物も確かに、本書の「続編」を考える上でも、数多く存在する。

しかし、本書で取り上げられている人物に限っても、特徴的な傾向を窺うこともできよう。それは、「近代」との関係において「日本仏教」を捉え直そうとする学的営為である。「絶対主義」の根幹的な要素とみなされた天皇制は、それまでの「日本仏教」の主たる言説枠として機能しており、かかるフレームワークの解体は敗戦後の研究者にとって、一つの共通課題となったことも、明白である。つまり本書に収められた研究者のほぼ全員は、戦前の段階で展開されたような学知を相対化しつつ、近代主義的な日本仏教像を目指した。言うまでもなく、この再構築は「日本」それ自体に対する意味内容の変遷と表裏一体のプロセスでもあった。そして、マルクス主義史学のみならず、ヴェーバー論も主流的な位置を占めていった戦後において、「宗教」なるものへの視座もまた、変遷していく。「近代化」そのものの源泉は、一方で親鸞の精神をはじめとする浄土哲学に求められ、他方では江戸期の仏教思想に見出されるが、やはり「皇国史観」を乗り越えるうえで不可欠とも考えられた「封建制」への批判が、共通課題の一つとして存在した。かかる意味で、戦前においては津田左右吉（一八七三―一九六一）の影響を受け、平泉澄（一八九五―一九八四）に対立した圭室や家永、そして井上や笠原のグループこそが、戦後仏教史学の主流となったことも、偶然でなかろう。また、「近代」の問題に言及せずとも、「民衆」によって構想される仏教こそ「本来の宗教」とする五来、そして本覚思想および戒律問題を取り上げた石田や田村のような立場もみられるが、それらの学問的スタンスも、最終的に、「日本仏教」の本質をめぐる探究として理解することも可能であろう。

もちろん、本書で取り上げられている十五名の姿勢がすべて一致しているわけではない。しかし異なる戦後経験から生じたその多面的な学的営為を回顧することは、この時代における思想空間の総合的理解に接近するための有効な方法であると言ってよいのみならず、「戦後啓蒙に始まる戦後日本の批判的な学知の流れは、私たちの現在の学知に対して、新しい可能性と方向性とを示唆している」[10]と言う安丸良夫（一九三四―二〇一六）の言葉を念頭に置けば、本書の成果によって今日の「日本仏教」をめぐる研究への新地平が開かれていく可能性は十分にある。現在の我々が敗戦の経験から生じた「日本仏教」の歴史像を解明しようとしているのと同様に、本書も二十一世紀初頭における日本仏教研究の意義を振り返るうえで、いつの日にか、考察の対象となるかもしれない。

最後に、本書の企画を快く引き受けてくださった法藏館、とりわけ編集部の上山靖子氏に、心より御礼申し上げる次第である。多数の執筆者を抱えているにも関わらず、ご尽力を賜った法藏館の皆様には、いくら述べても感謝の言葉が足りないほどである。

なお、執筆者の一人であり、去る二月に急逝された西村玲氏に、本書を捧げたい。完成した本書を直接お渡しすることができなかったのは、編者として極めて悔しく感じる次第であるが、氏の業績が我々の研究のなかで創造的に生きていくことを信じたい。

註

（1）辻達也「父善之助と歴史学と私と」（辻達也編・辻善之助著『江戸時代史論』悠思社、一九九一年）、二六五頁。

（2）辻善之助『明治仏教史の問題』（立文書院、一九四九年）、三八〇頁。

（3）近代日本仏教史への入門書として、大谷栄一・吉永進一・近藤俊太郎編『近代仏教スタディーズ――仏教からみたもうひとつの近代』（法藏館、二〇一六年）を参照されたい。

（4）戦前から戦後にかけての近代日本仏教研究史に関しては、たとえば大谷栄一『近代仏教という視座――戦争・アジア・社会主義』（ぺりかん社、二〇一二年）の第一章（一三―四一頁）を見よ。より近年の成果に関しては、*Modern Buddhism in Japan*（HAYASHI Makoto, ŌTANI Eiichi, and Paul L. SWANSON, eds., Nagoya: Nanzan Institute for Religion and Culture, 2014）の編者による序文（pp.1–16）を見よ。

（5）戦前における「仏教とナショナリズム」の課題については、大谷栄一「近代日本の宗教史研究と〈皇道〉」（『人文學報』一〇八、二〇一五年）を参照されたい。

（6）この問題に関しては、たとえば拙著『近代日本思想としての仏教史学』（法藏館、二〇一二年）、そして拙稿「日本戦時期における仏教学とその思想史的意味」（『文藝研究』第一七三集、二〇一二年）や、「十五年戦争期における宮本正尊と日本仏教」(『近代仏教』第十九号、二〇一二年)でも指摘している。

(7) たとえば、永原慶二『20世紀日本の歴史学』(吉川弘文館、二〇〇三年)などの概説書に窺えるアプローチである。特に「Ⅱ現代歴史学の展開」(一三九—三〇四頁)を見よ。

(8) より広く、日本における概念としての「歴史」の問題を考察しようとするものとして、たとえば鈴木貞美「日本における「歴史」の歴史——ひとつのプロブレマティクとして」(『日本研究』三五、二〇〇七年)を参照。

(9) 管見の限りでは、「戦後歴史学」がタームとして定着していくのは、敗戦から十数年を経た歴史学研究会の枠組のなかにおいてである。すなわち一九五七年五月の歴史学研究会大会のテーマを「戦後歴史学の方法的反省」とする提案が示されてから、戦後史学の時代区分も含む自己批判的なコンテキストで、分析用語として使われていった。たとえば「大会テーマ仮案「戦後歴史学の方法的反省」——総会・大会についての1月18日の委員会での討論から」(『歴史学研究』二〇四、一九五七年二月)および「1957年度大会テーマ「戦後歴史学の方法的反省」について——委員会の討論より」(『歴史学研究』二〇六、一九五七年四月)を参照。そして本大会の問題をさらに展開したものとして、井上清「戦後歴史学の反省と当面する課題——失敗から学ぶ一提案」(『歴史学研究』二三〇、一九五九年六月)もあげられよう。なお、歴史学研究会の少し前に、佛教史學會も「戦後史学」の枠組での自省的態度を示す形で、特集「戦後仏教史学の回顧と展望」を発表している。その「編輯後記」(『佛教史學』五—三・四、一九五六年、一四五頁)に、「第二次世界大戦が終つて十一年目、俗に十年一昔というから終戦などという言葉はもはや新しい時代感覚をもつものではない。しかし、この十年間、敗戦の中から立ち上つたわが仏教史学界の動静、これを回顧し批判して将来の指針とすることは意義深いものがある」と記されているように、一九五〇年代後半から「戦後」という枠組自体も相対化されるべきものとして語られていくことがわかる。しかも、評論家の中野好夫(一九〇三—一九八五)が一九五六年、『文藝春秋』二月号に「もはや「戦後」ではない」を発表し、このフレーズが翌年にかけて流行語となることから窺えるように、如上の現象は歴史研究の世界に限られるものではあるまい。「戦後」なる思想空間の形成に関しては、たとえば小熊英二『〈民主〉と〈愛国〉――戦後日本のナショナリズムと公共性』（新曜社、二〇〇二年）を参照。

（10）安丸良夫「戦後知の変貌」（同・喜安朗編『戦後知の可能性――歴史・宗教・民衆』山川出版社、二〇一〇年）、三〇頁。

家永三郎

戦後仏教史学の出発点としての否定の論理

末木文美士
SUEKI Fumihiko

IENAGA Saburō
1913-2002

家永三郎の『日本思想史に於ける否定の論理の発達』（一九四〇年）は、西洋におけるキリスト教をモデルに、仏教がもたらした現実否定を日本思想史の画期と見ることにより、戦後隆盛を迎えた鎌倉新仏教研究の基盤となった。その功罪を検討しつつ、今日における再評価の可能性に説き及ぶ。

一　家永史学における古代・中世思想史の位置づけ

家永三郎（一九一三—二〇〇二）の仏教史研究、もう少し広く言えば、古代・中世思想史研究は、その長い研究生活の初期、戦争期に集中して行われ、その成果は戦中から戦後にかけて出版された。その後、その中心的な関心は近代の政治・社会の問題に移り、仏教史に関して扱うことがあっても、それほど新しい成果を生んではいない。

家永はいくつか自伝的な文章を著わしているが、その中で「私の研究遍歴——苦悩と彷徨を重ねて」（初出一九八二年）では、比較的簡潔にその間の経緯が記されている。

私の研究生活は十五年戦争下で始まったが、当時の私は、上代仏教思想を中心とする思想史と、同じく上代の文芸作品を主な史料に使っての倭絵の研究に専念し、特にメインテーマとした仏教思想史の研究では親鸞の宗教を頂点とする現実の絶対否定を媒介とする浄土信仰の展開を基軸として進めていたために、私の関心はほとんど彼岸の世界にのみ注がれ、藤原定家のいわゆる「紅旗征戎わが事にあらず」という態度を持し続けていたために、激化する戦争とファッシズムの強化による精神的・物質的窮迫に心身ともにあえぎながらも、狂気のように絶叫される日本主義や戦争謳歌の風潮にはまったく背を向けて書斎の内の作業にのみ心を集中できたのであった。[1]

彼は同じ箇所に、「死を目前にすることによってかえって物を書こうとする熱意は高調」したとも述べているように、この時期の成果は戦中から戦後にかけて陸続として出版された。「家永三郎著作目録」によって、その頃の主要な著作を挙げると、以下のようなものがある。[2]

一九四〇年　『日本思想史に於ける否定の論理の発達』
一九四二年　『上代倭絵年表』、『上代仏教思想史研究』
一九四四年　『日本思想史に於ける宗教的自然観の展開』
一九四六年　『上代倭絵全史』
一九四七年　『中世仏教思想史研究』
一九四八年　『日本思想史の諸問題』、『親鸞聖人行実』
一九五一年　『上宮聖徳法王帝説の研究　各論編』
一九五三年　『上宮聖徳法王帝説の研究　総論編』

仏教史、および倭絵研究に関しては、ほぼこの頃までで主要な業績は出尽くしており、その後、『日本思想大系』の『親鸞』（岩波書店、一九七一年）や『聖徳太子集』（岩波書店、一九七五年）に関係することはあっても、新しい研究の進展は少なく、『猿楽能の思想史的考察』（法政大学出版局、一九八〇年）が目につく程度である。ちなみに、家永の仏教史研究は、古代・中世に限られ、近世・近代に立ち入ることは少ない。

家永自身はその頃から、「戦争中から戦後にわたる歴史の激動のなかで、私はふたたび目前の日本社会の前途に思いをめぐらさねばならなくなってきた」と言う。そして、「一九五〇年代に入ってからあらわになってきた「逆コース」の進行」の中で、「家庭や職場である大学のあり方についてから、それをとりまく大状況にかかわる再軍備、憲法改正、そのイデオロギー的補強手段としての治安立法の復活、教育の国家統制強化、司法の反動化などのもろもろの現象」への危機感から、きわめて実践的な視点を持って近代史へと関心を移し、教科書裁判に至る闘いへと向かうことになる。(3) このようなわけで、ここでは戦中から戦争直後、一九四〇年代頃の、初期の家永の著作が検討の対象となる。

家永の仏教研究は、歴史学の立場は堅持しつつも、その書名に「思想史」を謳っているように、歴史学の主流とは異なり、政治史・制度史・経済史などではなく、思想史的な研究が中心となっているところに特徴がある。やはり初期に集中的になされた倭絵の研究は美術史に近い研究であり、家永は自らの研究が「いつも史学と他の隣接諸学との境界領域《グレンツゲビート》を彷徨し続けてきた」(4) と言っている。後年に至るまで、思想史的な方面はその研究の中核をなしている。

家永の自伝的な文章によると、少年期には歴史に関心を持ったものの、東京高等学校在籍中は哲学への関心を深めた。当時流行したマルクス主義へは反発したが、そこから新カント派の哲学に没頭する。その手掛かりとなったのが京都学派の哲学者田辺元(一八八五—一九六二)の著作であった。家永は、「田辺哲学は、美濃部法学・津田史学とともに、私の思想形成にもっとも大きな影響を与えた先行思想のひとつ」(5) と認めている。彼はこの三人に関して、それぞれ『美濃部達吉の思想史的研究』(岩波書店、一九六四年)、『津田左右吉の思想史的研究』(岩波書店、一九七二年)、『田辺元の思想史的研究』(法政大学出版局、一九七四年)の「思想史的研究」三部作において、詳細な研究を発表している。

このように哲学青年だった家永が、なぜ東京帝国大学の国史学科に進むことになったのか。家永の回想録は、その点について必ずしもすっきりした答を出していない。「昔歴史が好きだったからという惰性にしがみついた一面、これもだめ、あれもだめで、国史ぐらいならできるだろうという、いわば窮余のあげくの志願であったのである」[6]と言うように、屈折があったようである。

入学した国史学科は、黒板勝美・辻善之助・中村孝也らがいたが、「専任助教授である平泉(澄)先生が事実上の主任教授同様に教室を切り回しておられた」[7]という。これもまた、家永が国史学科に親しめず、宗教の問題に沈潜した理由でもあった。ただ、「東大国史学科の実証主義から終生免れることができぬ決定的影響を受けている」[8]ことも、事実である。家永の仏教史研究は、強い哲学的問題意識に基づく独自の思想史観を根底に持ちながら、それを東京大学国史学科で叩き込まれた史料実証主義で埋めていくという作業であった。

家永は、一九三七年、卒業論文「上古初期に於ける新文化発展の精神史的考察」で東京帝国大学を卒業したが、その翌年には、東京帝国大学の国史研究室に日本思想史講座が設けられ、平泉澄が担当することになった[9]。その点からすれば、家永の思想史研究は、皮肉なことに彼の嫌った平泉と無関係とは言えない。戦後になっても、東京大学の近世史の講座を思想史の尾藤正英(一九二三—二〇一三)が担当したことを考えると、思想史は国史学から排除されていたわけではない。

家永は、大学を卒業すると同時に、同大学史料編纂所に採用され、その後、新潟高等学校専任講師、帝国学士院嘱託を経て、一九四四年に東京高等師範学校教授となり、一応の生活の安定を得た。仏教史研究はその間に継続された。戦後、一九四九年に同師範学校が新制の東京教育大学になるとともに、同大学教授として、一九七七年の停年まで勤務し、その後中央大学教授を務めた。しかし、平穏な学者人生とは程遠く、東京教育大学の民主化闘争や筑波移転反対運動などに積極的に関わり、教科書裁判とあわせて、闘う歴史家としての後半生であった。

二　基本構図としての『日本思想史に於ける否定の論理の発達』

1　『日本思想史に於ける否定の論理の発達』の位置づけ

『日本思想史に於ける否定の論理の発達』(以下、『否定の論理』と略す)は、一九四〇年に弘文館の教養文庫として出版され、家永の最初の単著となったが、そのもとは一九三八年に『歴史学研究』八巻一〇・一一・一二号に連載されたものであった。この年には、デビュー作である「東大寺大仏の仏身をめぐる諸問題」をはじめとする『上代仏教思想史研究』(畝傍書房、一九四二年)に収録される論文が相次いで書かれている。

家永が古代・中世の宗教思想史に深入りするようになった理由の一つは、おそらくもともとの関心であった社会・国家的な問題に立ち入れないような時代状況ということがあったであろう。じつは家永は一九三八年の論文以前に、最初の論文として「天壌無窮の神勅文の成立について」を一九三七年に書き上げ、『歴史地理』に掲載しようとした。これは、戦後『上代仏教思想史研究』に収録されることになるが、いわゆる「天壌無窮の神勅」に関する津田左右吉の批判的な研究を受けながら、そこに仏教の影響があるのではないかと論じたものである。校正刷りまで進んだところで、待ったがかけられ、結局、「涙をのんで、この論文を撤回した」[10]。その苦い経験から、その後の論文では、問題を生じそうな政治や社会問題に深入りせず、もっぱら宗教思想に沈潜するようになったと思われる。

そう考える時、あえて政治的な問題を超越することを論ずる家永の古代・中世の宗教思想史的な研究は、一種の時代への抵抗の意味を含むものと見ることができる。仏教という外来宗教に高い評価を与えたこともまた、日本主義への抗議と読むことも深読みとは言えないであろう。

『否定の論理』は、家永自身が後年、「かつての哲学青年時代からの執念を歴史学の領域でぞんぶんに吐き出すことができた。これは私の数ばかり多い著作のなかでもっとも会心の作であって、今日でもここに書いたことを基本的に改める必要はないと思っている[11]」と述べているのが、的確な自己評価であろう。単独の著作としては小著と言うべきものであるが、戦時下の厳しい情勢の中で、全力を挙げて書き上げた若々しい情熱と緊張感に満ちた文章であり、「会心の作」という家永自身の言葉に偽りはない。はじめて仏教を中心とする日本の古代・中世思想史を大きな流れとして雄渾に描き出したものであり、今日ではそのままには通用しないとしても、一時代を画して後代に大きな影響を与えた名著と呼ぶにふさわしい。

家永の古代・中世思想史の構図は『否定の論理』において、ほぼ完全に示され、その後も基本的には変化していない。一九四四年には、その続編とも言うべき『日本思想史に於ける宗教的自然観の展開』（創元社）を出版し、後に『否定の論理』と合冊出版されるが（一九六九年）、それも『否定の論理』を補うもので、『否定の論理』が前提となっている。『上代仏教思想史研究』『中世仏教思想史研究』（法藏館、一九四七年）などにまとめられる個別論文は、多くはこの基本構図を前提として、それを補強し、詳論する役割を持つことになる。ただ、時代とともに重点の置き方が異なってきているところがあり、後述のように、それが大きな意味を持つと考えられる。いずれにしても、家永の仏教を含めた古代・中世思想論の解明には、『否定の論理』をもっとも中核に置いて考える必要がある。

2 『否定の論理』の内容

『否定の論理』は、全八節からなる。第一節では、前提として、「西洋哲学につき否定の論理発生の径路を考へて見たい」とする[12]。すなわち、西洋哲学の発展をモデルにして、日本思想史を見てみようというのである。その西洋哲学観は、「古代哲学には否定の論理がない」のに対して、「基督教（今少し広く云ふならばヘレニズムに対するヘブライズム）によつて初めて否定の論理を与へられた」のであり、それを通して、「西洋思想の発達は古代思想の中世的否定、ルネツサンスによる中世的否定の否定、即ち古代思想の高次の復活と云ふ弁証法的過程」と図式化される[13]。

この図式は、自ら言うように正・反・合の弁証法の図式の適用であり、きわめて単純化したものであるが、西洋思想史と類比的に日本思想史を図式化して、その流れを描き出そうとしたところに、新鮮なものがあり、これまでにないものであった。本書のもととなった雑誌論文が、家永の敬愛する田辺元によって評価されて、「実に懇切をきわめた礼状が送られて」、高山岩男の斡旋で出版された[14]のも故のないことではない。

ただ、以下の本文を読み進めればわかるように、『否定の論理』は、「ルネツサンスによる中世的否定の否定、即ち古代思想の高次の復活」というところが必ずしも評価されず、あくまでも第二段階の「中世的否定」に重点が置かれることになる。

第二節で、いよいよ日本の場合に入る。そこではまず、「日本人もまたその古代思想に於ては否定の論理を欠いてゐた」として、「否定の論理が思想としては仏教から与へられたものであること、恰も西洋思想が同じものを基督教から与へられたのと軌を一にし」と、日本における仏教を西洋におけるキリスト教と類比的に見、仏教が否定の論理を齎したと見る。しかも、「仏教基督教が日本及び西洋にとつてそれぞれ異郷より齎された外来思想」だという点も符合する。[15] しかし、ただ外から齎されただけであれば、表面的、観念的なものにとどまるであろう。それを受け入れ、「真に生ける論理となるためには、この観念を理解するに足る十分な生活経験を経ねばならなかつたこと、この経験を経ることによつて獲得された否定の論理は、もはや外的に与へられた知識ではなく、実践的に把握せられ生活の裡に理解せられたる内的体験として国民思想を構成する要素となつたこと」こそ、本書の中心的な課題であり、その過程を実証的に追おうというのである。第二節では、引き続いて仏教以前の日本の古代に関して検討し、そこでは「肯定的人生観と連続的世界観」が支配していたとする。[16]

第三節から、いよいよ仏教によって齎された「否定の論理」がどのように具体的に展開するか、時代を追いながら見ていく。第三節では、その最初の受容が聖徳太子によってなされたことが取り上げられる。聖徳太子は、初期の家永にとって大きなテーマであり、親鸞と並んで、深い共感を持って取り上げられる。家永によれば、「世間虚仮、唯仏是真」という太子の精神は、まさしく否定の論理の自覚に他ならなかった。太子においては、「仏の絶対的権威が痛感せられると共に、他方には目前の個別的な患苦を通じ其の底に潜む根本的罪悪の発見にまで深められることが出来た」と、最大限の賛辞を与えている。家永は、親鸞とともに、聖徳太子にも深く傾倒しており、太子を受け継ぐものとして、奈良（寧楽）時代の文献から否定の論理の実例を拾い出す。こうして、否定の論理は「仏教思想の普及と共に自《おのずか》ら時代精神の内に消すことの出来ない地位を占めて行つたのである」とされる。[17]

第四節では、まず飛鳥・奈良時代に否定の論理が定着していったことを振り返りながら、「この時代に於ては猶否定の論理の成長をも圧倒する程の強き現実肯定の心情が優勢を占めてゐた」とその限界を示す。そこで、その後の平安期の展開が第四から六節で論じられ、それが第七節で鎌倉時代の仏教へと続いていくという流れになる。家永は、「延喜天暦の交を以て平安朝を二分し、ここに一の時代区劃点を置く」立場を取り、それ以前の太古、上古に対して、平安後期を中古と呼ぶ[18]。

平安初期は、「人間の内在的努力を以て至上とする儒教的道徳主義（仏教政策に於ては小乗的戒律主義となつてあらはれる）を核心とするものである」。そこでは上古からの連続で、「現実肯定の時代思潮」が主流であった。その中で、「密教の根本精神」は、「現実の森羅万象を其の儘絶対視する表徳門の思想に立脚するもの」であり、「仏果の獲得に敢て現実の厭離否定を媒介とする必要を見なかつたのである」としている[19]。すなわち、密教には否定の論理は含まれず、それゆえ、家永は高い評価を与えない。

中古になると、「密教的祈禱による現世の生命延長の希望から念仏による来世の救済への廻心」が生ずるが、「肯定の心情をあくまで失わなかつた点に於て、猶中世に対して古代の内に一括することの出来る時代」と総括される。つまり、「浄土は何処までも主観に内在し、娑婆に投影する限りに於ての浄土であつて、客観的に仏の悲願によつて建立せられた他方仏国ではない」のであり、「真の彼岸へ転身せんが為には現実の徹底否定が不可欠の契機として前提せられねばならなかつたのであるが、時代は未だ否定的精神の生長をそこ迄許していなかつた[20]」と結論される。

第五節は、第四節に示した中古の精神状況を、主として貴族に関して検討する。そこでは、「現世の願満足を更に後世の願満足にまで延長せしめるに過ぎない」としても、「人々の魂が徐々に現世より彼岸に転じつつあつた[21]」のであり、平安末期になると、「現世の否定による来世への志向[22]」が顕著となると言うのである。

第六節では、この時代の下級貴族、武士、僧侶などの場合を検討する。彼らは貴族以上に切実に浄土を希求するようになった。とりわけ武士や「物の命を断つて世を送る特殊な職業の人々」の罪業感は深いものがあった。僧侶でも、「闘諍を事とし殺生を憚ることなく破戒無慚の生活を送る多数の」僧侶の場合、「生活そのものが罪業のかたまりであると同時に、罪業の生活が其の儘仏世界への導きとなつてゐた」とする。これは、家永の重要なポイントであり、現世を否定する「否定の論理」は論理だけの問題ではなく、「罪業が其の儘に道心と相即してゐる」というところに特徴があり、それが親鸞ら、鎌倉の新仏教において頂点に達すると見るのである。(23)

第七節はまず、地獄絵などの仏教芸術における悪の契機に着目した上で、「人生の悪を積極的に前提とし、この悪に対する赦を説く」ことに、鎌倉の新仏教の特徴があるとする。すなわち、「鎌倉新仏教の出発点は他にあらず、唯人生の否定的側面に対し逃避することなく真向から直面してゆく処にあつた」のである。(24)

このような人生の否定面への沈潜は「絶対他力主義と来世主義」となり、「絶対否定を通じての絶対肯定に還るの道に外ならない」のである。これは、親鸞にもっとも典型的に見られるが、それ以外の仏教者にも見られ、まさしく「否定の論理は今や時代の基本的思潮」となり、「古代精神を貫く肯定の論理が否定の論理に置き換へらるる処、其処に中世の成立を見出すことが出来た」のである――そしてそれは、「絶対否定が其の儘に絶対肯定と相即する輝かしき天地」と言う。(25) 第八節の言葉を使えば、「絶対否定の上に築かれた絶対肯定」、すなわち、「一度絶対否定の深淵に内に死して、新たに蘇れる処の肯定」である。(26)

第八節では、鎌倉時代における否定の論理の高揚に対して、室町時代以後の情勢を概観する。室町時代には、一面「深き形而上学的世界、無限者の世界へのつながり」がありながらも、「深い苦悩をも情趣の裡に解消し去る場合が多く、それによつて深刻なる思想が屢々浅薄化される傾向を免れない」のである。室町時代後半以後、俗権が「教会の宗教的世界支配権を駆逐する」ようになり、(27)「世俗的なるものに究極価値を賦与する近世現実主義」が確立する。その中にも、否定の論理が「消すことの出来ぬ足跡を残して」いたのであるが、「頽廃的色彩の為に遂に積極的なる人生観を産み出すには至らず」、「最近に至り西洋哲学の新しい動きに伴ひ再び否定の論理の建設せられやうとする機運を見るに至った」と総括している。(28) 最後の新しい否定の論理の機運は、西田幾多郎や田辺元の京都学派の哲学を指すものである。

以上、『否定の論理』の展開を概観してみた。最後にその要点をまとめておこう。

1、太古、上古の時代は現世肯定の時代であったが、聖徳太子以後、仏教により否定の論理が入ってきた。しかし、平安前期まで、肯定の論理が支配する時代が続く。仏教においては密教がその傾向を代表する。

2、平安後期以後、現世肯定的な基調は残りつつも、次第に否定の論理が浸透し、現世否定の浄土教が浸透していく。

3、否定の論理の高揚期は鎌倉時代であり、新仏教において、絶対否定が徹底され、それを通しての絶対肯定に還る思想が形成された。

4、室町時代以後、次第に絶対否定の精神が弱まって、近世的現世主義となったが、最近になって、再び否定の論理の機運が興っている。

三　『否定の論理』の展開

1　もう一つの道としての「自然」

以上のように、『否定の論理』は、一貫した視点から、きわめて大胆に日本思想史を古代から近代まで描き切っており、その点で非常に秀抜なものである。家永の仏教や古代・中世思想史関係の仕事は、基本的にはこの図式をもとに展開される。

『否定の論理』の続編ともいうべきものは、『日本思想史に於ける宗教的自然観の展開』(創元社、一九四四年。以下、『宗教的自然観』と略す)である。本書も『否定の論理』と同じく小冊子とも言うべきものであり、『否定の論理』が宗教そのもののあり方を問題にしたのに対して、自然に救済を求める生き方の展開を、狭義の思想史だけでなく、文学史などをも含みながら探究している。その典型は西行に見られ、そこでは、「自然はここ迄来ればもはや絶対者として神仏に同じい力をもつもの」、あるいは、「自然美の魅力が仏道の安心にもまさる絶対性をもち、人生の痛苦を消除する無上の救済者として意識せらるる」[29]と考えられる。

そこには、中国の老荘思想の影響もあるが、それ以上に仏教の影響が大きい。ただし、「山林修行の思想は大乗主義一乗主義の発展を以て根幹とする日本仏教史の本筋からは離れてゐる」と考えられるが、「一応現実世界の羈絆から脱却して高次の立場に立つ必要」から山林が選ばれることになるのである。[30]

こうした中から「山里」という理想が形成される。その憧憬は、「飛鳥時代以来の伝統的自然愛及びこれを反極的に強化した処の中古以降の厭世的思潮を内的契機として、支那思想、仏教思想の二の外来思想を外的契機として成長したものであるが、而も何と云つても山里の自然美自体にもつとも多く依存する」[31]ものである。こうした理想を突き詰めた人として、家永は、西行と鴨長明を挙げる。

このように「決然世縁を絶つて山里に奔る」のとは別に、「同じく救ひを仏の世界ではなく自然の美しさに求めながら……全然別箇の道によつて独特の天地を打開した行き方もあつた」。それは、藤原定家のように、「顚落し行く貴族の一員として、ひしひしと身辺に迫り来る憂世の波浪」に対して、「和歌の世界の内に幽玄なる別天地を創造することによつて、わづかにその苦痛から免れる」という道であった。「其処に描写された自然は単なる目前の自然とは異り、作者の想念を通じて創造された超現実的自然であつた[32]」とされる。

注目すべきは、このような「山里」の理想が、鎌倉時代で終わるものではなく、室町時代の文化において新たな展開を示すと見ていることである。すなわち、「宋元の文化、特に禅宗及び禅宗を中心とする舶載文化の影響を被つて、山里の精神は新しい形で再生され、遂に茶室と云ふ独特の境地を創造するに至つてゐる[33]」と言うのである。その中で、喫茶の文化が形成されるが、それは「山里を都会の中に人工的に構出しようとした[34]」ものであった。

以上のように、『宗教的自然観』において、家永は「宗教ならざる宗教[35]」としての自然観の展開を通観した上で、その限界を指摘する。結局、山里に救いを求めるのは逃避ではないのか。そこに、「救ひは濁世の痛苦から逃避することによつてではなく、これを真正面から直視し、その只中に身を委せることに於て求めらるべきである、と云ふ新しい境地が開かれる」と言うのである。このことが新しい方向へと導く。「濁世を濁世として其儘受け入れ、罪業を回避することなくかへつてこれを救済の契機としようとする企てがすなはち、平安後期以来一部の沙弥生活者幷に武士猟師等の間で醸成され、鎌倉初頭に於て所謂悪人御正機てふ最も徹底した末法相応の信仰として大成した処の浄土願生家の運動であつた[36]」とされる。

これは明らかに、一九四七年に発表される「親鸞の宗教の成立に関する思想史的考察」(『中世仏教思想史研究』収録)の議論につながるものであり、すでにその構想が熟していたことが知られる。こうして、宗教的な自然観は結局、浄土教中心史観の中に吸収され、それよりレベルの低いものと位置づけられることになるのである。

2 鎌倉新仏教中心史観＝浄土教中心史観の高揚

『否定の論理』による古代・中世思想史の流れの捉え方は、『上代仏教思想史研究』(一九四二年)、『中世仏教思想史研究』（一九四七年）において、仏教思想を論じていく際に指針となる。たとえば、『上代仏教思想史研究』の中の「末法燈明記を中心とする諸問題」（初出一九四一年）は、『末法燈明記』の最澄真撰を主張するものであるが、その重要な論点は、著作年代を延暦二十年（八〇一）頃と認めることによって、その内容が適切に理解できるという点にある。それは、最澄入唐の前年に当たる。

すでに触れたように、家永はこの時代の桓武朝の政策を儒教主義として捉えるが、「仏教は宝亀延暦の新政策の鉄鎚下にまさに気死せんとしつつあった[37]」と見る。その中で、「戒律の外的強制」による政府の取り締まりがなされたのに対して、「延暦二十年当時未だ南都と交友関係を破るに至つてゐない最澄はおそらく政府の痛烈なる取締のために厳科に陥れる南都僧侶に代り、政府の政策に対する一の意思表示として末法燈明記一巻を著したのではないであらうか[38]」とする。

その後、光仁年間（八一〇—八二四）における最澄は、天台宗独立を目指すために、「この種の政治的要求をほとんど一擲し、……政府の政策に対する順応の意を表示する[39]」ようになった。しかし、そうではありながらも、「安楽直道を以て唯一の道」としたところには、「間接に宝亀延暦以来の新仏教政策に対する抗議意識を含んで」いたとするのである[40]。

ここでは、平安初期の現世主義的儒教政策と仏教圧迫ということを前提として、それへの対抗として『末法燈明記』を位置づける。その上で、後年の最澄の活動を政治への妥協としつつも、その中の易行化を『末法燈明記』の抵抗の延長と見、一乗主義の確立を「小乗的律法主義に対する勝利[41]」と見るのである。このような屈折した形で最澄の時代への抵抗をかなり深読みしているが、そこには戦時下における家永自身の屈折した心情が反映しているように思われる。

それにしても、ふつうに考えれば、戒律主義こそ現世否定の「否定の論理」と見られそうであるが、家永は逆に、それを儒教的現世主義につながるものと見、反対に戒律否定や易行主義は現世主義的と考えられそうであるが、家永は、そちらを「否定の論理」の貫徹と見ている。いかにも逆説的な捉え方であるが、それは最終的に親鸞を「否定の論理」の最高峰とするという前提の上に、ストーリーが作られるからである。

こうして、親鸞論を核に置く『中世仏教思想史研究』（以下、『中世仏教』と略す）が、家永の仏教論の頂点のように見られることになる。しかし、本書を論ずることには、いささかの躊躇を覚える。定評ある研究書であるにもかかわらず、今日読んでみると、あまりにお粗末で、強引な図式を無理やり押し付けようとしており、家永史学の悪い面が現われているように思われる。もちろん、今日の水準から過去の研究を批判するのは筋違いと言われるかもしれないが、『否定の論理』や『宗教的自然観』が不十分なところは持ちながらも、今日でも十分刺激的なのに対して、本書はその基本構図の粗雑さが目につき、それを詳しく論ずることは、家永の評価を貶めることにもなりかねない。とは言え、無視して通るわけにはいかないので、簡単にだけ触れたい。

本書の中心となるのは、「親鸞の宗教の成立に関する思想史的考察」（初出一九四七年――以下、「親鸞の宗教」と略す）、「道元の宗教の歴史的性格」（初出一九四四年）、「日蓮の宗教の成立に関する思想史的考察」（初出一九四四年）の三本であり、三部作を構成する。「親鸞の宗教」は発表が遅れるが、実際は「道元・日蓮の研究と並んで執筆され、敗戦より前に原稿が完成していた」[42]とされる。

家永が親鸞に触れたのは早く、家永自身が「昭和七年の思想的転換」と呼ぶ時期に『歎異抄』を読み、「親鸞と聖書とを通じて、私は宗教の問題と真剣に取り組むようになつた」と述べているように、その研究の原点とも呼ぶべきものである[43]。ここで、「親鸞と聖書」が並べられていることは注目されるが、それは後に考えることにしたい。

このような親鸞信仰の、いわば総仕上げが「親鸞の宗教」を中核とする『中世仏教』なのである。『中世仏教』は、いわゆる鎌倉新仏教中心論を代表するものとされる。親鸞・道元・日蓮は当時の常識として鎌倉新仏教の代表者とされたが、家永が主張するのは、それらが対等ではないということである。すなわち、「鎌倉新仏教の名の下に浄土宗真宗日蓮宗禅宗等を平等に並列することは、それ等の歴史的性格を正しく示す考へ方とは云ひ難い。真に根源的なる新仏教は法然の浄土宗一つであり、他はその亜流にあらずんば傍流に過ぎない[44]」というのである。鎌倉新仏教中心史観＝浄土教中心史観が明確に主張されている。

家永によると、「鎌倉の新仏教」と言っても三種類ある。第一は念仏宗である。それは、「天台真言から完全に独立した新信仰を築き上げたもの、つまり何処迄も旧仏教とは異なる道筋を辿る一系の思想が時代的国民的体験を通過することによつて新時代の要求に即した形態に達したもの[45]」である。その詳細は「親鸞の宗教」に述べられているが、悪人正機、在家主義などを中心とするもので、「平安期の往生信仰のおのづからなる展開[46]」であり、それが、「平安と鎌倉との時代を分つたあの大きな歴史的変動を俟つて始めて齎されたる国民的体験の結晶」となるところに、法然や親鸞の思想の新仏教たる所以があると言うのである。

それに対して、第二の型は、「日蓮や高弁、貞慶等の宗教であつて、旧仏教の継承者たる立場に立ちながら著しく新時代的要素を加へたもの」であり、「その新時代的要素」は「念仏宗からの影響と云ふ間接的作用」によるものだとする。したがって、その新仏教的な性格は念仏宗によるもので、それ以外に新しい要素はなく、本質的には旧仏教であるとされる。その例として、日蓮の場合、「迷信的性質を帯び」た「祈禱教的性格」は、「明に思想的な低さを示してゐる」し、本地垂迹説を継承して、その「神祇観念は当然混濁を来さざるを得」ないものであった。

第三の型は、「禅宗であつて、殆ど前代の宗教的伝統と関係なく、「入宋伝法」と云ふ形で外から唐突に我が宗教界に挿入されたもの」であり、それは「国民的体験と何等思想的聯関なく」、持ち込まれたものだという[47]。

『中世仏教』の中には、傾聴すべき説も少なくないが、基本的にはこのような鎌倉新仏教中心史観＝浄土教中心史観で貫かれている。本書では、浄土教が禅宗と異なり、外から単純に持ち込まれたものでなく、時代的成熟の中で形成されていること、日蓮のような旧仏教の呪術的、神仏習合的な要素を払拭していることなどが重視されている。

3　浄土教中心史観の展開

『中世仏教』の中心となる三部作は、思想の歴史的系譜論の問題に重点を置き、思想的、哲学的な探究が深められているわけではない。思想面で家永の仏教評価を論じたものとしては、『中世仏教』の増補版に収められた「日本仏教の今後の生命」（初出一九四七年）がある。家永はこの論文で、「仏教本来の思想は、死後に於ける霊魂の実体的存続を否定するものであり、死者の管理の如き本来仏家の携はるべからざることがら」であると否定し[48]、それでは「仏教の今後の生命」はどこにあるのかと問い、それを「内面的思想」に求めようとする[49]。その中でも、「阿弥陀仏信仰のみが仏教の宗教的側面としてここで問題となり得る唯一のもの」だとして、そこにある「一の重大な思想」として「人間の罪業の自覚」を挙げる[50]。

しかし、ただ「罪業の自覚」と言うだけではない。「悪人正因説はただおのれの罪業を深く省みることのみが救ひの道であることを教へてゐるのである」として、「私は仏教の今後の進路はこの思想を以て人間生活の根本を指示してゆくにあると信ずる」としている。それは、単に親鸞だけの思想ではない。「否定の論理が仏教の根本論理であり、その具体的表現が悪人正因の信仰である」と、親鸞の悪人正機（正因）説を仏教の「否定の論理」の究極の形態と見ている。[51]だが、なぜ「罪業を深く省みること」が「否定の論理」の最終形態になるのか、この点、いささかわかりにくい。それならば、出家して現世を離れることによってこそ、「否定の論理」が貫徹するのではないか。「罪業の自覚」だけでは、結局現世肯定に戻ることになり、本当の否定にはならないのではないか。

この問題は、家永の戦争中の仏教を中心とした「否定の論理」の研究が、戦後の社会的、政治的関心を強く持った思想史研究とどう関わるのか、という問題にも関係する。それはさらにまた、もともと「否定の論理」はきわめて内面的な志向を持っていたはずなのに、その家永の鎌倉新仏教中心史観＝浄土教中心史観が、なぜ戦後仏教史をリードしえたか、という問題にも発展する。しかし、そこまで行くと、戦後仏教史学を全体として問い直さなければならないことになるから、今はそこまでは立ち入らない。ただ、家永の中での戦中から戦後への連続性という点からだけ少し考えておきたい。

それは、一九三八年にもととなる論文が発表され、四〇年に出版された『否定の論理』と、四四年頃に書かれ、出版された『宗教的自然観』や『中世仏教』との間に、多少のニュアンスの違いが生じているのではないか、ということである。すなわち、『否定の論理』においては、あくまで仏教の現世超越的なところに重点が置かれて議論が進められていた。そして、その最後のほうで、はじめて鎌倉時代に絶対否定が絶対肯定に転ずることが述べられていた。ところが、四四年頃に書かれたものでは、鎌倉時代が中心課題となる中で、否定性の契機の強調が弱められ、逆に現世への積極的な還帰の面が強調されるようになるのである。

家永の戦後の歴史観をもっとも平易な形で展開した『日本文化史』（岩波新書、一九五九年）の「新仏教の成立」のところを見ると、鎌倉新仏教中心史観＝浄土教中心史観が、きわめて通俗化された形で明快に表現されている。すなわち、そこでは法然・親鸞らの浄土教が、時代の要求にかない、「階級の差別を否定した万民平等の福音」[52]であり、「これまで呪術的な現世信仰に停滞してきた日本仏教が、はじめて精神的な救済に高められたことを意味するとともに、従来、社会の生きた信仰から遊離し、学僧の机上の観念的学問にとどまっていた仏教教学が、新しい信仰の理論的基礎づけとして現実の生命を獲得するにいたったことをも物語っている」と要約されている[53]。

ここでは、法然・親鸞らの浄土教が「呪術的な現世信仰」と違うことは言われているが、『否定の論理』の核心であった否定性の契機への言及はほとんど消えている。このことは、戦後の政治、社会という現世的な問題への家永の積極的関与の方向と軌を一にしているように思われる。そうとすれば、『中世仏教』の三部作論文は、現世否定の強調から現世肯定の重視への、まさしく転換点をなすものと位置づけることができるのではないだろうか。

四　『否定の論理』再考

1　仏教とキリスト教

戦後の家永の活動は、それはそれとして評価すべきものであるが、ここでは立ち入らない。ここでは、もう一度『否定の論理』に戻って、その意義と問題点を考えてみたい。

上述のように、本書は、西洋哲学の流れをモデルにしながら、西洋中世でキリスト教が果たした「否定の論理」の導入という契機を、日本においては仏教に見ることで、古代・中世の思想史を一貫した流れとして描き出すものであった。

このように、ここではキリスト教への関心が大きな意味を持つのであるが、そのことは、家永における『歎異抄』への傾倒が、聖書への関心と同時であったことからも知られる。上述の論文「日本仏教の今後の生命」において、家永は「浄土信仰に至つては、ほとんどキリスト教の信仰にも類した形態をそなへてゐる」[54]と述べ、キリスト教をモデルとして浄土教を理解していることを隠さない。

仏教とキリスト教に関しては、『中世仏教』に収録された「我が国に於ける仏基両教論争の哲学史的考察」という力作がある。これは、キリシタン時代から西田・田辺にまで至る思想史を描き出し、今日でも有効な優れた論であるが、あくまで思想史の論文として、家永自身の宗教観を打ち出すことは控えている。家永自身の宗教観としては、後になってからの論文であるが、「日本人の思想としての仏教とキリスト教」（一九八三年）が注目される。ここでは、「仏教とキリスト教の移入がもたらした最大のメリット」として、「人間――個人・社会・歴史の総称としての――が有限相対の存在でありこれを越えた絶対無限者との逆説的統一のなかにのみその存在の根拠がある」[55]と見ている。「絶対無限者」と「相対有限者」の対比というのは、ただちに清沢満之を思わせ、実際、家永はこの論文で清沢に言及している。[56]初期の家永はおそらく清沢には十分に通じていなかったと思われるが、基本的にキリスト教をモデルとして仏教の思想を捉えるという点は、初期から一貫しているところがあったのではないかと思われる。

ちなみに、この論文には、「「上求菩提、下化衆生」とか、「往相廻向、還相廻向」とかを説く仏教が、単に個人の非社会的な解脱・成仏をめざすにとどまらず、社会的実践において正しい指針を伴わねばならないのはもちろん」[57]という指摘がある。これは今日でもまったく通用する適切な指摘である。

『否定の論理』に戻ると、冒頭部分を除いてキリスト教への言及はあまりなく、むしろ西田幾多郎や田辺元の影響が顕著である。家永は田辺の『哲学通論』（岩波書店、一九三八年）に言及するが[58]、それは、同書の「たゞ矛盾に徹し、相背反する二肢を相互否定的に転換して絶対否定の肯定に達する弁証法のみ、二律背反を解きてアポリアに路を通ずることが出来る」[59]というあたりを指すものであろう。これは、観念弁証法と唯物弁証法を止揚し総合する絶対弁証法について論じたところで、正→反→合という流れではなく、正と反とがどこまでも対立しながらその相互否定を徹底するところに新しい肯定が生まれるという見方である。すなわち、対立は容易に総合に進んでしまうのではなく、相互否定的な対立が強調されることになる。家永の『否定の論理』が否定ということにこだわりつつ、最後の段階で新しい肯定への転化を見ようとするのは、このような考え方に基づくものであろう。

しかし、『否定の論理』でこれほど否定ということにこだわりながら、どうして後には安易と言ってもいいほど現世的な方向に転ずることになったのであろうか。思うに、『否定の論理』では、現世否定ということが言われながら、それではその「現世」に対して、どのような「現世ならざるもの」が立てられるのか、必ずしも十分に検討されていないという問題があるのではないだろうか。キリスト教の場合、絶対神や天国の概念がはっきりしているが、仏教の場合、それでは捉えきれないところがある。清沢的に「絶対無限者」を立てるのは、キリスト教の影響を強く受けており、必ずしも仏教の場合それで十分説明しきれるものではない。浄土信仰の場合でさえ、決して阿弥陀仏は唯一神的な絶対性を持たない。

また、「現世」に対して「来世」がどのように立てられるかという問題を考えるためには、輪廻という問題を避けて通れないであろう。ところが、近代の仏教研究は、輪廻の問題を封印してしまった。それとともに、来世浄土のイメージも曖昧化してしまう。「日本仏教の今後の生命」で取り上げる「罪業の自覚」は、近代の『歎異抄』解釈の中で強調されてきたものだが、これもキリスト教の強い影響によるところが大きい。仏教的な「罪業」とは何か、必ずしも十分に議論されていない。

現世否定ということであれば、出家・持戒ということこそ大事であろうし、悟り・涅槃をどう理解するか、という問題も重要である。さらには、密教を考慮に入れずに日本の仏教を理解することは不可能であろう。ところが、最初からキリスト教との類比に立って、その立場から見た親鸞的な浄土教を着地点として「結論ありき」から出発しているために、仏教の理解がきわめて歪んだものになってしまっている。いわば仏教思想を無視して「仏教思想史」を論ずるという、おかしなことがまかり通ることになってしまったのである。このことは、家永の悪影響として、戦後の仏教思想史研究を長く支配することになった。

これは、『中世仏教』に帰結する家永思想史学の欠点と言うべきものであるが、それによって『否定の論理』の持つ可能性が否定されるわけではない。当時としては、キリスト教をモデルにして日本の思想史に新しい光を当てるというのは、きわめて有効な方法であり、そのために多少歪んだ見方が生じたとしても、先駆者ゆえのやむをえないところであっただろう。ただ、それがその後の継承者たちによって修正されるどころか、ますますねじ曲げられてしまったことが反省されなければならないのである。とりわけ、『歎異抄』の悪人正機説を親鸞の最高の思想と見るような誤解が常識化してしまったことは、仏教史研究にとって、何とも不幸なことであった(60)。

2 『否定の論理』の新しい評価へ向けて

それでは今日、『否定の論理』は過去のものになってしまったのだろうか。そうは思えない。『中世仏教』の鎌倉新仏教中心史観＝浄土教中心史観と較べるとき、『否定の論理』はなお、今日新鮮な問題提起を含んでいるように思われる。今日の目で見るならば、『否定の論理』の核心は、現世の秩序に入りきらない問題をどのように思想史の中に組み込んで理解できるか、という点にあったと言うことができる(61)。それは、近代的合理主義の下に立つ現世主義的な思想史の見方に対する大きな挑戦として、今日でも有効である。

昭和期には、マルクス主義の唯物論の立場から永田広志らが日本哲学史を体系化しようとしたが、その立場からは、近世は「哲学」としてある程度理解できるものの、中世の仏教思想を的確に理解することは困難であった(62)。同じことは、戦後の進歩派的な思想史の構想に関しても言える。近世の日本思想に近代化の原像を見ようとする研究が盛んになるとともに、中世に関しても、上述のように、仏教がいかに現世への積極的な対応をしたかという近代主義的な観点から、鎌倉新仏教が評価されることになった。そこでは、現世を超える「否定」という側面がほとんど無視されてしまう。家永自身、戦後の活動の中で現世否定の志向を弱めていく。

『否定の論理』はそのような近代主義的な現世主義への強烈な批判であり、日本の思想文化が、現世を超えたものとどのように関わってきたかという、ある意味ではきわめてマイナーで、大衆化しにくい問題にこだわっている。そもそも、日本の西洋哲学史理解では、中世は暗黒時代として軽く見られ、ギリシア哲学を受け継ぐ近代哲学こそ、学ぶべき栄光の時代と考えられてきた。中世の「神学の侍女」であった哲学観が崩壊し、近代の人間中心主義へと転換したことが、真理への目覚めとして賛美された。

家永が西洋の中世哲学にあえてこだわり、再評価することで、それを日本の中世と重ね合わせようとしているのは、そのような常識に対するきわめて反時代的で大胆な挑戦と言わなければならない。実際の家永のキリスト教理解は、むしろプロテスタント的であるが、中世復興という観点を押し詰めれば、カトリック的なスコラ哲学にこそ、日本中世が比較されるモデルが求められなければならないであろう。

このように、家永の『否定の論理』は、実際には鎌倉新仏教中心史観＝浄土教中心史観に帰結することになったが、可能性としては、それとは別の方向に行く道をも十分に示しているように思われる。『宗教的自然観』で示された西行や定家の道も、そのような多様性を示すものとして再評価される必要があろう。『否定の論理』は、そのような豊かで多様な可能性を含んだ中世像に導くものとして、読み直すことができるのではないだろうか。

以上、本稿は、戦争中の家永に可能性を見て、戦後の家永に否定的な評価を下すことになった。本書は『戦後歴史学と日本仏教』というタイトルであるが、それに対して、本稿はいささか逆説的な結論を提示することになった。戦後という時代は、ある意味では、戦前・戦中の思想の持つ豊かさを読み直すことで、はじめて照射されることになるのではないか、という見通しを提起して、本稿を結びたい。

註

(1) 家永三郎「私の研究遍歴」(『家永三郎集　第一六巻』岩波書店、一九九九年)、二二七頁。初出一九八二年。
(2) 『家永三郎集　第一六巻』、二六八頁以下。
(3) 家永「私の研究遍歴」、二二八頁。
(4) 同、二二九頁。
(5) 家永『田辺元の思想史的研究』(『家永三郎集　第七巻』岩波書店、一九九八年)、六頁。原著一九七四年。
(6) 家永『一歴史学者の歩み』(『家永三郎集　第一六巻』)、六三頁。原著一九六七年。
(7) 同、六五頁。
(8) 同、七九頁。
(9) 若井敏明『平泉澄』(ミネルヴァ書房、二〇〇六年)、一三七―一四一頁。
(10) 家永『一歴史学者の歩み』、八七頁。
(11) 家永「私の研究遍歴」、二二七頁。傍点、原著者。
(12) 家永三郎『日本思想史に於ける否定の論理の発達』(『家永三郎集　第一巻』岩波書店、一九九七年)、六頁。原著一九四〇年。
(13) 同、八頁。
(14) 家永『一歴史学者の歩み』、九六頁。
(15) 家永『日本思想史に於ける否定の論理の発達』、一一頁。
(16) 同、一二頁。
(17) 同、二二―二三頁。
(18) 同、二七―二八頁。
(19) 同、二七―二八頁。
(20) 同、三〇頁。
(21) 同、三七頁。
(22) 同、四二頁。
(23) 同、四八―五〇頁。
(24) 同、五九―六〇頁。
(25) 同、六五―六六頁。
(26) 同、七〇頁。
(27) 同、七二―七三頁。
(28) 同、七五頁。
(29) 家永『日本思想史に於ける宗教的自然観の展開』(『家永三郎集　第一巻』)、九一―九二頁。原著一九四四年。
(30) 同、一〇一頁。
(31) 同、一〇七頁。

(32) 同、一一三頁—一一四頁。
(33) 同、一三一頁。
(34) 同、一四〇頁。
(35) 同、一四七頁。
(36) 同、一五〇—一五一頁。
(37) 家永「末法灯明記を中心とする諸問題」(『家永三郎集　第二巻』岩波書店、一九九七年)、八二頁。初出一九四一年。
(38) 同、七八頁。
(39) 同、八三頁。
(40) 同、九〇頁。
(41) 同、九三頁。
(42) 松永昌三「解題」(『家永三郎集　第二巻』)、三二七頁。
(43) 家永『一歴史学者の歩み』、七五—七六頁。
(44) 家永「道元の宗教の歴史的性格」(『家永三郎集　第二巻』)、二二五頁。初出一九四四年。
(45) 家永「日蓮の宗教の成立に関する思想史的考察」(『家永三郎集　第二巻』)、二六三頁。初出一九四四年。
(46) 家永「親鸞の宗教の成立に関する思想史的考察」(『家永三郎集　第二巻』)、二〇七頁。初出一九四七年。
(47) 家永「日蓮の宗教の成立に関する思想史的考察」、二六二—二六三頁。
(48) 家永「日本仏教の今後の生命」(『家永三郎集　第二巻』)、二六八頁。初出一九四七年。
(49) 同、二七〇頁。
(50) 同、二七五—二七六頁。

(51) 同、二七七頁。
(52) 家永『日本文化史』(岩波書店〔新書・青367〕、一九五九年)、一二四頁。
(53) 同、一二五頁。
(54) 家永「日本仏教の今後の生命」、二七五頁。
(55) 家永「日本人の思想としての仏教とキリスト教」(『家永三郎集　第三巻』岩波書店、一九九八年)、二二九頁。初出一九八三年。
(56) 同、二三七頁。
(57) 同、二四五頁。
(58) 家永『日本思想史に於ける否定の論理の発達』、五一頁、注1。
(59) 田辺元『哲学通論』(西谷啓治・他編『田辺元全集　第三巻』筑摩書房、一九六三年)、五一六頁。原著一九三三年。
(60) 『歎異抄』の問題に関しては、拙著『親鸞』(ミネルヴァ書房、二〇一六年)第五章参照。
(61) 筆者はこの数年、現世的な「顕」の領域の枠に入りきらない他者としての「冥」の領域の再発見を大きなテーマとしている。拙著『近世の仏教』(吉川弘文館、二〇一〇年)、『哲学の現場』(トランスビュー、二〇一二年)などを参照。家永の『否定の論理』は、この点に関しても示唆するところが大きい。
(62) マルクス主義の立場からの日本思想史・哲学史に関しては、拙稿「批判的思惟の有効性」(『日本の哲学』一四、二〇一三年)を参照されたい。

服部之総

「生得の因縁」と戦後親鸞論の出発点

桐原健真
KIRIHARA Kenshin

HATTORI Shisō
1901-1956

戦前の日本資本主義論争における講座派の中心人物として知られる服部之総は、宗教を「民衆の阿片」と断ずるような自他共に認めるマルキストであった。しかし戦後の彼は、親鸞・蓮如論や真宗改革論を次々と著していく。それはかつての論争敵手であった三木清と真宗寺院の長子という彼自身の出自に導かれたものであった。

はじめに

服部之総は、明治維新史をめぐる先行研究史の中で、今日でもその名を残す人物である。とくに彼が所属した陣営である講座派という名前の由来ともなった『日本資本主義発達史講座』（岩波書店、一九三二―三三年）での活躍や、「幕末＝厳マニュ時代論」をはじめとする日本資本主義論争などで知られるように、彼は自他共に認めるマルキスト、あるいは史的唯物論の信奉者であった。

しかしながら、マルキシズムが退潮した一九九〇年代以降の日本において、こうした経歴を歩んだ服部について顧みられることは極めて稀なこととなっているのもまた事実である。それゆえ彼が、戦後に『親鸞ノート』（国土社）や『蓮如』（新地書房）（いずれも一九四八年）といった著作、さらには浄土真宗における教団改革論といった、それまでとはまったく異なる専門外の領域で展開した言論活動について言及されることはほとんどない。彼は、あくまで維新史研究史の中で語られるべき人間として今日記憶されているのである。

また同時代的にみても、服部の親鸞論が評価されていたというわけでもない。たとえば、真宗大谷派寺院の出身であり、中世史家であった赤松俊秀は、「服部氏の親鸞消息についての解釈は適切妥当でないものが多く、氏が力説する観念上農民の領主よりの解放もその根拠は頗《すこぶ》る曖昧である(1)」と指摘し、服部の史料解釈自体が誤っていると痛烈に批判している。そこには、赤松の学的態度を宗乗（教学）を基礎とした「教権主義的方法」[2]と非難する服部自身への個人的な感情もあったに違いないが、また同時に、少しく強引な解釈やマルキスト的な結論ありきの行論に対する学問的反発もあっただろう。しかしだからと言って、服部の主張が、学界のすべてから全面的に否定されたわけではなかった。たとえば歴史学的にも教学的にも赤松の後輩にあたる二葉憲香は、服部の史料解釈に対して赤松が加えた批判の妥当性を承認した上で[3]、「服部氏の解釈が果して無意義に帰するか。服部氏の主張は単なる強弁にすぎないと断言しうるか」[4]という問いを投げかけている。

「赤松氏によって親鸞の立つ宗教的立場が指摘せられたことの意義を正当に認めるとともに、服部氏の洞察の意義も正しく評価しなくてはならない」[5]（傍点引用者、以下断りのない限り同じ）と主張する二葉は、「服部氏の親鸞研究に見られる立場・方法は、宗教的契機を、時代・社会の直接的な反映としてのみ把握するという限界を有するが、それが親鸞乃至仏教史研究において果した寄与に、劃期的なものがある」[6]と結論する。このような服部への高い評価の所以は、服部の描き出した親鸞像が、「反国家的階級憎悪の立場ではないが、護国主義とはもはやいい能わぬもの」であったという点にあった。それは親鸞を、いわゆる「戦時教学」の下に再生産され続けた護国思想家としてのイメージから救い出し、さらに「人間親鸞」として再生させるものとして二葉には理解されたに違いない。まさにこの点において、服部による一連の著作は、戦後日本における親鸞研究の方向性を定める一つの道標となったのである。

本稿は、これまであまり顧みられてこなかった服部における親鸞論や真宗教団論を検討することで、この一人のマルキストにあらたな側面から光を与えることを目的とするものである。そしてこのことは同時に、戦後の日本仏教史研究の言説論的展開を明らかにすることに資するものとなろう。

一　「阿片」の服用法――戦前における服部の宗教理解

多くのマルキストがそうであったように、服部もまた宗教に対して厳しい、あるいは否定的な態度を取る人物であった。しかし、「宗教は民衆の阿片」というおなじみのテーゼは、彼にとって必ずしも絶対的なものではなかった。

一九三〇年に『中外日報』は、二度にわたって宗教とマルキシズムに関する座談会――「マルキシズムと宗教」（一月十六日）および「仏教とマルクス主義」[7]（三月十八日）――を開催している。こうした座談会が開催される背景には、林淳が指摘するように「一九二九年頃より『中外日報』の紙面には、マルクス主義と仏教に関する記事や投稿が増え……あるいはマルキストによる宗教論、それに対する反論が絶えまなく掲載され[8]」るといった思想状況が存在したのであり、さらにその背後には、二七年テーゼを承けた日本マルキシズムにおけるある種の高揚があった。これらの座談会の一つにおいて、服部は次のように発言している[9]。

現存する階級関係を撤廃して、人類平等の状態を実現しやうといふ理想主義が如何なる宗教にも含まれて居ることも事実である。又同じやうな理想がマルクス主義に於て、さうして凡ての社会主義に於て含まれて居ることも事実である。が、さういふ同一性にも拘らず、両者の絶対的の違ひは何処にあるかと言ふと、それに到達する方法なのであります[10]。

宗教にせよマルキシズムにせよ、ともに「人類平等の状態」という理想を求める点では同じであり、その理想の実現する場所を彼岸におくか、此岸におくかの違いでしかない——と服部は言う。この点で宗教が人類史上に果した役割を、彼は全面的に否定することはなかった。すなわち「宗教は現実に人類を解放する根拠の実現して居ない段階に、人類の解放を当然の筋道として未来にポスチュレート〔postulate——仮定〕した所のもの」[11]なのであり、彼はそこに宗教の歴史的意義を見出したのである。

こうした宗教に対する理解は、「宗教は民衆の阿片」という一言片句のみを掲げて、宗教を全的に否定し去ろうとするような暴力的主張と一線を画すものであった。しかし、そもそもこの「テーゼ」自体が、マルクスの次のような発言に由来するものであることを考えれば、むしろ服部こそが、マルキスト的に正統な主張を展開していたのだと言ってもよかろう。

宗教上の不幸は、一つには現実の不幸の表現であり、一つには現実の不幸に対する抗議である。宗教はなやめるもののため息であり、心なき世界の心情であるとともに精神無き状態の精神である。それは民衆の阿片である。

民衆の幻想的幸福としての宗教を廃棄することは、民衆の現実的幸福を要求することである。民衆が自分の状態についてえがく幻想をすてろと要求することは、その幻想を必要とするような状態をすてろと要求することである。宗教の批判は、したがって、宗教を後光とするこの苦界の批判をはらんでいる。[12]

現実に存在する「不幸」を批判するところから宗教は始まった。しかしそれは、みずからを慰めるための「幻想」

（彼岸）を思い描くことで「不幸」を解消しようとする点で「阿片」なのであり、その「阿片」を放棄させることこそが、「この苦界」（此岸）への真の批判となるのだとマルクスは結論する。こうした主張が、宗教の歴史的な意義を認めつつも、同時にこれを批判的に乗り越えようとする服部の基本的態度を形作ったであろうことは明らかである。この意味で、「宗教が阿片であるなら、マルキシズムは赤痢菌だ[13]」などといったようなレッテルの貼り合いから、彼はすでに自由であった。

こうした前提に立つことで、服部は、ある歴史的・政治的状況の下で、「マルキシズムの政党は宗教運動と共同戦線を張る」可能性をも肯定する。もとよりそれは、「社会民主々義の政党と政治的に共同動作を執ること」と同様の戦術的選択であり、「諸君〔宗教〕の原理を認めたから〔共同戦線を〕張る」わけではなく、決して彼は、「原則的に宗教を否定することを瞬時も廃《や》めない[14]」のである。すでに此岸において「現実の不幸」を批判し、「民衆の現実的幸福」を実現する方法論——マルキシズム——を手にした彼にとって、彼岸での理想を求める宗教は、「原理的に」否定されなければならない存在であり、未来における消滅を約束されたイデオロギーであった。

二　三木—服部論争

この座談会前後の時期における服部は、『唯物史観と現代の意識』（岩波書店、一九二八年）を著し、マルキシズムへの接近を深めた三木清との論争のさなかにあった。この論争については、今日、もっぱら三木研究の文脈で取り上げられるものの、その多くにおいて、服部に対する評価はあまり芳しいものではない。ときに「マルクス主義を独自の観点から解釈し歴史性を主張する三木」と「自称正統派マルクス主義者であった服部[15]」との間での論争と規定され、また唯物論研究者からでさえも、次のように回顧されるのが実際のところである。

三木・服部論争について言うと、服部之総はもともと社会学を専門とする人で、哲学の素養というものはほとんどないんですね。歴史家としての服部之総を私は評価するけれども、この論争の服部は、全く評価しないんです。非常にレベルの低い理論だったと思うんです。(16)

みずからの哲学的立場から、諸々の事象――そこにはマルキシズムも含まれる――を解釈し、再構成することを試みた三木と、自他共に認めるマルキストである服部とでは、本来的にその立ち位置が異なっていた。そしてこのことは、三木に見られる思想の独自性とコントラストを描く形で、服部の教条性を強く感じさせるものであって、今日の思想史研究が、服部に対して厳しい視線を投げかけるのもまたこうした理由からであろう。ただし、三木・服部両者による論争の全体像を描き出すことは、本稿の課題ではない。以下本稿では、当該期における服部の宗教理解に限定して、この論争を把握しておきたい。

そもそもこの論争は、歴史学や社会科学の理論としてのマルキシズムを、哲学として再構築することがその中心的関心であったと同時に、マルキシズムが宗教といかに関わるべきかという問題をも含むものであった。三木は、一九三〇年二月九日付の『中外日報』に「如何に宗教を批判するか」を発表し、次のように宗教の何を批判すべきかを説いている。

宗教の本質とその現象、就中《なかんずく》宗教制度とが区別されねばならぬ。そして宗教に於て否定さるべき要素はその現象に関係する。現在に於ける個々の宗教組織、個々の宗教制度のうちにはなるほど変更さるべきもの、革命さるべきものも少くないであらう。しかしそれだからといつて宗教の本質、「純粋な」宗教ともいふべきものは決して否定さるべきでない。我々は宗教の本質に新しい衣を着せさへすればよいのである。[17]（傍点原文）

三木にとって宗教批判とは、その存在自体ではなく、存在形態の否定として理解されていた。教団組織をはじめとする宗教制度などの「宗教の現象」と、「宗教の本質」とは弁別して考えられなければならないし、「宗教批判」は第一義的に前者に対して加えられるべきものであるという彼の主張は、「「純粋な」宗教」が実在することへの確信に立脚したものであって、究極的には宗教の不滅を結論するものであった。

当時の三木は、前年の一九二九年十月に創設されたプロレタリア科学研究所（プロ科）における哲学部門の中心的な存在であった。しかしこうした宗教の不滅を語る三木に対して、そのまさに同じ陣営に属するはずの服部から、強い反駁が投げかけられることとなる。三木が「如何に宗教を批判するか」を発表したわずか十日後に、服部は、同じく『中外日報』（一九三〇年二月一九―二三日）において、三木の主張を箇条書きにまとめつつ、次のように弾劾している。

この一列の所論のなかにはマルキシズムの用語は散見するが、何らのマルクス主義も存在しない。かえってここに存立するものは一つの首尾一貫したいわゆる宗教学――マルキシズムによって理論的に否定されプロレタリアートによって実践的に消滅せしめられる宗教を久遠的に体系化せんとする試み――の一つである。しかりはなはだしく眩惑的なる一つである。[18]（傍点原文）

宗教の不滅性を肯定する三木の所説を、「原則的に宗教を否定すること」の放棄であると理解した服部は、それゆえ徹底した三木批判を行った。しかしこの『中外日報』や『思想』において展開された数次にわたる論争は、意外なところで結末を迎える。と言うのも、一九三〇年五月に、日本共産党への資金援助を理由として、三木が逮捕・拘留されてしまったからである。かくて、公平な議論のできる環境は、もはや失われた。

そしてこれに追い打ちをかけるような形で、川内唯彦が、「マルクス主義者は宗教に如何なる態度をとるのか――三木氏と服部氏の所論に就いて」と題する論文を『プロレタリア科学』（一九三〇年・八月号）に発表する。この三木攻撃を通して、川内はプロ科から三木を排除し、同時に服部の「戦術的」な「共同戦線」論をも僧侶主義的であると批判することで、そのヘゲモニーを握ったのである。この「粛正」の結果について林淳は次のように総括している。

三木批判とは、プロレタリア科学研究所のなかのヘゲモニーの交代を象徴する出来事であり、川内たちによって巧みに演出、利用された節があった。川内に批判された服部は、自らへの批判に対しては沈黙を守った。拘留から解放された三木は、これ以降マルクス主義について語ることはなくなった。プロレタリア科学研究所においてヘゲモニーを掌振した川内は、翌年の一九三一年に戦闘的無神論者同盟の運動を指揮した。(19)

三木と服部――前者は去り、後者は残った。しかし残ったものも沈黙を選択せざるを得なかった。そして服部にとってこの沈黙は、たんに三木との論争についてのものだけではなく、宗教全般に対する沈黙ともなった。事実これ以降、敗戦に至るまでの彼に、宗教を主題とした著述はほとんど見られないのである。

わずかな例外が、川内らが中心となった反宗教闘争同盟準備会の編になる『反宗教闘争の旗の下に』（共生閣、一九三一年）への寄稿「宗門経営の分析」（『全集』一巻）であろう。しかしそこでは文字通り真宗教団の経営分析が中心的課題となっており、彼の持論である「〈宗教そのもの〉擁護論」への批判が再確認されるだけで、さらなる理論的深まりは見せていない。(20)

一方、服部の論争相手であった三木は、マルキシズム陣営から離れた後も、一貫して宗教に対するみずからの立場を主張し続けていた。たとえば彼は、一九三六年に雑誌『宗教公論』において、次のように「現代仏教」すなわち「宗教的現象」を批判している。

すでにこれまで度々述べたことであるが、私の見るところによれば、現代仏教はつねに社会情勢に追随して行くといふ傾向をもつてゐるやうである。マルキシズムの反宗教運動が盛んであつた時分には、仏教は無神論であるとか、唯物弁証法を含むとかと称せられた。しかるにこの頃のやうにファッシズム的思想が勢《いきおい》を得て来ると、仏教は恰《あたか》も何か国家主義乃至民族主義であるかのやうに吹聴されてゐる。かくの如く現代仏教は時世に迎合し追随することが著しく、そして現実に対する批判力を欠いてゐる。(21)

もとより、日本共産党に対する弾圧がいや増していった一九三〇年代の政治状況において、マルキシズムの立場からの発言というものが極めて危険な行為となっていったことは確かであろう。しかし、このような宗教に対する三木の精力的な発言の存在を考えると、服部における「沈黙」は、どうしても不自然なものに見えてこざるを得ないのである。

三　「この世にお浄土を」——服部之総における戦前と戦後

こうした宗教に対する服部の「沈黙」は、戦後大きく変容する。すなわち彼は、宗教——とりわけその出自たる浄土真宗に関して積極的に発言するようになったのである。

わたしは親鸞の教義をもって、宗教としての日本仏教の、最高の発展形式だったと考えている。言いかえれば、仏教は、親鸞の教義を超えて、宗教として発展することはできないという限度まで、そこで純化されていたのである。[22]

こうした書き出しで始まる西本願寺門主・大谷光照への公開書簡は、明らかに親鸞への敬意に満ちたものであり、かつての「死すべきもの」としての宗教理解は微塵も感じられない。戦後の服部は、親鸞を高く評価し、真宗教団の改革をみずからの課題として取り組んだのである。これは、戦前の彼には全く見られない傾向であった。

そもそも服部の実家は、島根県那賀郡木田村（現、浜田市）にある浄土真宗本願寺派の正蓮寺（慶長十四年〈一六〇九〉創建）であり、彼自身が書き記しているように「父方は石見の山奥の、西本願寺末の相当な大寺で、長男に生れた私は十六世の住職をつぐ運命[23]」にあった。三高・東京帝国大学と進学し、さらに宗門の学資援助を受けて学究生活を続けた服部にとって、帰郷して寺を継ぐことは、厳然たる「生得の因縁[24]」であった。しかしそれは、「宗教」を「マルキシズムによって理論的に否定されプロレタリアートによって実践的に消滅せしめられる」べきものと考える彼の思想的態度とは、明らかに矛盾せざるを得ない。

ここで、住職就任を拒否し、さらに廃寺を断行することで、「原則的に宗教を否定する」というみずからの主義主張を実践する――といった選択肢を服部が採ることはなかった。彼は、弟の成文を正蓮寺副住職に就かせることで、この継嗣問題に最終解決を与える。一九三六年三月のことであった。「宗教」は廃棄されるべきであったが、彼と彼の家族を支えてくれた「寺門」や「信徒」を、彼は否定することはできなかったのである(25)。


「之総、おまえの云うことはよくわかった」わたしが二十二歳の夏のまよなか十二畳の座敷で父上は私にそう云われました。

「おまえの考え方はこの世にお浄土をつくるというのだな、それは立派な思想だ、正しい念願だ、わしも心から共鳴する。わしもお前と一しょ(緒)に起《た》ちたいとさえ思う、だがな、之総、この世にお浄土をつくることは人間にはできんのだ、悲しくつらいことだがそれは人間には出来んのだ、だからわしは弥陀一仏の悲願を信じる」

「いえ、お父さん、人間にそれが出来る時がきているのです。これまでは出来ませんでした。今出来る時代に世界をあげて、はいっているのです。弥陀一仏の悲願に身を托す外《ほか》道のない人にこそ今極楽の正客になれる日が今日来て居ります」

「お前はそう信じる、わしは信じられぬ、しかしわしはお前を信じる」

そう言うなり父上は私を抱いてオイオイ泣かれました。わたしもオイオイ泣きました。私が当山の第十六世たるべきことをその夜以来父上は断念して下さったことを私は知って居ります。これは長いこと私たち父子の間だけの秘密となっておりました(26)。

正蓮寺の継嗣問題を解決させたのと同じ年の暮れ、服部の父設満が死去する。この父は、ときに政治活動を行い、また宗教否定を唱えるマルキストとなった息子に対して寛容であり、よくこれを愛護する人物であった。夏の夜に交されたというこの父子の会話は、服部が亡父の十三回忌に際して仏前に捧げた、二冊の自著――『親鸞』と『蓮如』――に添えられた父への手紙のうちに記されている。

「二十二歳の夏」――すなわち服部が三高から入学した東京帝国大学で社会学を専攻し、新人会や帝大セツルメントでの活動をはじめた時期、彼は「大寺の長男」としての「生得の因縁」の拒否を、父に通告したという。このとき父は、息子が目指す共産主義社会の実現を信じることができなかったが、これを信じる息子は信じた。それは、「念仏」が「まことに浄土にうまる、たね」なのか「地獄にをつべき業」なのか、「惣じてもて存知せざる」親鸞が、究極的には「よきひと〔法然〕の仰をかふむりて、信ずる」[27]ことにみずからの救済を見出した姿と相似形を成しているようにも見える。マルキシズムは信じられなかったが、父は子を信じたし、子は父の信頼に応えようとした。したがってその子における反宗教闘争とは決して実家からの離脱でも、実家への反発でもなかった。むしろ実家とその信徒たちを「彼岸」から解放するたたかいでもあったと言えよう。

この四半世紀を経た服部の追想が、実際の夏の夜の対話をどの程度正しく表現しているかは、ここではあまり重要な問題ではない。ここで注目すべきことは、その亡父の十三回忌にあたる一九四八年において、服部がみずからにおける生涯の課題を「この世にお浄土をつくる」――「弥陀一仏の悲願に身を托す外道のない人」を「極楽の正客」とする――ことだと宣言している点である。

現実における不幸を抱えた悩めるものたちが、彼岸にその救済を求めたものが宗教であり、それは「民衆」にとっての「阿片」であった。「民衆」を「極楽の正客」とし、「この世にお浄土をつくる」ことを目指す服部にとって、「阿片」で姑息に「現実の不幸」を解消しようとする宗教を否定することは、まさに「瞬時も廃《や》め」るべからざるたたかいだった。

こうしたたたかいを展開していた服部は、本節冒頭に挙げたように、戦後、著しい親鸞への回帰を見せる。彼は親鸞を「この世にお浄土をつくる」人物として再発見したのである。この回帰へと彼を導いたのが、かつてともに論争からの退場宣告を受け、また「太平洋戦争が始まる年（一九四一年）の夏、銀座裏のあるバーで飲み別れたのが最後となった」[28]三木清が書き遺した「親鸞」（一九四六年発表。三木は、発表前年に投獄され敗戦直後に獄死）との出会いであった。

四　二つの和解――三木清と親鸞と

服部が三木の親鸞論を高く評価した理由は、三木が親鸞を従来の「護国思想家」から解放し、「人間」として描き出したという点にあった。しかもそれは、あくまで親鸞自身の思想を叙述することを通して結論されたものであって、「浄土真宗」という教団における護法的営為から導き出されたものではなかった。すなわち「三木はけっして意識的に、本願寺教団とその現世的宗乗とを救済すべく、この遺稿「親鸞」を構成したのではなかった」[29]のである。それは、三木がいわゆる「真俗二諦」（仏法―王法の相関）に言及した次のような文章が象徴的に表現していると、服部は指摘する。

さて世間の法即ち俗諦は、浄土真宗の宗乗学者に依れば、「信心為本」に対して「王法為本」である。或は信

> 心正因、称名報恩に対して王法為本、仁義為先といはれてゐる。この語は宗祖の法孫蓮如上人の「御文章」に、「ことにまづ王法をもて本とし、仁義をさきとして世間通途の儀に順じて」といふ言葉に出づるものである。……また〔蓮如の〕『御一代記聞書』には「王法は額にあてよ、仏法は内心に深く蓄よ」ともいつてゐる。宗祖親鸞においてはかやうな定式は見出されない。[30]

このように三木は親鸞を脱護国化する。このことは服部にとって、「宗祖」を護国思想家として喧伝してきた蓮如以来の真宗教団から、親鸞を決別させるものとして理解された。

「王法為本」「仁義為先」などといったものは、蓮如による作文であって、親鸞においてはまったく存在しない――親鸞思想そのものは、真宗教団とは異質なものであり、後者は廃棄されるべき存在だが、前者は「宗教的真理」である――それは一見すると、「宗教の本質とその現象、就中宗教制度とが区別されねばならぬ」と主張したかつての三木のテーゼに近似しているようでもある。そう、服部は三木のテーゼを受け容れたのである。もとよりその承認は、抽象的な宗教一般における本質―現象の二元論ではなく、あくまで親鸞という宗教家個人と、その法脈を承け継ぐ真宗教団との二元論としてではあったが、それは、あの論争から十有余年を経た和解でもあった。

服部は、次のような三木の発言に対して「私もまた一字を省かず彼を肯定してさしつかえない[31]」と全面的な賛意を表している（なお、服部が引用した箇所は本稿におけるそれよりもさらに長い。彼は、本当に「一字」をも省きたくなかったのである）。

> 十方衆生はそれ自身としては〔類―種―個における〕類概念である。宗教的真理は実存的真理、言ひ換へると、

生ける、この現実の自己を救ふ真理でなければならぬ。……かくして「十方の衆生」のための教は実は「親鸞一人」のための教である。普遍性は特殊性に転換する。かかる転換をなしをはることによつて普遍性もまた真の普遍性になるのである。今や彼は自己にかへつて客観的普遍的な教法を自己自身の身にあてて考へるのである。かかる転換をなしをはることによつて普遍性もまた真の普遍性になるのである。今や特殊性に転換した普遍性は現実的に普遍性を獲得してゆく。教をみづから信じた自己は人を教へて信じさせる。いはゆる自信教人信の過程において十方衆生の普遍性が実現されてゆく。教法の真理性は自己において身証されるのでなければならぬ。教は誰のためでもない、自己一人のためである。かくして十方衆生はもはや類概念の如き抽象的な普遍ではなく、自己のうちに特殊性をそのままに含む具体的な普遍となる。それは同朋同行によつて地上に建設されてゆく仏国にほかならない[32]。

念仏を通して十方衆生は救済されると阿弥陀は約束してくれている。しかし、本当の意味の宗教的真理は、そうした人類全体といったカント的な抽象的普遍において語られるものではなく、いまここにいるこの自分を救済してくれる具体的なものでなければならない。それゆえ、親鸞にとっての真理とは、第一義的に、「親鸞一人」を救済するためのものであって、その救済をみずから信じることができるからこそ、他者を教え信じさせることが可能となる。そうした「自信教人信の過程」を通して、十方衆生の救済という普遍性が実現するのであって、「地上に建設されてゆく仏国」はまさにその結果なのだと三木は主張する。こうした「自信教人信」によって形成される信仰者の集団としての「仏国」という三木のイメージは、服部に、かつてみずからの父にその実現を約束した「この世にお浄土をつくる」ことを想起させたであろう。まさにこの点において、服部は三木と和解したのである。

当然のことながら、三木にとって、この「仏国」は真宗教団を意味するものではなかった。「仏国」は具体的普遍として形成的に存在する結果であって、抽象的あるいは先験的に存在するものではないからである。「親鸞一人」からはじまる連帯の形が、「仏国」となるのであって、既存の教団組織が「仏国」であるわけではない。親鸞は、「この世にお浄土をつくる」ことを目指した人物であった――それが三木の結論であり、この結論こそが、服部をして、三木さらには親鸞とも和解させたものだったのである。

苟《いやしく》も真に信仰ある宗教家が存在するならば、彼は宗教界の現状に対して、はたまた現在の社会状態に対して口を緘して傍観することは出来ないであらう。真の宗教家はつねに貧しき者の味方であつた。そして自分は乞食の生活に甘んじ、与へることを知つて取ることを知らなかつたのである。(33)

これは、服部との論争を中断させられる直接の原因となった投獄中の一九三〇年に、三木が検事に対して提出した手記の一節である。この手記が公開されたのは、三木が獄死した後の一九四七年であり、服部がこれを目にしたのは、すでに「三木清と「親鸞」」を世に問うた後であったが、「ぼくは自分の「三木清と〝親鸞〟」における三木への評価がまちがっていなかったことを知って、彼のためにも自分のためにもよろこんだ(34)」と服部は記している。

この手記において、「つねに貧しき者の味方」であり、「乞食の生活に甘んじ、与へることを知つて取ることを知らなかつた」ような「真に信仰ある宗教家」の具体的人物を、三木は言及してはいない。だがこれを読んだ服部にとって、それは他ならぬ親鸞として捉えられたであろうし、また同時に、この親鸞の対極に位置する存在への闘争心や怒りが沸き上がって来たにちがいない。すなわちそれは「親鸞に関する本願寺的な神話にたいする戦《たたかい》であり、怒り」(35)でもあった。彼は糾弾する。

〔堂班制度において寺格を〕金で買おうと恥で買おうと、阿片需要者たる門徒にとっては、自分たちの重労働の汗とあぶらで荘厳した極楽国土の色衣錦襴《(ママ)》は、錯倒した自己の姿であればこそ、尊いとされてきたのです。……ああ、だれがこの阿片地獄をつくりだしたというのであるか！　だれがこの賢善精進の餓鬼道を護持したった帳本《(ママ)》であるか！(36)

みずからの父や家族、そして彼の寺に連なるすべての人々があえぎ続けた堂班制度(37)をはじめとした「阿片地獄」からの解放が必要であることを、服部は強く感じていた。みずからの属する寺院の寺格を高からしめるために、門徒に対して「三季冥加」を求めるようなことは、親鸞の意料の外であったと主張する服部は、親鸞における「宗教的真理」を次のように描き出す。

宗教こそは、親鸞や聖フランシスや恵信尼や、およそこの地上において永遠に解放される条件とその見透しをもちあえなかった全世界の封建的農奴にとって、自己とその世界を領有するための唯一の科学であり、哲学であり、思想であり、真理であったのだ。その意味で親鸞に与えられていた宗教的真理は、科学的誤謬に対比さるべきものではない。ましていわんや科学的真理に。それは唯一の絶対的な真理であった。世界史的自覚、人類史的ひろがりをもって思索が貫かれていたればこそ、しかいうことができるのであり、最大にして最下層の多数者たる農民と女性に主体が置かれていたればこそ、しかいうことができるのである。[38]

親鸞の「宗教的真理」は、「乞食の生活に甘んじ、与へることを知つて取ることを知らなかつた」という実践の中に、そして「最下層の多数者たる農民と女性」を「同朋同行」として「この世にお浄土をつくる」ことを目指した点において、その真理性が担保されるのだ――と服部は言う。既存の真宗教団をこうした親鸞の実践に対峙する存在として認識した彼は、それゆえ、真宗教団に対して苛烈な批判を展開したのである。

> 浄土真宗の教義は親鸞を祖述しているけれども親鸞を歪曲してもいると思われる。九十年ついに一宗開基の志なく徹底せる念仏の行者として終った親鸞の信仰内容と彼を祖師聖人に祀りこんでつくりあげられた浄土真宗の教義とは、必然的にあるズレをもたざるをえない。教団は一つの政治であり信仰の純一をもって割りきれないものを含むからである。[39]

親鸞を「宗祖」としてではなく、ひとりの人間として取り扱い、その思想と実践とに寄り添いながら解釈をしていけば、真宗教団なかんずく「わが国最大の教団単位たる本願寺派[40]」は自壊せざるを得ない。そもそも親鸞の営為は、教団を組織することではなく、教団を組織するという思考自体を否定するものだったからである。

> 「宗教改革」とはなんら宗教そのものの否定ではなく、僧団の否定であり、彼土の光栄を此土に独占する紫衣のもろもろにたいする容赦なきたたかいであり、最後までこれをその教義と生活のうえでしとげた一人が、少

くともわが親鸞であったといえる。[41]

その神話性を剝ぎ取り、「農民と女性」とともにあった人間親鸞を教団の桎梏から奪還し、復活させること――それは他ならず「農民と女性」の桎梏たる教団から彼らを解放することであると服部は考えた。服部は、「親鸞そのもの」[42]を真宗教団に対峙させ、宗教ではなく教団を否定することで、「宗教そのもの」のあり方を改革しようとしたのである。彼はまさに無教団派親鸞主義とでも言うべき結論に到達したのであり、それは教団教義に左右されない自由な親鸞論を語る場を提供するものでもあった。

おわりに

戦後の親鸞研究における一つの語りとしての「〈農民〉とともにある〈反権力〉の親鸞」というイメージは、戦前においてもすでに見られるものであった。また、親鸞の脱護国化という作業も、すでに三木によって試みられていたところである。しかし、戦後歴史学を牽引した講座派の中心人物である服部之総というマルキストが、このように親鸞を描き出したことの影響は決して小さいものではなかった。

たとえば家永三郎。彼は、「「出家人の法、国王に向つて礼拝せず」(『教行信証』)と宣言した親鸞に護国思想などの有り得べき筈の断じてないことを確信」[43]する人物であった。しかしながら、戦前における護国思想家としての親鸞像の論拠となった「朝家の御ため国民のために念仏を申しあはせたまひ候」[44]という親鸞消息の解釈に彼は苦しんでいたという。結局のところ、彼は、この一句を「消極的に黙殺」することで、整合性を保つしかなかった。こうした家永にとって、親鸞を脱護国化する服部の解釈[45]は、「私の考への間違ひでなかつたことの裏附け[46]」を与えるものとして受け止められた。それゆえ彼は、服部に対して「誠に欣快に堪へない」と、最大級の讃辞を惜しまなかったのであり、こうした事実は、服部親鸞論の影響の大きさを物語るものであろう。

もとより服部の結論には、学問的批判も多かったことは言うまでもない。しかし、「宗業」としてではなく、「科学的歴史的研究」（家永）として人間親鸞を描き出そうとする服部の試みが、戦後歴史学における親鸞研究の一つの型となったことは明らかであろう。

こうした親鸞像の形成は、服部と因縁浅からぬ三木清が哲学的に展開した親鸞の「脱護国化[47]」にその直接的な要因を見ることができよう。しかしまた同時に、より深いところでは、堂班制度や門主制の廃止をはじめとした「本願寺教団の民主化[48]」の理論的基礎を、親鸞の「脱教団化」のうちに見出したという彼自身の問題意識にも起因していたのである。それはまさに服部における「生得の因縁」の成せる業であった。

註

（1）赤松俊秀「親鸞の消息について――服部之総氏の批判に答えて」（『史学雑誌』五九篇一一号、一九五〇年）。のち、赤松俊秀著作集第一巻『親鸞伝の研究』（法藏館、二〇一二年）所収。

（2）服部之総「〔続親鸞ノート〕序文」一九五〇年（『服部之総全集』福村出版、全二四巻、一九七三―七六年、一三巻）、一六四頁。以下、同全集からの引用については、『全集』とのみ記し、その巻頁を付すこととする。

（3）とはいえ、二葉が、赤松の解釈のすべてを受け容れたわけではない。「赤松氏の解釈」に対して、ときに「「断章取義的」以上の創作に外ならない」（二葉憲香『親鸞の研究――親鸞における信と歴史』百華苑、一九六二年、一一頁）といった厳しい言辞を加えていた彼は、「服部氏の指摘する社会的立場と赤松氏の指摘する宗教的立場との親鸞に即する綜合によって、親鸞自身の独自な立場の追求が可能となってくるであろう」（同前、一三頁）という態度をとっていたのである。

（4）二葉『親鸞の研究』、五頁。
（5）二葉『親鸞の研究』、五―六頁。
（6）二葉『親鸞の研究』、一三頁。
（7）林淳「（資料紹介）座談会・仏教とマルクス主義――一九三〇年の『中外日報』」（『宗教学年報』二五号、二〇〇八年）参照。
（8）林「座談会・仏教とマルクス主義」（解説）。
（9）この座談会の概要とその意味については、林淳「マルクス主義と宗教起源論――『中外日報』の座談会を中心に」（磯前順一、ハリー・D・ハルトゥーニアン編『マルクス主義という経験』青木書店、二〇〇八年）を参照されたい。
（10）「『マルキシズムと宗教』座談会」（中外日報東京支局編『マルキシズムと宗教』大鳳閣書房、一九三〇年、シリーズ日本の宗教学四四『宗教学の諸分野の形成』、クレス出版、二〇〇七年、八巻）、二二七頁。なおこの座談会の出席者は、ジャーナリストの長谷川如是閑や大宅壮一、宗教学者の宇野円空、日本無産派文芸連盟の江口渙、元真宗住職で労農派の無産政党運動家であった高津正道、古代ヨーロッパ史家でシュペングラーの『西洋の没落』をいち早く翻訳（一九二六年）した村松正俊、マルクス主義哲学者で科学史家の三枝博音、そして服部之総である。この他に中外日報東京支局からは、真渓蒼空朗らが出席している。
（11）「『マルキシズムと宗教』座談会」、二三五頁。
（12）カール・マルクス『ヘーゲル法哲学批判序説』（一八四三年）（『マルクス＝エンゲルス全集』大月書店、一九五一―九一年、全二二巻・別四巻・補四巻、一巻）、四一五頁。

（13）林「座談会・仏教とマルクス主義」。これは、三階教の研究で知られる矢吹慶輝が、「或座談会の笑話に出た言葉」として紹介したものである。なお、彼自身はこのことばを「私が作ったのではありません」と付言している。

（14）『マルキシズムと宗教』座談会」、二四九―二五〇頁。

（15）飛田真依子「三木清『唯物史観と現代の意識』（一九二八）における交渉概念の検討」（『早稲田政治公法研究』九五号、二〇一〇年）。

（16）中村行秀・北村実・平子友長・島崎隆「（座談会）日本における唯物論研究の歴史と東京唯物論研究会」（東京唯物論研究会編『唯物論』八一号、二〇〇七年）における北村実の発言。もとより北村は、「三木の唯物論の理解は、ハイデッガーの影響も受けていて、私は全体としてはやはり評価できない」とも述べているが、同時に、「ただ部分的には、評価するものがあります」と言及しており、やはりこの論争においては三木に分があったというのが結論であった。

（17）三木清「如何に宗教を批判するか」一九三〇年（『三木清全集』岩波書店、一九六六―六八年、全二〇巻、一三巻）、三頁。

（18）服部之総「三木清氏の宗教学」一九三〇年（『全集』一巻）、三二一頁。服部におけるこの「いわゆる宗教学」に与えられた定義についての検討は、林「マルクス主義と宗教起源論」を参照されたい。

（19）林「マルクス主義と宗教起源論」。

（20）なおこの論文冒頭には、「本文は昨年（一九三〇年）九月S氏の援助によって成ったものであるが、教団経営の参考資料としてそのままの形で掲載することにした」の一文が掲げられている。手も加えずそのままで発表するという態度には、彼の宗教に対する沈黙の深さを読み取ることができるのではないだろうか。こののち一九三七年にも「津和野藩廃仏史料断片」が発表されたが、これは服部の専門分野である維新史研究の一環と言うべきものであり、また前年末に亡くなった父設満の葬儀などのために帰郷した際に、実家である正蓮寺から得た史料を紹介するに留まるものであった。

(21) 三木清「類似宗教と仏教」一九三六年(『三木清全集』一三巻)、五五―五六頁。

(22) 服部之総「法主に呈す」一九五三年(『全集』一五巻)、二二七頁。

(23) 服部之総「村の雑貨屋」一九五三年(『全集』二三巻)、三〇頁。なお、服部がこうした「運命」のただなかにあったところに刊行された堀由蔵編『大日本寺院総覧』(一九一六年、名著刊行会復刊、一九七四年)には、「慶長十四年、二世浄祐法師の代に至り、正蓮寺と号す。当寺の大門は和田の工匠の建築に係り、石川三門の筆頭と称せらる。寺宝中の阿弥陀如来像は美女御前の作にして、法然上人の念持仏なりと伝へらる。現住服部設満(服部之総の父)」(「正蓮寺」、二二一八頁)と記されており、その「大寺」ぶりを見ることができる。

(24) 服部之総「〔親鸞ノート〕第二版序文」一九五〇年(『全集』一三巻)、一七頁。

(25) なお、この「副住職問題」については、服部之総「あいさつ状」一九三六年(『全集』二三巻)を参照されたい。これは、親類縁者をはじめ信徒に対して、正蓮寺の家督を弟に譲ることへの理解を求めるためのものであり、公式的な文章ではあるが、そこには郷里の人々に対する服部の愛情が吐露されている。

(26) 服部之総「亡父　十三回忌にあたり」一九四八年(『全集』二四巻)、二五一―二五二頁。

(27) 唯円『歎異抄』(日本古典文学大系八二『親鸞集・日蓮集』一九六四年)、一九三頁。

(28) 服部之総「三木清と「親鸞」」一九四七年(『全集』一三巻)、二〇頁。

(29) 服部「三木清と「親鸞」」、四六頁。

(30) 三木清「親鸞」一九四五年(『三木清全集』一八巻)、四九四―四九五頁。

(31) 服部「三木清と「親鸞」」、三〇頁。

(32) 三木「親鸞」、四八七―四八八頁。

(33) 三木清「手記」一九三〇年(『三木清全集』一八巻)、一〇五頁。

(34) 服部之総「啓蒙家羽仁五郎君の新ユトピアン教条」一九四七年〈『全集』二〇巻〉、一三頁。

(35) 服部「〔親鸞ノート〕第二版序文」、一七頁。

(36) 服部之総「真宗教団に与う——大谷光照氏の『蓮如』読後感に答えて」一九四九年〈『全集』一五巻〉、二一九頁。

(37) 「堂班制度」についての、服部の認識は以下の通りである。

堂班制度は寺格の制度である。西本願寺では特別上座、上座一、二等、本座一、二等、内陣余間等々に別たれている。おのおのさらに一代制と永代制がある。かくしてそれらは何人にも明らかなように末寺に付与されたる宗門の権威であり、末寺門徒にとっての宗門的誇りである。／堂班に従って本山にたいする税金——「三季〔正月・中元・報恩講〕冥加」——の等級が定められる。この等級に従って諸々の募財の割当額もまた決せられる。だが、それだけではない。堂班は売られる！　否、売られるのではない。賞与として与えられる——末寺を単位として信徒が本願寺募財に献金する。金額は信心の尺度として受納される。そして尺度された信心の量にたいして本山は堂班を賞与するのである！／そこには門末檀徒が自らが寺格の他寺より優越ならんことを競って惜みなく膏血を捧げて来た事情が底在している。これを信徒の愚昧に帰するも、住職の虚栄に帰するも、たんにそれだけでは不当であろう。「堂班の社会学」をあますなく明らかにするには、所詮末寺経営の全貌を分析するのでなければ不可能であるが、いまその余地を持たない（服部之総「宗門経営の分析」一九三一年〈『全集』一巻〉、三四八—三四九頁）。

ちなみに、『大日本寺院総覧』に記された服部の実家である正蓮寺の寺格は「本座二等」である。正蓮寺の寺格維持に父設満が苦しんだことを、服部は次のように書き記している。

父は一生のうち何度堂班で良心的にくるしんだことか、そのつど漏らした言葉こそ忘れたが、いかりは子供心にそのまま鮮かに印象されていまも生きている。宗門外の人にはそれはわかるまい（服部之総「ごえいどう」一九四八年〈『全集』一五巻〉、二三二頁）。

なお戦後の教団改革の中で、呼称としての「堂班」は消滅している。また、「本山にたいする税金」と服部が呼んだ「三季冥加」も、これに先立って「賦課金」に改められている。
(38) 服部「三木清と「親鸞」」、三七頁。
(39) 服部「三木清と「親鸞」」、四〇頁。
(40) 服部「宗門経営の分析」、三四三頁。
(41) 服部之総「日本における宗教改革の神学的前件」一九四七年(『全集』一三巻)、七二頁。
(42) 「親鸞そのもの」を描き出すために、服部は徹底的な宗祖伝説批判を展開する。こうしたイデオロギー暴露によって、親鸞の「非貴族性」を論証する方法はすでに、巌木勝(岩倉政治)をはじめとする戦前のマルキストたちの研究に見ることができる(赤澤史朗「マルクス主義と日本思想史研究――『歴史科学』『唯物論研究』を中心に」、磯前他編『マルクス主義という経験』)。赤澤は、「こうした説明は、後に服部之総の「親鸞ノート」でも継承されていく視点であった」と指摘しており首肯できる。しかし服部が巌木らの研究を明示的に用いた箇所は見あたらない。そこに、三木との論争を自分もろとも追い遣ってしまった日本戦闘的無神論者同盟の人々とのわだかまりがあるのかについては、今後検討していきたい。
(43) 家永三郎「最近の仏教書　服部之総著「親鸞ノート」」(『読書倶楽部』四巻四号、一九四九年五月号)。
(44) 「詮じ候ふところは、御身にかぎらず念仏申さんひとびとは、わが御身の料はおぼしめさずとも、朝家の御ため国民のために念仏を申しあはせたまひ候はば、めでたう候ふべし」(「親鸞聖人御消息」二五〈教学伝道研究センター編『浄土真宗聖典(注釈版)第二版』本願寺出版社、二〇〇四年〉七八四頁)。
(45) 「国文を読みとるほどの素養ならば、右消息文中「念仏マフサン人々」以下が「往生ヲ不定ニオボシメサン人」以下にたいする形式的には対語であり、内容的には反語であることを察知することは容易であろう」(服部「三木清と「親鸞」」、四〇頁)。

(46) 家永「服部之総著「親鸞ノート」」

(47) 「光照門主の退位と天皇の退位とは、戦争責任論という同じワクで論ぜられてよい事柄ではありません。血脈相承の法主位というような教条は、そもそも『教行信証』とは無縁なのです」(服部「真宗教団に与う」、二一四頁)。

(48) 服部之総「本願寺教団の民主化」一九四八年(『全集』一五巻)、二〇〇頁。

付記　本稿は、脱稿の前年にあたる日本宗教学会二〇一二年度大会でのパネルセッション「戦後の日本仏教論——諸学説の再検討」における「連続と断絶——服部之総の「親鸞」」と題した発表に加筆修正したものである。コメントを賜った佐藤弘夫氏および会場で頂戴した多くのご意見・ご指摘に感謝の意を表したい。

井上光貞

焼け跡闇市世代の歴史学

平　雅行
TAIRA Masayuki

INOUE Mitsusada
1917-1983

落伍した名門子弟である井上光貞は、没落する中下級貴族に共感し、みずからを彼らに重ね合わせながら浄土教史を構築した。その研究には、敗北の時代を、矜持をもって生き抜いてほしいとの、戦後社会に対する井上のメッセージが込められていた。井上光貞の研究の魅力と陥穽がここにある。

はじめに

私は、井上光貞の業績の全体像を把握できているわけではない。井上の業績は古代史研究と浄土教研究の二本柱から成るが、古代史については、私はまったく不案内である。そのため本稿では、井上の仕事のうち浄土教史に関わるものだけを取りあげた。このことを、あらかじめ断っておきたい。

一九七五年に黒田俊雄が顕密体制論を提起するまで、井上光貞の研究は古代中世仏教史研究の最高の達成であった。現在においても、高校教科書をはじめ多くの概説書は、なお井上説にのっとって叙述しており、その影響力は今も衰えていない。私は井上の浄土教研究と格闘する中で研究を積み重ねてきた。それだけに井上については何度か論及してきたが[1]、井上の晩年に近い年齢に立ち至った今、改めてその研究の意味について考えたい。氏の略歴は次の通りである。

井上光貞は一九一七年九月、東京市麻布区（現、東京都港区）で、侯爵井上三郎（一八八七―一九五九）・千代子（一八九九―一九三二）夫妻の長男として誕生した。母千代子は光貞十四歳の冬に早世している。学習院初等科、成蹊高等学校尋常科を経て、一九三四年四月、旧制成蹊高等学校高等科理科に入学する。ところが翌年冬に重い腎臓炎にかかり、闘病生活を余儀なくされた。三七年に文科二年に移ったものの、腎臓炎が再発。結局、六年を要して二十二歳でようやく高等学校を卒業し、四〇年四月に東京帝国大学文学部国史学科に入学した。大学では坂本太郎や相田二郎の実証主義に大きな影響をうけている。四二年九月に国史学科を卒業し同大学院に進学した。卒業論文は「奈良遷都以前の社会と仏教」である。大学院では和辻哲郎に思想史の指導をうけた。また、この時より『帝室制度史』編纂のため帝国学士院に勤務するようになり、美濃部達吉・家永三郎・井上清と同僚となった。特に家永・井上清とは、同じ専任嘱託として密度の濃い交流をしている。召集令状により四五年四月一日に横須賀の海兵団に入隊するが、身体検査の結果、即日帰郷となり、軍隊生活を経験することなく終わった。ただし、東京と静岡にあった井上家の居宅は、同年に双方とも空襲で焼失している。疎開先の信州戸倉で終戦を迎えた時は、悲しみよりも、むしろ軍国主義からの解放感を覚えたという。

敗戦を契機に、平泉澄とその弟子たちが東京大学の国史学研究室を去ったため、一九四六年三月、井上光貞は二十八歳で助手に任用された。さらに四八年正月には論文「藤原時代の浄土教」を『歴史学研究』に発表し、それをもとに浄土教研究を体系化して、五六年に『日本浄土教成立史の研究』(山川出版社)を上梓。五九年にはこれにより文学博士の学位をとった。恩師坂本太郎との関係を配慮して、研究分野の異なる浄土教史で学位を取得したという。また、四九年には『日本古代史の諸問題』(思索社)、六五年には『日本古代国家の研究』(岩波書店)、七一年には『日本古代の国家と仏教』(岩波書店)を刊行している。その間、四九年四月には東京大学教養学部講師となり、翌年には同助教授、六一年四月には文学部に移り、六七年四月に同教授。七四年十月には東京大学文学部長に就任し、七八年四月に東京大学を停年退官した。停年の二年前に心筋梗塞をわずらい、心臓手術をうけている。停年後は国立歴史民俗博物館設立準備室長となり、八一年四月には初代館長に就任した。しかし開館直前の八三年二月に六十五歳で、肺炎によって死没している(2)。

一　落伍した名門子弟

井上光貞という人物を考える時に、大事な点が三つある。家柄と家風、そして大病である。第一に、井上は名門出身の長男坊であった。父方の祖父は、公爵にして総理大臣を歴任した桂太郎（一八四七―一九一三）である。母方の祖父は明治の元勲井上馨（一八三六―一九一五）であり、婿養子となった父三郎は陸軍少将であり、貴族院議員であった。また、井上は一九四二年十二月に結婚するが、相手は伯爵家の令嬢二荒《ふたら》明子であり、その結婚式で媒酌をつとめたのは現職の内大臣木戸幸一であった。ちなみに岳父二荒芳徳は、伊予宇和島藩の伊達宗徳の息であり、昭和天皇が皇太子時代（一九二一年）に渡欧した時に、御学友として随行しており、帰国後、ボーイスカウト日本連盟の初代理事長となっている。まさに名門中の名門の出身といってよい。

第二に、実家の家風が「西洋趣味」であった。(3) 祖父の井上馨は外務卿の時に鹿鳴館時代を現出した人物であるし、実質的な祖父勝之助（一八六一―一九二九）は光貞が誕生するまでの二〇年間、ドイツ・イギリスで公使・大使をつとめている（井上馨は長く子どもに恵まれなかったため、兄の子の勝之助を養嗣子《ようしし》とした。井上馨の晩年に生まれた千代子は、勝之助の養女となり、三郎は勝之助の養嗣子となった）。また勝之助の妻である末子は、英語・ドイツ語・フランス語を自在にあやつってヨーロッパの外交界で活躍した女性であったという。井上光貞はこうした勝之助夫妻の影響をうけて育った。また父方でも、桂太郎は子どもたちにドイツ風の教育をしていた。このように井上光貞は「西洋趣味」の家庭で育った。

井上は後に東京大学の国史学科に入学するが、主任教授平泉澄の言動に違和感を覚えたという。平泉澄（一八九五―一九八四）は、東京帝国大学国史学科を首席で卒業した俊英で、名著『中世に於ける社寺と社会との関係』（至文堂、一九二六年）で学位をとった。ところが一九三〇年、ナチスが台頭しつつある欧州に外遊すると、帰国後は「次第にファナティックに」なり、一九四〇年に井上が入学したころは「ひとり国史学科では、主任教授〔平泉澄〕が、およそ学問とは縁もゆかりもない皇国史観をとくとくと説いてあやしまないという、異常な風景を展開していた」と述べている(4)。

もちろん、このコメントは戦後になってからのものであり、割り引いて考える必要がある。しかし、①井上は高校時代から、トルストイやドストエフスキーなどのロシア文学や、ゲーテやヘルマン・ヘッセなどのドイツ文学を愛読していたこと、②早くから美濃部達吉に畏敬の念を懐いており、高校の通学路にあった美濃部の居宅をあこがれの念で仰ぎみていたこと、③大学院で思想史の指導教官を必要としたとき、中世思想史を専門とする国史学科主任教授平泉澄ではなく、倫理学科の和辻哲郎教授に指導を要請したこと、これらからして、平泉澄に対する違和感は事実であったと考えてよい。

第三に、決定的に重要なのは彼の大病である。一九三五年、成蹊高等学校高等科に在学中に重い腎臓病となり、この病は十年近く彼を苦しめた。もともと井上は理系を目指していたが、文系に変わり、学者の道を歩むことが許されたのも、ひとえに大病のせいであった。それまでは親に従順な優等生であったが、

図　井上光貞略系図

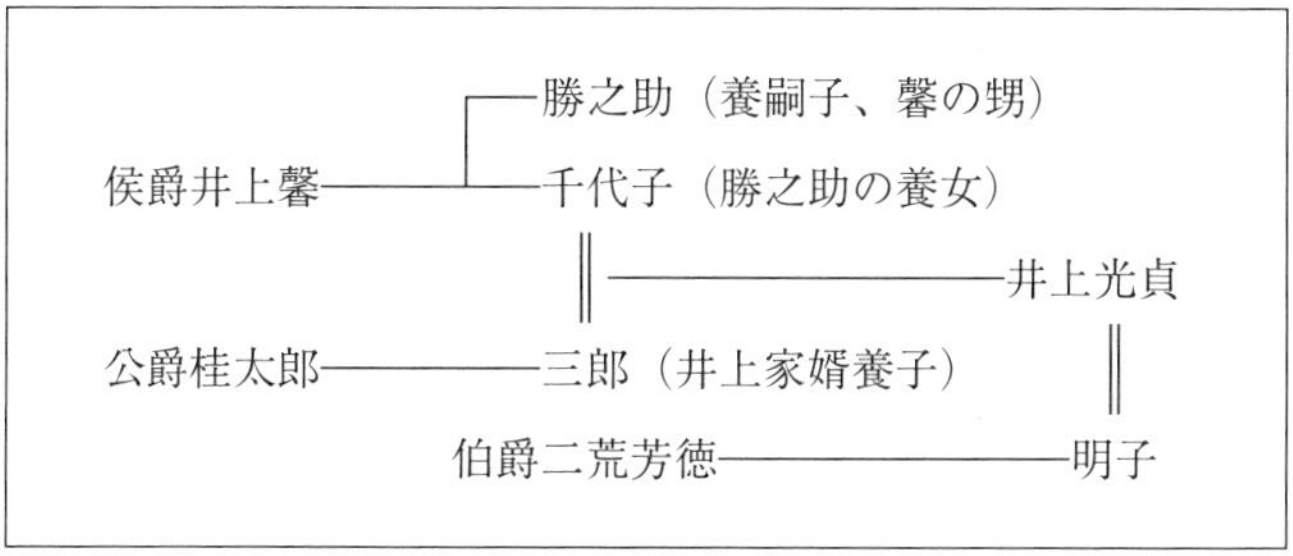

十八歳という多感な時期に病臥を余儀なくされ、仲間から一人取り残された。この挫折感から、「すべてのものごとに批判的」になってゆき、やがて「自分の属している特権的な身分や階級に対する憎悪」すら懐いた。(5) 折しも一九三七年、学習院初等科・成蹊高等学校尋常科で同級だった有馬頼義《よりちか》が、小説『崩壊』（富士印刷出版部）を発表して、特権的社会への批判とその崩壊を予言したのに対し、大きな共感と嫉妬を覚えたという。また、空襲で井上家の東京の居宅と静岡の別荘の双方が焼け落ちるが、「国土全体が廃墟と化し、財産も身分も空洞化していた」中であったため、拠点の喪失は打撃というよりも、むしろ「虚飾を捨てて大地にたつことの喜びの方が深かった」と述べている。(6) このように井上光貞は、大病をきっかけにして名門の出であることに深い嫌悪を懐くようになり、むしろ名門としての自己が打ち砕かれることに喜びすら感じるようになっていた。

　そして、三木清『歴史哲学』（岩波書店、一九三二年）や津田左右吉の著作を愛読したほか、マルクス主義にも親しむようになり、『日本資本主義発達史講座』全七巻（岩波書店、一九三二―三三年）や、服部之総『明治維新史』（上野書店、一九二九年）などを読んでいる。中でも特に親しんだのは、マックス・ウェーバーである。一九四二年に卒業論文「奈良遷都以前の社会と仏教」を執筆する過程で、仏教と社会との関係を考察する手引きとしてウェーバーの『宗教社会学論集』をひもといた。「ウェーバーは膚にあう」「いまもわたしをつかんで離さないウェーバー」と語っているように、(7) ウェーバーは井上の古代史研究や浄土教研究にも深い影響を与えることになる。戦後、マルクスの発展段階説を理念型として捉えるウェーバーの理解が話題になるが、井上は戦時中の段階から、ウェーバーをてがかりにマルクスの相対化に向かっていた。

　こうした井上が、敗戦を解放感の中で迎えたのは当然であった。「これからはよい時代が来るぞ、という歓喜が心の底から湧きおこっていた」と述べている。(8) さらに戦後の混乱を夢中で生きているうちに、彼の腎臓炎は治癒し、十年にわたる大病から解放された。井上光貞にとって戦後とは、軍国主義からの解放であり、名門子弟の自己からの解放であり、また大病からの解放でもあった。生活は苦しかったけれども、「未来へのバラ色の希望が満ち満ちていた」[9]。

一九四六年三月、東京大学国史学科の助手となった井上は、学生たちと研究室の雰囲気を劇的に変化させていった。その中心的な舞台となったのが井上サロンといわれるもので、青村真明・山口啓二・色川大吉・辻達也・尾藤正英・藤原彰・網野善彦らと連日のように議論を交わしたという[10]。翌年四月には、この井上サロンを母胎に東大歴史学研究会が結成されている。戦前・戦中からマルクスやウェーバーに親しんでいた井上は、ほとんどぶれることなく、新しい時代を迎えることができた。

二 中下級貴族の没落論

井上光貞が浄土教に関心をもつようになったのは、一九四三年ごろからだという。前年十月より帝国学士院の帝室制度史編纂室で家永三郎と机をならべるようになり、家永の論文や、源信・法然・親鸞らの著述を夢中になって読んでいる。そこで培った問題関心が、戦後、石母田正『中世的世界の形成』(伊藤書店、一九四六年)と出会うことによって、井上独自の仏教史像が創出された。一九五六年に刊行された『日本浄土教成立史の研究』は、こうした研究の集大成である。

この本が出て間もなく、家永三郎が書評を発表している[11]。そこで家永は、「はじめて日本仏教史を科学にまで高めた」と本書を激賞した。膨大な史料を駆使したこの著作は、もっとも良質なアカデミズム史学による仏教思想史への挑戦であり、家永の評価も過分なものではあるまい。もちろんこれ以前にも、日本仏教史のすぐれた実証研究は存在した。辻善之助の浩瀚な業績はその代表的なものである。しかし辻の描く仏教史は、いわば外形的仏教史とでも評すべきものであって、仏教教理についての内在的な検討はほとんど成されていない。他方、家永三郎は『日本思想史に於ける否定の論理の発達』（弘文館、一九四〇年）などで、仏教思想の内的な展開をたどっているが、とても体系的なものとは評しがたい。それに対し井上のこの著書は、徹底した実証と緻密な検討が尽くされている。点と点とをつないだのが家永の仕事であるとすると、井上の業績は面と面とを組み合わせた構造物のようである。平安中期から鎌倉中期に至るまで、一〇〇例近い浄土教建築を検出し、その最盛期が院政期であったことを解明したのはその一端である。思想史的にも、奈良時代の智光・智憬から、院政期の覚鑁や永観・珍海にまで子細に目配りしており、その視野の広さと徹底ぶりは今でも驚嘆に値する。このように家永は、本書での達成を高く評価した。しかし他方では、井上光貞の研究姿勢に、次のように疑問を呈している。

……浄土信仰のごとき対象の理解のために、実践的意志から全く切断された客観主義が真に適切な方法であるかどうか、疑なきを得ない。(12)

浄土信仰とは人の生きざまに関わる。その研究を行う時に、自分の生き方を脇において史料の山を築くのが、はたしてまともな研究と言えるだろうか、ということだ。家永三郎は戦時中に『日本思想史に於ける否定の論理の発達』や、『日本思想史に於ける宗教的自然観の展開』（創元社、一九四四年）などの作品を発表した。そして、記紀万葉に見られる現世肯定的な世界観から、浄土教のような現世否定の世界観や、現世逃避の宗教意識に変容してゆく歴史過程を跡づけている。これらの仕事は、過去の歴史における厭世的思潮を発掘したものであるが、それはまた、軍国主義的風潮に染め上げられた同時代に対する、家永自身の違和の表明でもあった。つまり、今をどう生きるのか、今とるべき正しい思想とは何なのか、この課題を第一義とする主体的思想史とでもいうべき方法を家永は模索し実践してきた[13]。それだけに、膨大な史料をもとに構築された井上の体系は、よくできてはいるものの、はたしてそこにハートがあるのか、と問うてみせたのである。

しかし私は、この批判は的外れであったと思う。家永の方法論そのものに問題があったうえ、井上光貞の研究を正確に捉えていない。

家永の主体的思想史は、戦時下においてはそれなりの意味があったが、方法論一般ということになれば、もとより私は家永に同調することができない。現代の実践的関心を基準に過去の思想を論評するのは、思想信条の単なる告白であって、もはやそれは歴史研究とは言えない。今あるべき思想を語りたければ、ストレートにそれを語ればよいのであって、過去の思想をダシにする必要はない。過去の思想は、思想としての普遍性を有するとはいえ、第一義的には歴史の内在性において評価されるべきである[14]。歴史学も思想史学も現代の実践の道具ではない。そして井上光貞が、基本的に家永三郎と方法論を異にしていた以上、家永から批判をうけるのは当然であった。

とはいえ、実は井上光貞の研究にも家永と近似した部分がある。『日本浄土教成立史の研究』でもっとも特徴的なのは、中下級貴族論である。井上はここで、①摂関時代になると藤原摂関家が官位を独占するようになり、中下級貴族が没落してゆく、②没落する中下級貴族の鋭い批判精神が浄土教信仰の基盤をなし、彼らが浄土教の中核的担い手となった、と論じている。中下級貴族の批判精神が浄土教信仰の受容基盤となった、とするのが井上説の核心だ。この構想のヒントとなったのは、貴族社会の解体への深い反省が浄土教的信仰の母胎になったとする石母田正『中世的世界の形成』の指摘であるが、井上はこれに、かつての自分を重ね合わせた。

……貴族的生活に対する批判は、時代の矛盾を最も痛切に体験した中下層の貴族、就中、知識人においてこそ深刻であつたに相違ない……。(15)

名門子弟の落伍を実体験していた井上にとって、中下級貴族の没落とその批判精神は我が事のように共感を覚えたはずだ。井上の浄土教研究の核心部分がこのようにして生み出されたものである以上、家永三郎の批判にとうてい賛成することはできない。

しかも井上の研究は、歴史研究として衝撃力があっただけではない。それ自体が、戦後という時代に対する思想表明でもあった。中下級貴族論の骨格は、すでに一九四八年一月発表の論文「藤原時代の浄土教」にみえている。そして、太宰治が『斜陽』を発表して、没落してゆく上流家庭の死と再生を描いたのが一九四七年十月のことである。太宰がここで描いた、没落してゆく上流家庭とは敗戦国日本の暗喩である。そして、太宰治の『斜陽』とほぼ同時期に、井上は中下級貴族の没落を論じた。その点からすれば、没落してゆく中下級貴族とは、落剝してゆく敗戦国日本の暗喩でもあった。中下級貴族の批判精神への称揚は井上の自負の表れでもあったが、そこにはまた、戦後の日本が精神的な矜恃をもって敗北の時代を乗り切ってほしい、との希求が織り込まれている。井上光貞の浄土教研究は、歴史研究として優れていただけでなく、同時代へのメッセージという面でも、大きな衝撃力をもちえた。それを「実践的意志」を欠いた「客観主義」と評した家永三郎は、井上説の核心を見落としている。

しかし井上説のこうした魅力は、同時に陥穽そのものでもあった。その長所が危うさの根源となったのだ。

三　虚構の中下級貴族像

井上光貞の浄土教研究がかかえるもっとも重大な問題は、平安浄土教の把握に失敗したことである。その原因は、中下級貴族や浄土教に対する過剰な思い入れにある。

井上は摂関期を、中下級貴族を中心に浄土教が「最もはげしく、かつ純粋に、もえ盛った時代」と述べ[16]、慶滋保胤（?―一〇〇二）をその代表的担い手とした。そして、保胤を「最も純粋に信仰に生きた人」「最も深く浄土教に生きた人」と評している[17]。しかし、こうした発言は慶滋保胤の実像と乖離している。慶滋保胤が著した『日本往生極楽記』には、四十五名の伝記が収められているが、そこでの配列は、世俗の身分序列や妻妾の順に従ったもので、保胤には官人としての意識が抜けていない[18]。また、「彼〔慶滋保胤〕の信仰は次第に熾烈の度を加えた」と井上は述べるが、九八六年（寛和二）の保胤の出家とて、子息の加冠を待った上での出家であったし、彼が中心となった勧学会も高踏的な文学サロンの趣が否定できない。事実、小原仁によれば、慶滋保胤には現世否定が希薄であり、立身出世の意欲と浄土教が併存していたし、その出家とて花山朝の行き詰まりに原因があったとのことである[19]。実態としての慶滋保胤に、はたして批判精神と呼びうるものがあったのかすら怪しい。井上光貞が想い描いた慶滋保胤と、現実の慶滋保胤との間には大きな落差がある。

井上光貞はみずからを中下級貴族に重ね合わせ、慶滋保胤に思いを託したが、それは虚構の中下級貴族像に囚われたことを意味している。そして、井上の中下級貴族像が虚像となれば、彼らが担った浄土教も必然的に虚像たらざるをえない。

井上は平安浄土教を現世否定的なものとして捉えた。井上以前の浄土教研究では、現世否定論と二世安楽信仰論とが整理されないまま、併存する形で論じられていた。ところが井上説では、二世安楽論が後景に退く一方、現世否定論が突出してくる。そして浄土教を、「名利の外に魂の自由と一切衆生の救済を求める精神運動」と述べたり、貴族たちが浄土教に「救済を見出した」とし、彼らの浄土願生を「主観的には後世に憧憬しつつ、実は現世の自己を浄化して行く」と語ったりしている[20]。しかし、平安浄土教の実態は「現世安穏・後世善処」を祈る平凡な二世安楽信仰に過ぎない。「この世は幸せでいたい、あの世でも幸せになりたい」というのが二世安楽信仰であるが、このうち「あの世での幸せ」を祈るのが浄土教である。現世を否定し、現世に絶望して彼岸の極楽を希求しているのではない。

ただし、仏教の教理では厭離穢土が極楽往生の条件となっている。そのため、人々は極楽往生（来世の幸せ）を実現するため、現世を否定しているかのような「振り」「装い」をすることになった。禁欲・作善や出家入道がそれである[21]。しかし、これらはあくまで厭離穢土の「装い」なのであって、実態ではない。日本中世ではほとんどの者が極楽往生を願うようになるが、それは決して、社会の圧倒的大多数が現世に絶望していたことを意味するのではない。中世社会はそのような異様な世界ではない。普通の人間が普通に生活していた普通の社会である。中世人は、極楽往生という来世の幸せを手にいれるために、現世を厭い、来世を希求しているかのような「振り」をした。ところが井上は、この「装い」を実態と誤認した。

井上が描く浄土教史をもう少し詳しく振り返っておこう。井上によれば、十世紀以前は鎮護国家仏教といった現世的信仰が基調であり、阿弥陀信仰は死者の極楽往生を祈る追善だけで、自分自身の浄土願生は登場しなかった。ところが、十世紀以降になると自分の浄土往生を願うようになる。そして、自己の往生を祈っていることから、井上はそれを現世否定的であり、救済宗教的であると性格づけた。浄土信仰が現世否定的なものであれば、その担い手は現世で疎外された社会層ということになる。従来の研究はそれを貴族の没落に求めたが、摂関期はむしろ貴族社会の全盛期であり、浄土教の発展と貴族の没落を結びつけるのは無理がある。こうして井上は、摂関家の台頭の中で疎外され没落してゆく中下級貴族を見いだし、彼らを浄土教の中核的担い手と位置づけたのである。

しかし、そこでの中下級貴族像が虚像であることは、先に指摘した通りである。しかも井上は、中下級貴族が浄土教受容の先駆的存在であったと強調するが、実証的にはこの部分も崩壊している。浄土願生は九世紀中葉より天皇家を中心に広がりをみせており、むしろ上から下へ、中心から周縁へと流布していったと考えるべきである[22]。

さらに言うと、現実の浄土教は、最高権力者から民衆に至るまで、幅広い人々に受容された。とすれば、藤原道長や白河・鳥羽・後白河法皇らがなにゆえに極楽往生を望み、また民衆がなぜ浄土教を受容したのかが問われることになる。それに対し井上は、藤原道長の浄土信仰は美的・情緒的・耽美的側面が強く、現世否定が希薄化しているという。他方、院については「滅びを諦観した刹那的・頽廃的な享楽主義」と述べていて[23]、古代社会の崩壊が浄土教を受容させた要因であるとする。また、民衆に関しては、呪術的狂騒的エクスタシアのなかで受容されたという。では、中世の武士はどうか、鎌倉・室町時代の貴族はどうなるのか……、次々に疑問がわいてくる。しかし、井上の説明は次第に歯切れが悪くなり、話がどんどん複雑になってゆく。これは学説が破綻する時の典型的な兆候である。

そもそも井上の場合、中下級貴族については鋭い批判精神と現世否定という、浄土信仰を受容した内的要因が説明されているが、それ以外については耽美や享楽やエクスタシアそのものが自己目的化していたかのような議論になっており、それが来世信仰とどのように結びつくのか説明がない。酒を飲み、歌い踊りセックスに興じれば、耽美・享楽・エクスタシアは享受できるはずだ。それを楽しむために、なにゆえに阿弥陀信仰に入るのか、その内的要因が説明できていない。

たとえば藤原道長は病が重くなった時、息子たちが病悩平癒の祈禱を続けていることに対し「己をば悪道に落ちよとこそはあらめ」（『栄華物語』巻三〇）と激怒した。また、白河院は晩年、極楽往生を願う中で、魚鳥などの肉食をやめたばかりか、殺生禁断令を盛んに発して社会から肉食を根絶させようとしている。極楽往生のために道長は治病を断念したし、白河法皇は美食をやめた。しかも、浄土教の発展は貴族の鷹狩りを衰退させたし[24]、浄土願生から性的禁欲に向かった例も数多い。浄土教信仰は何らかの禁欲と表裏一体であり、耽美・享楽・エクスタシアといった概念では、彼らの信仰の内実を捉えることができない。そして、そもそも浄土教が現世否定の宗教でない以上、没落する社会層を担い手として想定する必要もない。浄土教の広まりと、古代社会の崩壊、中世社会への移行との間に、直接的な関係はない。

井上光貞の浄土教研究には、焼け跡闇市世代の臭いが色濃く染みついている。一九四八年、「藤原時代の浄土教」を発表して間もなく、井上は東大歴史学研究会が主催した会で「浄土教の成立」の講演を行った。停電のため、ロウソクの光をたよりに、大講堂を埋め尽くした若い聴衆に向かって、こんこんと話し続けたという。この講演を、井上は「忘れることのできない甘い思い出」と幾度も語っている[25]。浄土教についての講演が、これほどの熱気で迎えられるなど、今では想像もつかない。没落する貴族たちの心の支えが浄土教であると考えられていた以上、浄土教は敗北の時代を生きる人々から、熱い眼差しをうけた。しかも、『肉体の門』がベストセラーとなり、特攻帰りが彷徨し、刹那的頽廃と知的渇望が渾然一体となって渦巻いていた時代である。浄土教研究は焼け跡闇市の時代と確かに共振した。そしてこの甘美な共振が、研究者としての井上の目を曇らせた。この世とあの世での平凡な幸せを願った浄土信仰を、現世の否定、現世の享楽という、極端な概念で井上は捉える。没落する中下級貴族への過剰なシンパシー、そして「滅びを諦観した刹那的・頽廃的な享楽主義」といった極端な発言[26]、さらに「この世界において享楽すべきものをもたなかつた」とする絶望的な民衆像[27]、――これらはいずれも歴史の実態から懸け離れているが、それだけに、こうした過剰な発言に、私は焼け跡闇市時代の臭いを感じてならない。

井上光貞の浄土教研究は、敗北の時代を生きる人々へのメッセージでもあったが、それゆえに井上は、平安浄土教の実態を見誤ることとなった。井上の魅力は、同時に陥穽そのものでもあった。

四　宗学の厚い壁

井上光貞の研究にはもう一つ、重大な難点がある。法然だ。井上の浄土教史は、その最終的な到達点を法然におき、そこに至る浄土教の発達史を六世紀から丹念にたどっている。ところが井上の法然理解に問題がある。法然の思想的特徴として井上が挙げたものは、いずれも顕密仏教的浄土教の特徴であって、法然のものではない。つまり井上は、法然浄土教を顕密仏教の浄土教と混同している。

かつて家永三郎は、親鸞の思想は下部構造の必然的産物ではなく、歴史的条件に「親鸞の決断といふ新要素X」が加わって初めて成立したと論じた[28]。たいへん的確な視角であるが、残念なことに家永は、具体的叙述においては「親鸞の決断といふ新要素X」を析出することに失敗した。そして、「親鸞の宗教も畢竟平安期の往生信仰のおのづからなる展開に最後の帰結を与へたものに過ぎない」と述べて[29]、親鸞の主体性を平安浄土教の中に雲散霧消させてしまった。

井上光貞はこれに反発した。そして、平安浄土教を藤原時代的浄土教と民間浄土教の二つに分けて、法然・親鸞を前者の飛躍、後者の発展として捉えるよう提唱した。「飛躍」と捉えたところに井上の独自性があったが、この家永批判は中途半端に終わってしまう。なぜなら、家永が明らかにできなかったのが、平安時代の往生信仰（民間浄土教）と親鸞との差違であった以上、貴族社会浄土教からの飛躍、民間浄土教からの発展という図式を提起しても、所詮、解決にはならなかった（ちなみに私は、法然・親鸞を平安浄土教の否定と捉えている）。井上は言う。

元来、専修念仏や悪人往生の思想は、平安末期の民衆的世界のなかに芽生え、決して法然の独創ではなかつた。法然の果した役割は選択本願念仏説を樹立し、破戒の者も称名さえすれば仏本願によつて必ず往生できると確信し、この確信を民衆に説きだしたことであつた……[30]。

つまり井上によれば、法然の画期性とは、「破戒の者も称名さえすれば仏本願によつて必ず往生できる」との「確信」を、ただもっていたというだけだ。実際のところ、法然が活動する以前の段階で、「弥陀の誓ひぞ頼もしき十悪五逆の人なれど　一度御名を称ふれば　来迎引接疑はず」（『梁塵秘抄』）との今様が京の民衆に広まっている。いかなる悪人であっても、称名さえすれば弥陀の誓願のおかげで必ず往生できる、との流行歌が流布していたのであるから、法然と民間浄土教との質的な違いがみえなくなるのは当然であろう。

そもそも、「破戒の者も称名さえすれば仏本願によつて必ず往生できる」との説は、中国唐代の思想家・善導が樹立した本願念仏説の考えであり、その教えは顕密仏教界に広く受容されていた。さらにそれは民間にまで広まっており、先にあげた今様は善導の本願念仏説の教えを謡ったものに他ならない。井上は法然を善導的に捉えたため、民間浄土教と法然との質的な違いがみえなくなったのである。事実、善導の『観経疏』と法然の選択本願念仏説との違いは何かと自問して、井上は次のように語る。

法然は、因位の阿弥陀仏が右の二義〔勝劣義・難易義〕に立脚して称名を選択したが故に、称名は仏願にかなう生因なのであるとしたのであり、換言すれば、この選択本願念仏説をうちたてることによつて、称名生因説を全うしたのである。(31)

私見によれば、法然の選択本願念仏説とは「念仏は弥陀が選択した唯一の往生行であるので、称名念仏以外では往生できない」というものであり、善導の本願念仏説＝称名生因説は「念仏は弥陀の本願であるため、だれでも称名念仏だけで往生できる」というものであって、両者は明確に異なる。ところが井上は、選択本願念仏説と善導との違いを「称名生因説を全うした」というレトリックに委ねてしまった。

ところが他方で井上は、善導と法然の違いを行の重視から本願の絶対帰依への転換と捉え、永観と法然の相違を、名号信仰から本願信仰への転換であると的確に指摘している。「称名生因説を全うした」という文章が誤魔化しであることぐらい、井上光貞ほどの研究者であれば気づかないはずがない。にもかかわらず、井上はそのまま立ちすくんでしまった。なぜなら、その前に浄土宗学の巨大な壁が横たわっていたからだ。

浄土宗学は、鎮西義の聖光房弁長（一一六二―一二三八）と然阿良忠（一一九九―一二八七）の教学に淵源をもつ。法然の専修念仏は一時、急速に広まったが、一二〇七年（建永二）二月、朝廷は天魔の教えと断じて専修念仏を禁止し、法然・親鸞・行空らを流罪に処した。その後も一二一九年（建保七）、二四年（貞応三）、二七年（嘉禄三）、三四年（天福二）、四〇年（延応二）、一二〇八年（徳治三）と朝廷は弾圧を繰り返している。鎌倉幕府も一二二七年（嘉禄三）、三五年（文暦二）、六一年（弘長元）、一三〇三年（嘉元元）と、専修念仏に弾圧を加えており、鎌倉時代末に至るまで専修念仏は朝廷・幕府から繰り返し弾圧された。そうした中にあって弁長や良忠は、選択本願念仏説を実質的に空洞化させ、法然を善導流念仏の主唱者と捉え直すことによって、弾圧を回避しようとした。こうして浄土宗は存続することができた。法然という思想家の存在が今に伝えられたのは、弁長・良忠の重い決断のおかげでもある。とはいえ、浄土宗学の法然理解が、こうした外圧の中で歴史的に形成されたことを忘れてはならない。望月信亨など浄土宗学の大家の教理研究による限り、法然と善導との違いや、法然と民間浄土教、法然と顕密仏教的浄土教との相違がうまく説明できなくなるが、その原因は弁長や良忠教学の形成のされ方にあった。

したがって、宗学的法然像による限り、法然の独創性は消え去り、法然は善導流念仏を墨守した凡庸な宗教者ということになってしまう。それでは教科書で取りあげることはおろか、はたして法然を研究する価値があるのかすら問われることになるだろう。しかし逆に、選択本願念仏説を前面に押し出せば、日本思想史や仏教思想史における法然の画期性を語ることができるが、弁長・良忠の理解から遠ざかってしまう。法然を選ぶのか、それとも弁長・良忠を選ぶのか、現在の浄土宗学のジレンマがここにある。

井上光貞の法然理解は基本的に望月信亨に依拠している。しかし、法然と善導との相違を「称名生因説を全うした」と書いて誤魔化した時、井上は望月説の問題点に気づいたはずだ。井上光貞には二つの選択肢があった。そこから望月批判へと突き進むのか、それともその前で立ち止まるのか。結局、井上は立ち止まることを選んだ。『日本浄土教成立史の研究』序で、次のように述べている。

殊に留意したのは、宗門の権威ある学者の実証的な教理史研究の成果である。宗門の研究は、この種の高度の研究においても、あるいは護教的であるかもしれない。しかし他面からみると、その伝統的解釈をふまえた研究成果はみだりに歪曲すべからざるもののように私には思われた。……教理に関していたずらに新見解をたてる危険を犯すよりは、むしろこれを咀嚼し、全体系のうちにそれを位置づけることに重点をおいた方が、学術上有意義であろうと考えた……。(32)

これは立ちすくんだ自分に対する弁明である。仏教教理の歴史的展開を精力的に解明してきた井上であったが、最後の最後のところで、学問的姿勢を貫くことができなかった。その結果、井上は浄土教成立史を締めくくる着地点を見誤ることになる。到達点たる法然の思想的理解が異なっていれば、そこに至る浄土教発展史の軌跡もずれてくる。こうして、井上が構想した浄土教史の全体系がゆらいでゆく。立ち止まることを選択した、その代償は大きい。

とはいえ私には、井上光貞がひるんだ理由がよくわかる。二十代のある日、私も同じ場所に立ったからだ。浄土宗には、数百年にわたる教理研究の蓄積がある。それを一つの学説として相対化し、みずからが構築した別の法然像を対置するというのは、相当な覚悟と思想的膂力《りょりょく》が必要である。宗学研究を相手に回して、厳しい論争を戦い抜くだけの力が自分にあるのか、鳥肌のたつ想いで自問したはずだ。しかも井上には古代史という、もう一つの重要な研究テーマがあった。宗学の壁を突き崩すには、さらに何年もの集中的な研鑽が必要だ。こうして井上は、この巨大な壁を前に、立ち止まることを選んだ。そして、その壁を乗り越えることを、後学に託したのだ。先に掲げた序文で、井上光貞は『日本浄土教成立史の研究』の方法的限界を率直に吐露している。「私はここまで来た。そして次の者がこの壁を越えろ」、その文章を私はこのように理解した。(33)

おわりに

個々の歴史家は、みずからの研究の普遍性・客観性を目指しているが、それでも否応なく、私たちは時代の影響を受けてしまう。同じように史料を読んでいても、貧しい時代の研究者は、過去の民衆生活の貧しさにリアリティーを感じ、民衆の苦しさを歴史の実像と考えるだろう。それに対し、豊かな時代を生きる研究者は、むしろ豊かな民衆像にリアリティーを感じる。民衆生活の苦しさを訴える文書をみても、そこに民衆の貧しさよりは、したたかさを読み取ることになる。時代の影響は、歴史を研究する者にとって宿命的なものである。私と井上光貞との浄土教についての理解の違いも、個人的なものというよりは、おそらく二人が生きた時代の相違によるところが大きいはずだ。

私は、敗戦後という時代の空気が、井上光貞の浄土教研究にある種のゆがみを生じさせた、と述べてきた。しかし、人に投げつけた言葉は、そのまま自分に返ってくる。私の研究に、どのような時代の影が刻印されているのか、私もまたいつか、厳しく批判される日がやってくるのであろう。

註

（1）拙稿「浄土教研究の課題」（同『日本中世の社会と仏教』塙書房、一九九二年）、四四―七二頁。初出一九八八年。

（2）「井上光貞年譜」（土田直鎮・他編『井上光貞著作集　第一一巻』岩波書店、一九八六年）。

（3）井上光貞『わたくしの古代史学』（文藝春秋、一九八二年）、三八頁。

(4) 井上『わたくしの古代史学』、二二一―二二四頁。
(5) 井上『わたくしの古代史学』、一九頁。
(6) 井上『わたくしの古代史学』、六五頁。
(7) 井上『わたくしの古代史学』、四七頁。
(8) 井上『わたくしの古代史学』、六六頁。
(9) 井上『わたくしの古代史学』、六七頁。
(10) 山口啓二「国史研究室の井上サロンのことども」(土田直鎮・他編『井上光貞著作集　第九巻』月報、岩波書店、一九八五年)。
(11) 家永三郎「井上光貞著『日本浄土教成立史の研究』(批評と紹介)」(『史学雑誌』六五―一二、一九五六年)。
(12) 家永「井上光貞著『日本浄土教成立史の研究』(批評と紹介)」、三一頁。
(13) 家永三郎「往復書簡　再び思想史の方法について」(土田直鎮・他編『井上光貞著作集　第一〇巻』岩波書店、一九八五年)、一六二頁。
(14) ただし、思想や文学表現は時として、時代を超えた普遍性を獲得する。それゆえ、時代の内在性と普遍性との両面からの評価が必要となる。
(15) 井上光貞『日本浄土教成立史の研究』(山川出版社、一九五六年)、一〇一頁。
(16) 井上光貞『日本古代の国家と仏教』(岩波書店、一九七一年)、一四三頁。
(17) 井上光貞「藤原時代の浄土教」(『井上光貞著作集　第九巻』)、一五〇頁(初出は『歴史学研究』一三一、一九四八年)、そして井上『日本浄土教成立史の研究』、九二頁。
(18) これは後に、井上自身が指摘していることである(井上光貞「文献解題――成立と特色」井上光貞・大曾根章介校注『往生伝 法華驗記』日本思想大系7、岩波書店、一九七四年、七一五頁)。

(19) 井上「藤原時代の浄土教」、一五〇頁、小原仁『文人貴族の系譜』(吉川弘文館、一九八七年)、同『慶滋保胤』(吉川弘文館、二〇一六年)。
(20) 井上『日本古代の国家と仏教』、一五三頁、そして井上「藤原時代の浄土教」、一五七頁。
(21) 中世社会における広汎な出家入道の展開については、拙稿「出家入道と中世社会」(『大阪大学大学院文学研究科紀要』五三、二〇一三年)を参照。
(22) 前掲注(1)の拙稿を参照。
(23) 井上『日本浄土教成立史の研究』、一九八頁。
(24) 拙稿「殺生禁断と殺生罪業観」(『周縁文化と身分制』思文閣出版、二〇〇五年)。
(25) 井上『わたくしの古代史学』、八二頁、そして同「新訂本の序」(『新訂 日本浄土教成立史の研究』山川出版社、一九七五年)も参照のこと。
(26) 井上『日本浄土教成立史の研究』、一九八頁。
(27) 井上『日本浄土教成立史の研究』、一三〇頁。
(28) 家永三郎「思想史学の立場」(『史学雑誌』五八—五、一九四九年)、七頁。
(29) 家永三郎『中世仏教思想史研究』(法藏館、一九四七年)、四二頁。
(30) 井上『日本浄土教成立史の研究』、三三五頁。
(31) 井上『日本浄土教成立史の研究』、三一二頁。傍点原文、傍線は引用者。以下同。
(32) 井上『日本浄土教成立史の研究』、序。
(33) 幸いなことに私は、宗学との正面衝突を避ける道を見いだした。自分の見解と近似した宗学者を発見することができたからだ。『選択本願念仏集』の研究に生涯を捧げた石井教道である。石井は『選択集』を徹底して研究する中で、古典的な宗学の枠を超えた法然思想の姿を提示してみせた。これにより私は、宗学の大家を押し立てながら、伝統的な法然理解と対峙する道をとることができた（拙稿「法然の思想構造とその歴史的位置」『日本中世の社会と仏教』、一五七―二一四頁〔初出一九七九年〕）。なお、拙稿「顕密体制論と私」（『史敏』一四、二〇一六年）を参照。

圭室諦成

社会経済史の日本宗教研究

林　淳
HAYASHI Makoto

TAMAMURO Taijō
1902-1966

一九三〇年代に史料編纂所の若手の研究者がつくった日本宗教史研究会は、二冊の本を残して霧消した。社会経済史的方法を宗教史に導入しようとした野心的な試みは、戦後歴史学の展開のなかで見過ごされたようである。研究会の中心にいた圭室諦成が構想した社会経済史的方法による日本仏教史の可能性を問う。

はじめに

圭室諦成は、一九〇二年に熊本県阿蘇郡高森にある浄土真宗寺院の次男として生まれたが、中学入学の折、同県鹿本郡八幡村にある曹洞宗寺院の養子となった。寺院の子弟が、近隣の他宗派の寺院へ養子に入ることは、この地域では珍しいことではなかったようである。圭室は、養父の要望で永平寺へ修行に行かされるが、僧侶にはなりたくなかった。勉学への志をもった青年は、東洋大学印度哲学科に入学、翌年には東京帝国大学に入り直し、国史学を専攻した。卒業後、史料編纂所の所長であった辻善之助の推挙で、史料編纂所に職をえて、所員となった。圭室は、生涯辻を師と仰ぐことになる。

辻は、関東大震災後、被災した史料編纂掛の再建に尽力し、史料編纂所を拡充し、初代の所長になった人物であった。日本仏教史を志した圭室にとって、日本仏教史、日本文化史の大家である辻に巡り合えたことは、大きな人生の転機になったと思われる。圭室は、史料編纂所において研究者として頭角をあらわし、さらに仲間を集めて勉強会を開くなどオルガナイザーとしての力量を見せた。その勉強会は、後より日本宗教史研究会という名称を持つようになった。そこに集ったのは、竹内理三、川崎庸之、森克己、宝月圭吾、森末義彰、阿部真琴、伊東多三郎など、戦後の実証的な歴史学を牽引していった錚々たる研究者であった(1)。彼らは最初、『大乗院寺社雑事記』を読むことから勉強会を始めて、その翻刻と校訂を行なった。そのあたりの事情については、圭室文雄がつぎのように説明している。

日本宗教史研究会は昭和六年（一九三一）から始まったようである。毎月一回の研究会を通じて、相互の研究の成果を批判することと論文にして学会誌に投稿することを目標にしていた。昭和八年にこの会は『日本宗教史研究』（隆章閣）を刊行した……。このような研究会の動きに対して、当時の日本宗教史研究者の中から少なからず驚きの声があがった。大学卒業後まもない若い研究者達が、社会経済史的手法により日本宗教史を体系づけようとしたことに対する危機感であった。もう一つは大学内においては平泉澄をはじめとする日本精神史を研究するグループからの反発がことのほか強かった、と伊東多三郎は後年述懐している。(2)

史料編纂所所員になった翌年に、圭室は駒澤大学の教員にもなっている。今日では想像できないが、圭室は二つの大学を専任としてかけもちしていた。彼が多忙な日々を過ごしていたことは、想像にかたくない。ところが、史料編纂所を辞任せざるをえないことがおこる。病気を理由にしての辞任であった。しかし東京帝国大学文学部の国史学科には平泉澄がいたことから、辻のまわりに集まった、社会経済史の日本史研究を実践していた若手研究者を疎ましく思っていた可能性はある。若手の集まりの中心にいた圭室が、平泉の圧力があったせいであろうか、突如史料編纂所をやめることになった。右の引用にある伊東の述懐は、こうした事情をさしているようにも解釈できる。

その後の圭室は、めげることなく駒澤大学の教授職で生計を立てながら、精力的に原稿を書きつづけた。『明治維新廃仏毀釈』（白揚社、一九三九年）『日本仏教史概説』（理想社、一九四〇年）は、この時期に書かれた名著である。仏教の

圭室諦成年譜（『駿台史学』20号より作成）

年　次	事　　項
1902年	熊本県阿蘇郡の浄土真宗寺院の次男として誕生
1921年	永平寺へ修行に行く
1922年	東洋大学印度哲学科に入学
1923年	東大国史学科選科に入学。辻善之助について日本仏教史を専攻
1928年	東大史料編纂所に入る
1929年	駒澤大学講師兼任となる
1930年	東大史料編纂所のなかで日本宗教史研究会を立ち上げる
1931年	日本宗教史研究会として『大乗院寺社雑事記』校訂を始める
1933年	『日本宗教史研究』を発刊
1935年	東大史料編纂所を辞任
1939年	『明治維新廃仏毀釈』を発刊
1940年	『日本仏教史概説』を発刊
1945年	第３回の召集令状。８月25日復員し、熊本県日輪寺で晴耕雨読の生活
1946–59年	地方史の研究に従事。『西南戦争』『西郷隆盛』を発刊
1960年	明治大学文学部教授に就任
1963年	『葬式仏教』を発刊
1966年	死亡

教理や宗派にも詳しく、史料編纂所で史料を読む力を鍛えられた圭室は、仏教学者が書く日本仏教史とは異質の、日本仏教の通史を書くことができた研究者であった。

一九四五年には徴兵されたが、敗戦後は故郷の熊本に戻った。晴耕雨読の生活を営んだという。駒澤大学に戻ることはなく、熊本の地で仕事を始めた。圭室は、熊本にある史料を掘り起こして、地方史研究に尽力し、一九五〇年には熊本女子大学の教授となる。自治体史の編纂、西南戦争、西郷隆盛の研究が、この時期の圭室の成果である。圭室は、史料を発見し地方に即した地方史研究を作り上げることを課題にし、自治体史の編纂にも携わり、熊本県の地方史の大家と目されるようになる。晩年、圭室は明治大学に呼ばれ教授に就任し、ここで圭室の学風は、もう一度変化をとげる。地方史の仕事は消えて、日本仏教史に関する研究に従事することになる。彼の代表作である『葬式仏教』(大法輪閣、一九六三年)は、この時期に書かれたものである。

右の年譜を見てわかるように、一九三〇年代から四〇年代に、圭室は社会経済史的な日本仏教史研究に没頭している(3)。戦後、熊本在住の間は、地方史研究に従事し、一九六〇年に関東へ戻り、明治大学教授として日本仏教史の研究を開始、すでにこの時期は日本宗教史の重鎮として扱われている。明治大学では日本宗教史研究会(さきの史料編纂所の研究会と同名ではあるが、別な組織)が作られて、萩原龍夫、下出積與とともに若手研究者の育成にはげむ(4)。

一九三〇年代の圭室が、社会経済史の影響をつよく受けたのに対して、一九六〇年代の圭室は、民俗学、考古学、宗教学の成果を縦横に摂取して日本宗教史を描き出そうとしていた。依頼原稿であろうが、「シャーマニズム」という題の論文もあるし、『葬式仏教』では、柳田国男の説を大幅にとりいれて論が進められている。一九六〇年代の著作は、昔のような密度のある実証的な日本仏教史研究ではなく、民俗学、考古学、宗教学の成果を吸収した啓蒙的な日本宗教の通史であった。

一　社会経済史による日本宗教史

圭室は、師である辻へ敬意の念を生涯抱いていたが、師とは異なる学風を身につけたのも事実であった。同じ日本仏教史といいながらも、辻の日本仏教史と圭室の日本仏教史とは、根本的に違っていた。一九二〇年以降学術の世界に浸透したマルクス主義の影響を経験したかどうかの違いが、何よりも大きかった。その時期には、辻はすでに史料編纂所の所長であり、日本史学の大家であり、マルクス主義の影響を受けるには、年齢をとりすぎていた。それと比較して圭室や史料編纂所の同世代の同僚の場合、マルクス主義の影響を避けることはできなかった。圭室の同級生には、羽仁五郎がいた。圭室は、マルクス主義者ではなかったが、マルクス主義の歴史学から決定的な影響を受けていた。経済という下部構造から歴史全体を把握しようとするマルクス主義の方法は、歴史学を志す若者たちの心をつかんだ。しかしそれは、すぐに共産党、コミンテルンとの政治的な関わりにはつながらなかった。すでに共産党の組織は弾圧で解体しており、かえってマルクス主義は、歴史学、哲学、社会科学を志す若い知識人に広く影響をもつようになった。丸山真男が、古在由重との対談で話していることが、一九三〇年代におけるマルクス主義の広範な影響力のあり方をよく伝えている。

三〇年代のごくはじめまでは、共産党を中心としたいくつもの同心円としてつかまえられないこともないが、それ以後になると、前にいいましたように私たちの実感では党組織のイメージがほとんど眼中になくて、しかもマルクス主義の思想と学問には相変わらず甚大な影響をうけている。(5)

東京帝国大学史料編纂所に勤務した若い研究者が社会経済史的方法を用いた歴史研究を進めたのも、共産党の組織とは関係なく、マルクス主義の思想や学問から甚大な影響をうけた事例であったと見てよい。講座派と労農派の論争がおこったのも、同じ時期であった。日本宗教史研究会の『日本宗教史研究』の序には、社会経済史的な日本宗教史を初めて打ち立てるという崇高な、若々しい理想が語られている。序に署名はないが、その研究会の年長者であり、オルガナイザーであった圭室が書いたものだと考えて間違いなかろう。これだけ宗教史へのこだわりを示した人物は、圭室を除いてはありえないからである。序は、つぎのような文章で始まっている。

宗教は社会的存在である。この自明なる事実にもかゝはらず、従来の宗教史家、特に日本宗教史家は、宗教のもつかゝる社会性に対して全く無関心であった。従つて一時学界の大問題になつた仏教渡来の問題に就て見ても、彼等は年代論に終始して、氏族社会の崩壊、上代国家の発生及び氏神信仰の荒廃等との関連は全く把握せず、また日本の宗教改革と見做した浄土教発生の問題に関しても、唯単に浄土思想及びその信仰の起源の追求を以て能事畢れりとし、封建社会の発生、及びそれによつて惹き起された既成教団の内部対立との関連を吟味せず、切支丹禁止問題に就ても、悲惨なる教徒の迫害事実の調査のみに精力を傾注し、しかもそれがその後の宗教形態を如何に更改したかに関しては示唆すらも与へて居ない。更にまた廃仏毀釈の研究に於ても、その動機を思想問題として片付け、例へば平田派の神道者に攻撃を集中し、思想の根底に横はる封建社会の崩壊期に於ける苦悩に対しては一瞥すら与へざる如き、況んやこの事件を契機として起つた新宗教形態発生の問題の如き、未だ提出すらして居ない現状である。(6)

この序を読むと、従来の研究に対して立て続けに「否」をつきつけて、自らを奮い立たせようとしている若気を感じざるをえない。当時の宗教史は、事実上は仏教学者による仏教史、神道学者による神道史が多かったから、どうしても教理や思想が中心にならざるをえなかった。圭室たちは、そこに社会経済史的方法を持ち込み、宗教史研究の革新を図ろうとしていた。序では、氏族社会、古代国家の発生、封建制社会、近代社会というマルクス主義歴史学の段階論が採用されているが、この段階論をふまえたことが、若手の歴史学者の強みであった。圭室は、後々まで宗教史の通史を書くが、それが可能になったのも、辻の通史の影響とともに、マルクス主義歴史学の段階論をふまえていたからであった。

この日本宗教史研究会について、二つの点を追加しておきたい。一つは、史料編纂所には膨大な寺院の荘園史料が備わっていたこと。それを駆使した研究が進められ、荘園研究は始まっている。荘園領主の多くが寺院であることからすれば、荘園史料は寺院史研究としても活用できることになる。竹内理三による寺領研究は、荘園研究の開始を意味し(7)、戦後の中世史研究を準備することになる。もう一つは、平泉澄の皇国史観への異和感をもっていたことである。明確に表現されることはなかったが、彼らが神道ではなく、仏教で日本宗教史を描こうとした点、本居宣長、平田篤胤の国学を近世社会の異端思想として位置づけ、同時代の国学賛美とは一線を画していた点で、黒板勝美、辻の実証的な日本史学を継承した新世代のリベラリストの自負心があったと思われる。

二　黒田俊雄の誤読

圭室が平泉の歴史学を嫌っていたのは、純粋なものへ戻ろうとする動きがあったからではなかったかと思われる。そこに非歴史的な志向性が漂うのを嗅ぎわけたのではないか。仏教史でも、「祖師へかえれ」というスローガンは、戦中にも戦後にも声高に唱えられたが、圭室は、「祖師へかえれ」の思考法を嫌い斥けた。むしろ近世以降の仏教が葬式仏教になったことを直視すべきだと圭室は考えていたからであった。このことは、専門家の間でも誤解があり、主著とされる『葬式仏教』が葬式仏教への批判であったと理解される向きもある。黒田俊雄さえ、そうした誤読をした一人であった。黒田は、圭室の研究の特徴をつぎのようにまとめた。

> 圭室の「葬式仏教」糾弾の執念は深く、晩年『葬式仏教』（大法輪閣、一九七一《ママ》年）として結実したが、いまではやや常識化したとはいえ依然日本仏教史を考察する一重要論点であろう。[8]

圭室は、ほんとうに葬式仏教を糾弾したのであろうか。黒田の評価とは反対に、圭室は、葬式仏教を糾弾はしていない。[9] たとえば「中世後期とくに戦国期の仏教を簡単に、堕落という道徳的評価だけで片づけていること」[10]が、中世後期の研究の立ち遅れのあらわれだと圭室は述べている。中世の荘園制の崩壊過程のなかで、あらたな経済基盤として葬祭が見出されて、全仏教宗派は、葬祭仏教化したというのが、圭室の論の中核にあった。その歴史的な過程は必然的なものであり、後戻りはできない歴史であった。

教団の内外に、一方で祖師を高く称揚し、他方でそれ以降の教団の歴史は堕落、衰退であったという見方がある。このような思考法こそが、圭室が闘った論敵であった。たしかに圭室には、容赦なく仏教、僧侶を批判しているところはある。安直に仏教の堕落を語るところもないわけではない。僧侶は、権力の走狗になって、権力を擁護し、民衆の搾取者になってきたと批判することもある。しかし圭室がもっとも糾弾したのは、非歴史的な思考法であった。

> 現代仏教学界を風靡せる革新運動「鎌倉へ還れ」の運動が鎌倉初期の新宗教運動と異つて、現在の社会経済機構と遊離せる如何に非歴史的なものであるかを暴露するものとして興味ある問題ではあるが、……[11]

荘園を持たざる被支配階級に広がっていった鎌倉新仏教が、経済基盤を葬式法要に求めたのは必然的な歴史過程であったが、一九三〇年代の「鎌倉へ還れ」の運動は、社会経済機構と遊離していると、圭室は厳しく批判した。二十世紀の仏教もまた、葬式法要を経済基盤として生きざるをえなく、自分が拠って立つ現実的な基盤を見つめるべきだと、圭室は説いた。つぎの引用にある「脚下を照顧せられよ」とはそのような意味であろう。引用は、『葬式仏教』第四部の前書である。

維新以後の仏教の活きる路は、葬祭一本しか残されていない。そして現在当面している課題は、古代的・封建的な、呪術的・祖先崇拝的葬祭を精算して、近代的な、弔慰的な葬祭儀礼を創造することである。……仏教界の混迷は、ここに原因すると思うが、どうか。請う、脚下を照顧せられよ。(12)

圭室の主張は一貫している。一九三〇年代の論文に始まり、戦後の『葬式仏教』にいたるまで、中世後期以降、仏教の社会経済的な基盤が、葬式法要になったことは必然的な過程であったと圭室は考えている。葬式仏教を取り立てて批判の対象にしてはいない。そうではなく、歴史的な必然性を無視して、祖師へかえろうとする教団内外の知識人や、それに追従する研究者が、揶揄の対象になった。歴史的過程の必然性を直視したうえで、葬式仏教は封建的な段階を脱却し、近代に適合した弔慰的なものになるべきだというのである。

三　廃仏毀釈をめぐって

圭室、伊東多三郎、阿部真琴が、廃仏毀釈に関心を寄せたのは、偶然ではなかろう。明治維新の革命の性格づけをめぐる日本資本主義論争があった時期に、彼らは廃仏毀釈の研究を試み、その意義を封建的宗教の止揚にあると喝破した。それまでは、廃仏毀釈の原因として「近世仏教の無為安逸、僧侶の俗化堕落を指摘する事が殆ど定説」[13]になっていたが、仏教の堕落を指摘するのみに終わるならば、「皮相の見」「真の歴史的解釈ではない」[14]と伊東は鋭く指摘した。この点は、圭室も同じ意見であった。ところで神仏分離・廃仏毀釈の定説であったのは、彼らの師であった辻の研究であったから、彼らの新しい研究は辻批判を秘めていた。彼らは、辻説をふまえて、その価値を十分に理解しながらも、社会経済史的な方法を適用することによって、堕落論に含まれていた道徳的な判定を乗りこえようとした。

一九三九年に発刊された圭室『明治維新廃仏毀釈』は、同じテーマを扱った伊東、阿部の論考とともに、今も読み返すことができる優れた業績である。これは、近世における地域の権力と寺院との間に潜在していた経済的な葛藤がまずあって、紆余曲折の過程をへて、最終的に廃仏毀釈を惹起したことを説く。すなわち寺院・僧侶の存在じたいが、地域の経済力を低下させ、朱印地・黒印地の寺院が、地域の領主の経済的収納を不安定にさせた。十七世紀の水戸藩、岡山藩の寺院整理はさきがけであり、そのような経済的な矛盾を背景にして儒者による排仏論、平田篤胤の排仏論はおこり、社会に浸透した。明治維新においても、中央政府ではなく、藩や地方官が廃仏毀釈の主体になった原因も地方の経済的矛盾にあった。圭室によれば、僧侶の堕落はいつの時代にもあったことであり、とくに近世において甚だしかったわけではなかった。

かかる点から、幕府諸藩の宗教政策、即ち寺院建立禁止、勧進等の制限、奢侈の禁止、肉食妻帯の禁止、等々を理解することが出来る。たとへば僧侶の奢侈を禁止する現実的根拠は、「僧徒倹約なれば、寺用減ずる故、民の出金減じて、民の利潤となる」（経済問答秘録）であり、僧侶の肉食妻帯の禁止も、「昔の仏者は、多くは酒肴を忌み候へば、造作は今の半分もいらず候」（集義外書）といふ点にあつたのである。修道生活の堕落及び戒律生活の荒廃は、この時代の文献に多くあらはれてゐるところであるが、それを以て、この時代に於ける堕落が、相対的に甚だしかつたと考ふるよりも、何が故にそのことが、特にこの時代に問題にされねばならなかつたか、と考ふることが、問題の正しい提出の仕方であると思ふ。[15]

ここに、近世僧侶堕落論を一歩超えた論理の進展がある。圭室は、堕落の事実を承認したうえで、近世にのみそれが問題視された史実を問うのである。彼の結論を一言でいうならば、「畢竟社会経済に対する寺院、僧侶の重圧を取除かんとする」[16]勢力が廃仏毀釈をおこしたのである。廃仏毀釈のあとに続いた上知令も、新政府による封建的領有地の没収を目的にしていた。このように新政府が行なった明治初年の宗教政策は、封建的な体制を廃絶し整理することにあった。

この論理は圭室だけではなく、伊東、阿部も異口同音に述べているところであり、彼らが議論しながら到達した見解であったと見るべきである。彼らは、辻の研究をふまえながら、それを社会経済史的方法によって捉え直し、革新した。辻の実証的な成果のなかに見え隠れしていた道徳的な判断を留保し、社会経済史的方法によって語り直したが、しかし道徳的な判断を否定したわけではなかった。辻説であれば、廃仏毀釈のあとに僧侶による覚醒が導かれるが、圭室たちの説であれば、廃仏毀釈のあとには上知令が到来する。辻の関心は、社会経済史よりも僧侶の倫理や品性にあったが、圭室たちの関心は、新政府による封建制の除去にあった。

この本の末尾には「全般的にみれば、仏教の現代への適応化は極めて不充分である。適用性を有せぬ宗教に、明日の繁栄は絶対に約束されぬ。かくて私は、仏教よ現代日本とともにあれ、と絶叫せざるを得ぬ」[17]と記されている。圭室は、封建制の残存に仏教の問題点を見て絶叫したが、彼の声が近代日本の封建的な遺制と格闘した講座派歴史学のそれとよく響きあっていたことを、私は指摘したい。それだけではなく、王政復古　廃仏毀釈が「単なる古神道の復興といふ国粋的な美しさをもつものではなく[18]」と言明した点で、当時の圭室たちのまわりで闊歩していた皇国史観とは確実に一線を画した。

四　葬式仏教論

圭室の代表作『葬式仏教』の内容構成を、つぎに検討してみよう。このもとになったのは、一九三三年に刊行された『日本宗教史研究』に寄稿した「葬式法要の発生とその社会経済史的考察」であった。約三〇年後に圭室は、再び同じ問題に取り組んだことになる[19]。この論文の要旨をまとめると、以下の二点に整理することができる。

（A）支配階級の葬式法要は、天台系寺院が独占し、ついで禅宗系寺院がそれに代わった。被支配階級の葬式法要は浄土系の僧侶が行ない、密教系の僧侶が遅ればせながら行なうようになる。

『葬式仏教』の内容構成

第一部　政治と宗教	古代権力は、庶民の自然崇拝を利用し支配の道具とした。仏教の本地垂迹説も、自然崇拝を利用
第二部　葬式の展開	源信『往生要集』の二十五三昧講によって庶民葬祭が広がる。禅宗が庶民葬祭の儀礼を整えた
第三部　追善と墓地の発想	アラミタマへの恐れが中陰行事となり、祖霊を祀ることが盆行事になった
第四部　葬式仏教の課題	15–17世紀寺院は葬祭をテコに郷村に入る。江戸幕府はそれを檀家制度として制度化

（B）中世寺院の経済基盤であった荘園制はしだいに崩壊して、仏教諸宗派はそれに代わる財源の発見に努力をし、葬式法要に傾注するようになった。そこには仏教諸宗派の取捨選択があった。

つぎに『葬式仏教』の内容構成を、表にしてみた。

先行論文と『葬式仏教』を比較してみよう。（A）が第二部になり、（B）が第四部になったことは明らかである。注意すべきことは、先行論文にはあった支配階級と被支配階級との区別は、『葬式仏教』ではなくなる。『葬式仏教』であらたに追加されたのは、第一部と第三部である。第一部では、『古事記』『日本書紀』の研究成果が取り入れられている。圭室じしんが研究した阿蘇の「局地神話」（圭室の用語）を引きながら、神話の形成と流布によって古代の支配者が、庶民がもつ自然崇拝を利用し、庶民の支配に活用したことが論じられている。仏教もまた、自然崇拝を克服するものとして広がったことが指摘される。ここでは自然崇拝が、圭室の日本宗教史を解き明かすキーワードになったことがわかる。第三部では、柳田国男の説が全面的に借用されている。アラミタマへの恐れ、祖霊祭祀がまずあって、そのうえに仏教行事がかぶさって広がったという趣旨になっている。

かつては各仏教諸宗派が、支配階級、被支配階級にどのように入り込み、葬式法要を提供できたかを考察してきたが、『葬式仏教』では、支配階級、被支配階級という区別は消えて、庶民、日本人という言い方を使うようになった。日本人の宗教心理の深層には自然崇拝があって、支配者や僧侶は、その自然崇拝をいかに克服するかという課題に取り組んできたことが、『葬式仏教』で描かれている。繰り返しになるが、神話研究、民俗学、考古学などの隣接学の成果をふんだんに取り入れながら、『葬式仏教』は書かれている。僧侶の目線ではなく、庶民の目線で仏教史を見ようとしたところに、戦後の学術の展開を意識した圭室の挑戦があったと思われる。最晩年に圭室は、つぎのように語った。

これまでの日本宗教史の研究は、教祖（宗祖）・思想のそれにかたより、信者（庶民）・宗教面の研究が軽視されていた観がある。私が最近とくに興味を感じ、その解明に努力しているのは後者である。ところで信者のもとめている宗教は、第一、葬祭の儀礼、第二、治病の呪術、第三、招福の宗教である(20)。

たしかに圭室は、「治病宗教」という言葉を作って、その通史を試みている。葬祭、治病、招福という三つのテーマは、日本宗教史のみならず、古今東西の世界の宗教史に適用可能のように思われる。それは、この三つのテーマに汎用性があるというより、庶民信仰の内実に踏み込み、その歴史的な個性を照らし出すにはあまりに大雑把なレッテルにしかすぎない。仏教諸宗派の教理や儀礼に精通し、その区別を知りぬいたわりには、庶民信仰に対しては画一的で類型的な把握がなされたという印象をぬぐうことはできない。

たぶん圭室には、「日本の僧侶はどうやって食べてきたのか」という、小さな寺院出身者にとって切実な問いが常につきまとっていたはずである。彼が社会経済史的な宗教史を志したのも、そのためであろう。何よりも僧侶になることを断念し、学問で身を立てようとしたのも、切実な問いが心のなかにあったからではないか。「日本の僧侶はどうやって食べてきたのか」という問いをないがしろにし、またはこのような問いを無視し、高尚な仏教論を説く学僧や研究者に対する嫌悪感がつよくあった。これこそが、圭室が真摯に学問に立ち向かった時の尽きることのないエネルギー源であった。

註

（1）下出積與・圭室文雄「覚書・明治大学と日本宗教史」（『駿台史学』五〇号、一九八〇年）。
（2）圭室文雄「辻善之助」（『20世紀の歴史家たち（2）日本編下』刀水書房、一九九九年）。
（3）年譜は、「圭室諦成先生を悼む」（『駿台史学』二〇号、一九六七年）をふまえて作成した。本人による半生を回顧したものに、『現代仏教名著全集　日本の仏教（3）』第八巻（隆文館、一九七四年）に収録されている「日本仏教史概説」の「あとがき」がある。
（4）註（1）と同じ。
（5）『丸山眞男対話集1――哲学徒の苦難の道』（岩波現代文庫、二〇〇二年）、八九頁。
（6）日本宗教史研究会編『日本宗教史研究』（隆章閣、一九三三年）、序。傍線は林による。以下同。引用に際して漢字は新字体に直した。以下同。
（7）竹内理三『奈良朝時代に於ける寺院経済の研究』（大岡山書店、一九三二年）、同『日本上代寺院経済史の研究』（大岡山書店、一九三四年）。
（8）黒田俊雄編『歴史科学大系第一九巻　思想史（前近代）』（校倉書房、一九七九年）、三六九頁。

（9）荘園社会における旧仏教と新仏教の対立を扱った圭室諦成「中世に於ける新宗教の伝道に就て」（『宗教研究』新一一—四、一九三四年）は、顕密仏教論のさきがけとして読むこともできる論文である。たとえば「旧仏教は荘園社会の宗教である……。班田社会より荘園社会への社会機構の推移は、宗教にも直ちに反映して、国家宗教より大土地私有者の宗教へ移行した。所で大土地私有者としては、貴族と旧宗教の大寺院が著しいものがある」「寺院はかゝる鎮守を、寺院の私有地内に勧請し無限の威嚇と絶対の救済を以て、私有地の侵略を防止し農民を土地に緊縛した。貴族もかゝる方法を模倣してその荘園支配を鞏固にして居る。旧宗教の陣営はかくて鞏固である。新宗教は容易くこの堅塁を破る事は困難である」の箇所は、顕密仏教論の骨子が先取りされていると読むことができる。

（10）圭室諦成「葬式と仏事」（『明治大学人文科学研究所紀要』一号、一九六二年。後に『葬祭墓制研究集成』第三巻、名著出版、一九七九年に再録）。

（11）圭室諦成「葬式法要の発生とその社会経済史的考察」（註（6）前掲の『日本宗教史研究』）、二〇二頁。後に註（8）前掲の黒田編著に再録。

（12）圭室諦成『葬式仏教』（大法輪閣、一九六三年）、二一〇頁。

（13）伊東多三郎「明治維新の廃仏毀釈」（『仏教』一—六、一九三五年。後に『近世史の研究　第一冊』吉川弘文館、一九八一年に収録）、五四頁。伊東の時代批判的精神を捉えたものとして、芳賀登「宗教的批判と宗教問題提示の書——伊東多三郎著『近世史の研究』第一冊信仰と思想の統制——」（『日本宗教史研究会研究年報』5、一九八三年）がある。

（14）伊東「明治維新の廃仏毀釈」、五四頁。

（15）圭室諦成『明治維新廃仏毀釈』（白揚社、一九三九年）、二一六頁。

（16）圭室『明治維新廃仏毀釈』、二〇一頁。

（17）圭室『明治維新廃仏毀釈』、二四八—二四九頁。

（18）　伊東多三郎「明治維新宗教政策の一考察」（註（6）前掲の『日本宗教史研究』所収）、三四三頁。

（19）　本稿では、戦中期に圭室が日本仏教の独自性を書いた論文と地方史の研究を扱うことはできなかった。他日を期したい。

（20）　圭室諦成「治病宗教の展開――中世後期を中心にして」（『駿台史学』一六号、一九六五年）。

付記　筆者の圭室諦成論に取得があるとすれば、圭室文雄先生と対話してきた時間がもたらした賜物だと感じている。扉の肖像写真は先生から貸していただくことができた。深く感謝を申し上げるしだいである。

古田紹欽

大拙に近侍した禅学者

大澤広嗣
ŌSAWA Kōji

FURUTA Shōkin
1911-2001

鎌倉時代に中国から伝えられた禅仏教。禅は、その後の日本文化の形成に重要な役割を果たした。古田紹欽は鈴木大拙を師匠と仰ぎ、思想史と文化史の視点から禅仏教を研究したが、彼は、特定の宗派からの立場ではなく、広い視座から仏教を捉えていた。禅学研究のみならず、日本文化研究に大きな影響を与えたのである。

はじめに

湘南の北鎌倉にその寺はある。「花の寺」として知られる臨済宗円覚寺派の古刹、松岡山《しょうこうざん》東慶寺。春夏秋冬を問わず草花を愛でる多くの参拝者が訪れる。古くは、夫と離縁できない妻が救いをもとめたゆえ、駆込寺や縁切寺とも呼ばれた。

東慶寺の奥にある山地に切り開かれた墓域は、近代日本に活躍した多数の文化人や実業家、政治家が眠る。知識人では、安部能成、岩波茂雄、小林秀雄、三枝博音、谷川徹三、辻直四郎、西田幾多郎、和辻哲郎などの墓石があり、日本の精神史の水脈が垣間見えよう。鈴木大拙も、ここに眠る。

禅仏教の思想を世界に広めた鈴木大拙（一八七〇―一九六六）は、長らく東慶寺に住んで、この地で著述活動を行った。大拙を間近で支えたのが、古田紹欽である。彼の生涯は、大拙の存在をなしには語れない。大拙の禅風に影響を受けつつも、さらにその研究を発展させた。古田の生涯はいかなるものであったのか。本稿の前半では、まず古田の人生を振り返り、中盤で学問の形成に影響を与えた数々の要因を見て、後半ではその研究と思想の特徴を明らかにしよう。

一　古田入門——その生涯によせて

古田紹欽は、一九一一年五月二十二日、岐阜県山県郡下伊自良村大森（現、山県市大森）にて、父の古田徳次郎、母みといの長男の謹一として生まれた。後に妹とみいが出生する[1]。

小学校の時より、禅寺での小僧生活が始まる。一九一九年、下伊自良村の大森尋常小学校（現、山県市立伊自良南小学校）に入学したが、一九二〇年夏、同村（現、山県市の一部）の檀那寺である臨済宗妙心寺派東光寺で養われることになった。父の死が、その契機であった。一九二一年、同県郡上郡八幡町（現、郡上市）の臨済宗妙心寺派慈恩寺に入る。住職の東宜堂のもとで得度し、名前を謹一から「紹欽」に改めた。

学業の変遷を見てみよう。一九二六年四月、臨済宗の宗門校である花園中学校に入学した。教育課程が五年のところ四年で修了して、一九三〇年四月、島根県にある官立の松江高等学校の文科乙類に進学した。一九三三年四月、東京帝国大学文学部印度哲学梵文学科に入学して、一九三六年三月に卒業後、同年四月、東京帝国大学文学部大学院に進んだ。同大学の大学院を修了した後は、本格的に研究者の道を進み始める。一九三八年四月、財団法人大倉精神文化研究所（現、公益財団法人）に入所する。研究員として、一九四三年三月まで勤めた。一九四二年四月から一九四六年十一月まで、千葉高等園芸学校（現、千葉大学園芸学部）の講師を務めた。この間の一九四四年四月に同校は、千葉県農業専門学校と改称される。同時期には、古田のもとに召集令状が来たが、徴兵検査の結果、肺浸潤と判定され、入隊せずに即日帰郷となった。

東京に住んでいた古田は、戦争による疎開のため、一九四四年、北鎌倉に転居した。そのことが機縁となり、東慶寺に住む鈴木大拙の研究を手伝い始めるのである。大拙の発願とその賛同者の支援によって、一九四六年二月、東慶寺に財団法人松ヶ岡文庫（現、公益財団法人）が神奈川県知事より設立許可され、貴重な禅籍などの文化財が収蔵されることになる。

禅仏教関係の墨跡や絵画の知識を持つ古田は、文化財保護の行政に関わりを持つことになった。一九四七年四月、国立博物館（現、独立行政法人国立文化財機構東京国立博物館）の調査課に入る。官職名は文部技官（三級）であった。一九五〇年九月、文部省の外局である文化財保護委員会の保存部美術工芸課（現、文化庁文化財部美術学芸課）に配置換えとなり、一九五一年四月まで勤務した。

その後、古田は行政職から大学教員に転じた。一九五三年四月、上野学園短期大学教授に始まり、一九五三年十二月、北海道大学文学部哲学科（インド哲学講座）の専任講師に異動した。その間の一九五四年四月から一九七六年三月まで、学習院大学文学部講師を兼務した。一九五七年四月、北海道大学教授に昇任して、一九六四年四月までその任にあった。また一九六〇年三月から一九六三年五月まで、北海道大学の評議員を二期連続で務めた。一九六一年六月には、東京教育大学（現、筑波大学）より文学博士号が授与されたが、学位論文の表題は「鎌倉及び江戸時代における仏教思想史の諸問題」であった。一九六二年二月、日本大学精神文化研究所研究員となり、一九六三年四月から研究所の教授に移り、文理学部での教員も兼担したほか、後には、臨済宗と黄檗宗の関係校である花園大学でも講師として教鞭をとった。

海外へも、精力的に出かけて行った。インド、ネパール、セイロン（現、スリランカ）、アメリカなど各地に出張したほか、一九七二年八月から九月にかけて、ミュンヘンでの第二十回オリンピック競技大会の開催に合わせて開かれたミュンヘン・オリンピック芸術祭では、日本美術の講演のためドイツに赴いた。その足でスペイン、トルコ、イタリア、東南アジアを歴訪した。

また、大学教員を務めながら、学術の振興や社会活動に当たった。主なもので、日本宗教学会理事、日本印度学仏教学会理事（後年に名誉会員）、財団法人国際宗教研究所評議員、日本仏教学会理事（後年に名誉会員）、社団法人在家仏教協会理事、文部省の日本ユネスコ国内委員会調査委員、財団法人鈴木学術財団文化委員、財団法人畠山記念館理事、財団法人信道会館理事、財団法人出光美術館理事、財団法人大法輪石原育英会理事長、財団法人石門心学会理事長、公益信託小山記念会運営委員長、社団法人東華会理事などである。

そうしたなか、一九六六年七月十二日に鈴木大拙が、東京聖路加病院にて九十五歳で没した。大拙は、財団法人松ヶ岡文庫の初代理事長であったが、同年十二月に大拙の賛同者であった出光佐三（一八八五―一九八一）が第二代理事長となった。経営面は出光らの理事陣が当たったが、研究面は古田が一九六七年四月より松ヶ岡文庫の文庫長に就任した。研究に専念すべく、古田は、松ヶ岡文庫の側に百道庵を建て住み始めたのであった。

古田は、二〇〇一年一月三十一日、八十九歳で逝去するまで、文庫長を務めた。一〇〇冊以上の著書を著したが、学術書に限らず一般向けに書かれた人生訓の本もある。文化と芸術活動の実践としてパステル画、陶板なども制作した。没後、二月二十六日に東慶寺にて財団法人松ヶ岡文庫葬が行われた。古田が集めた一万冊の蔵書は、遺族により故郷へ寄贈された。二〇〇三年十一月、出生地の岐阜県に「山県市文化の里　古田紹欽記念館」が開館した。市立の公共施設で、展示室や和室など文化会館の機能も兼ね備え、地域住民は古田の学徳に触れ、日本文化を体験できる施設となっている。

二　学問の形成過程

古田紹欽は、生涯で多くの著書と論文を書いた。著作目録は、かなりの紙幅を要するので、ここでは、著作集の構成を取り上げて、学風の傾向を摑んでみよう。

『古田紹欽著作集』は、一九八〇年から翌年にかけて講談社から発行された。全一四巻で構成され、第一巻「日本仏教思想史」、第二巻「禅宗史研究」、第三巻「日本の禅思想」、第四巻「正法眼蔵の研究」、第五巻「近世の禅者」、第六巻「禅僧の生死」、第七巻「禅と日本文化」、第八巻「禅茶の世界」、第九巻「禅と芸術」、第一〇巻「仏教と文学」、第一一巻「求道者の心」、第一二巻「禅と浄土」、第一三巻「人間と宗教」、第一四巻「百道庵閑話」である。禅の思想、文化を中心に、極めて広い領域にまたがることが窺える。なお当初は全二〇巻を予定していたが、膨大な量になるため、編集に際して掲載原稿を精選したという。古田は、一般読者向けに禅の精神を説いた啓蒙書も書いていた。そのため著作集の掲載に漏れた単行本や論文が多かった。しかも著作集の刊行後も、著述活動を続けた。このような学風は、幼少以降の人生経験が作用した。

芸術への趣向は、幼少期に受けた父からの影響があった。古田が生まれた一九一一年といえば、明治から大正へ改元する前年に当たる。明治の近代化が進んで四十余年がたったが、下伊自良村内には鉄道が通っておらず、静かな村であった。そのようななかで、父の徳次郎は開明的な人であったらしく、理髪店と自転車店を営んでいた。その徳次郎は、一九一七年に三十六歳で没した。酒の過飲が原因であったという。父は、書画や骨董など古美術を集めており、後に古田の造詣を深める素地となった。

古田が得度した臨済宗妙心寺派慈恩寺は、彼にとって学問と芸術の支えとなった。父の没後に小僧となったが、実家から近い寺だと良い僧侶にはならないとのことから、故郷から離れたこの寺に預けられたのである。八幡城主である遠藤家の菩提寺であったため、檀家が一二〇軒ほどしかなく布施の収入が少なかった。住職の東宜堂は、複数の小僧を養っていたが、実子と分け隔てなく接し、むしろ実子の方に厳しく接していた人物であった。古田は、「自分は好んで小僧になった。従って寺での暮しが辛いとか、いやだといった気持は全くなかった」と述べている(2)。また「殺風景と思われる禅寺でありましたが、何か温かいものがあり、思い出しても悲しい思い出というものはありません」という(3)。寺宝である掛軸や墨跡などを手に取る機会が多く、実家で接していた古美術に対する造詣をさらに深めることになった。

仏教研究への開眼は、臨済宗の関係校である京都の花園中学校の進学にあった。慈恩寺住職の東宜堂は、東洋大学専門部の出身で、仏教の学問研究に理解があった。古田は寺から小学校に通い、学問を志し中学校への進学を住職に訴えるが、高等小学校の進学を勧められた。一度は高等小学校へ進んだが、中学校進学の思いが止みがたく、高等小学校を一年で中退した。住職は、僧侶の養成機関であることを理由に学費の負担が少ない花園中学校への進学を許した。ようやく、古田は同期生とは二年遅れで進学できたのである。中学校では北川振一や市川白弦から英語を習う。特に北川から、課外講義として俳句などの歌の講義を受けた。俳句に対する美意識は、この時に磨かれた。図画教員の竹内某から、京都絵画専門学校（現、京都市立芸術大学）の入学を勧められ、一時は同校進学を考えた。花園中学校の教員であった京都帝国大学仏教学出身の釘宮武雄と手島文倉の影響を受けて、印度哲学と仏教学にも強く惹かれた。手島文倉は臨済宗妙心寺派出身で、その後に京城帝国大学助教授へ転任した。両者とも若くして物故したため、研究業績が限られている(4)。なお古田は、僧侶として得度したのみであり、以後において臨済宗の専門道場での修行歴がなく、住職資格は無かったようである。

古田は、花園中学校三年時から受験勉強を開始した。数学が不得手だったので、物理を選択して受験できる高校への進学を考え、中学四年時には物理学を選択した。松江高等学校に、四科目（英語、国語、漢文、物理）で受験して、文科乙類に合格した。同時に受験した浪速高等学校（現、大阪大学の前身の一つ）では、二次面接で不合格となった。当時の旧制高等学校の教育課程の区分として、乙類は第一外国語がドイツ語、第二外国語が英語である。甲類では、第一と第二で前記の言語が入れ替わるのである。古田は運動部に勧誘されバスケットボール選手となるが、補欠であった。クラブ活動では、文芸部と仏教青年会に入るなど、青春を謳歌したのである。

進学した松江高等学校（現、島根大学の前身の一つ）で、学問への情熱が次第に大きくなっていくが、同級生である井原徹山[5]（一九一二―一九四四）との交友が、その後の人生に影響を与えることになる。仏教青年会では、木村泰賢（一八八一―一九三〇）の『原始仏教思想論』（丙午出版社、一九二二年）をテキストに、井原としばしば議論した。松江高校では、京都帝国大学への進学者が多かった。なお古田の一級下には、後に仏教学者となる雲藤義道（一九一四―二〇〇〇）がいた。

その後、東京帝国大学への進学を決意する。そもそも古田は、花園中学校で釘宮武雄と手島文倉から薫陶を受けたが、「私が印度哲学・仏教学を志すに至った一因は、この両先生に接したことにあった」という[6]。中学と高校を経て大学への進路形成については、次のように述べている。

自分が大学にまで進んで、仏教学を修めようと心にきめたことは、中学生の頃であったであろう。お経をよむのは下手であり、折角に仏門に入ったものの、お経をよんで生きていくことはむつかしいと考えた。仏教の学問なら出来るんじゃないかと、中学生なりに決心のようなものをいだいた。従って大学に進学して印度哲学科に入学することに、いささかも躊躇することはなかった。この学問を専攻する才があるとか、ないとかいったことからではなく、お経をよむのが下手であるというのであれば、学問をして見るより仕方がなかったのであり、そんなことからその学科に入ることを当然と心得て選んだ。もっともその頃、東大の文学部の印度哲学梵文学科は、高校から進学して来るのに、定員数に例年充たず、無試験であり、試験に落ちるという心配がなくて選んだということも、全くないというわけではない。(7)

また高等学校時代には、井原と互いの進路を相談した結果、「愈々進学するに際し、井原君とより相談して東大の印度哲学科に一緒に志願することに決めました。尤も宗教学科を選ぼうかという話もしましたが、原始仏教の書物を読んでいたこともあり、二人とも禅寺の小僧として育ったわけで、仏教を勉強するのが法恩にいくらかでも酬ゆる所以(8)」と述べている。

こうして古田は、一九三三年四月、東京帝国大学文学部印度哲学梵文学科に入学した。(9)学部時代には、京都帝国大学から東京帝国大学に異動してきた和辻哲郎(一八八九―一九六〇)による日本倫理思想史の講義を聞き、思想史研究の方法論に示唆を受けた。指導教官である宇井伯寿(一八八二―一九六三)のもとで、卒業論文「法蔵の華厳学」を書きあげたが、その理由として、「何んとなく華厳教学をやって見たいと思ったわけです(10)」と述べている。華厳経の世界観に惹かれるものがあったのであろうか。

古田は、大学院に進学して、宇井が学部で開講していた禅宗史の講義を聞いた。しかし史料に出てくる当時の地名と現在の地名の対照がわからず、宇井に相談した。宇井の紹介で、東京世田谷にある静嘉堂文庫が所蔵する文献の閲覧便宜が与えられ、漢学者である文庫長の諸橋轍次（一八九三―一九八二）とも知遇を得た。古田は「思想史研究には地理的研究の裏づけが大切なことをしみじみと思います。……地誌の上で政治・経済・産業・教育といった様々な点から、その寺なり山なりの占めた位置を明かにすることが出来たらと、これからの研究を期待したいものであります」と記している[11]。

文献を中心とする仏教学徒であった古田にとって、財団法人大倉精神文化研究所への就職とそこでの学問的訓練が、日本文化研究の素地となった。大学院を修了した一九三八年に同研究所の臨時嘱託となった。同研究所の研究主任（後に第七代所長）であったのは、東洋大学教授で、同じ臨済宗妙心寺派の僧籍があった西義雄（一八九七―一九九三）である。西は、一九一七年に花園中学校を卒業した人物で、古田の先輩に当たる[12]。研究所は、神道、儒教、道教の三部門に分かれて調査研究を実施した。時代の影響と日本主義の興隆により、次第に神道中心の研究体制となり、戦時中に退職した。在職中は江戸時代における神道家と儒家の仏教批判の史料を多く読む機会があったが、その知見は後年に、古田の著作である『日本仏教思想史』に生かされた。

駆け出しの研究者であった古田が、大東出版社と接点をもったことで、学問形成に大きな影響があった。学部時代の古田は、東洋大学で西義雄の『倶舎論』の授業を聴講した。その後は東京の自由が丘にある西の自宅で『倶舎論光記』の講義を受ける。後者が『国訳一切経』のなかに所収されるに当たり下訳を担当した。その謝礼として、大東出版社から原稿料を受け取った。『国訳一切経』について古田は、「印度撰述部百巻が完成して、和漢撰述部を続けて刊行されることになり、この企画によって印度哲学・仏教学の若い研究者が経済的な収入の途をどれだけ得たかわかりません。社長は岩野真雄師で仏教書の出版に情熱をかけた人でした」という[13]。岩野真雄（一八九三―一九六八）の存在は、無名の研究者にとって大きかったのである[14]。大東出版社から、『仏教研究』が創刊されることになるが、これは『宗教研究』が東京帝国大学宗教学研究室を中心に発行されていたことに競ったからである。『仏教研究』は井原徹山が編集担当となり、その後には古田も携わることになる。古田は「その頃、鈴木大拙先生の著書の多くがこの社から刊行になっており、社長の岩野師と大拙先生とは昵懇の間柄であり、やがて私は大拙先生を通じて大東出版社と特別に深い交渉をもつことになって行きました(15)」という。

古田が、初めて鈴木大拙と出会う機会となったのは岩野真雄から、鈴木大拙の *An Introduction to Zen Buddhism* の和訳を出すために、翻訳の依頼があったからである(16)。一九三七年に古田は、訳文を検討するため鎌倉の大拙を訪ねた。古田は、「私は渡りに船とばかりに喜んでお引受けしました。それが大拙先生を鎌倉円覚寺の正伝菴にお訪ねする機縁となり、毎週一回ぐらい訪ねてその訳文を検討して頂くようなことになりました。そして遂には先生の下に……居を移し、爾来先生が亡くなられます同四十一年七月まで、先生に師事する縁に恵まれることになったのであります(17)」という。一九四四年に古田は、円覚寺山内の塔頭である正伝菴に住む鈴木大拙の世話をするために、山内の茶室「楽々庵」に転居した。楽々庵は、北鎌倉に住む大拙の支援者である斎藤利助が所有していたものである。

鈴木大拙と古田を結ぶ接点が、松ヶ岡文庫である。釈宗演(一八五九―一九一九)の遺言から鈴木大拙の発願で、一九四一年より文庫の設立に向けて準備を開始した。名称は東慶寺の山号である「松岡山」に由来した。安宅産業株式会社の安宅《あたか》弥吉《やきち》(一八七三―一九四九)など、財界有力者からの支援があった。また、出光興産株式会社の創業者である出光佐三の援助で書庫が増設された。古田は、かつて財団法人大倉精神文化研究所に勤務していた経験があり、公益法人の法的な仕組みを理解していたため、監督官庁である神奈川県との交渉を担っていたこともあった。大拙に制度を説明するが、法的な手続きが繁雑なため、大拙が音を上げることもあったという。

国立博物館と文部省文化財保護委員会での文化財指定調査が、古田にとって日本文化に対する視野を広げることになった。古田が講師を務めていた女子学習院は、一九四七年三月に宮内省の所管の官立学校から、私立学校である財団法人学習院に改組された。同じく宮内省所管の東京帝室博物館が、文部省に移管されることで、職員も同時に異動することになった。古田らの女子学習院の教員も、この定員に含まれ移った。国立博物館の調査課に文部技官として勤務して、全国各地の文化財の調査を行い重要文化財の指定に関わった。古田は、「私が後年、書蹟とか絵画とか、その他の美術品に深い関心をもつに至ったのは、こうした文化財を収蔵する寺に育ち、子供の時分からそれを見聞したことに、いつに負うている……。若くして死んだ父は美術品に関心が少なからずあったようで、……美術への愛好は父からの血筋かもしれません[18]」と述べていたが、その経験が生かされた職務であった。書斎中心の文献学者として収まらなかった古田の面目躍如といえよう。

三　学風の特徴と意義

古田は、特定の宗派による宗学ではなく、宗派を超えた禅学を志向した。その学風について、仏教学者の田村芳朗によれば、古田は「東大の印度哲学科を卒業され、印度学仏教学会の理事をされているが、原典の言語学的研究や文献の考証学的研究に終始する無味乾燥した仏教学界にあって、まことにユニークな存在といえよう。そのあまり、ときに主流からはみ出ることもあるが、それを気にかけない、飄々とした野人的風貌をそなえておられる。一種の禅風といいうるものかもしれないが、さりとて、いわゆる老師や師家と呼ばれる人に感ぜられる臭みもない[19]」と評している。

古田は、永年にわたる学問の功績が認められ、一九七五年に紫綬褒章を受ける。授章の審査の際に作成された書類には、古田の学問が簡潔に説明されている。

功績調書

同人は禅思想の研究においてすぐれた業績をあげた。その学問領域はきわめて広範囲にわたり著書・論文の数は、主要なものに限っても百二十点をこえるが、その研究領域は大きく次の三つに分けることができる。

一　禅宗教理史の研究。禅宗各派の禅僧の思想を広くとりあげ、個々の原典にもとづく綿密な考察を行うとともに、その全てを貫く根本精神はいかなるものであるかを明らかにした。

二　「正法眼蔵」の研究。日本曹洞宗の祖師道元の主著たる「正法眼蔵」は、極めて難解であり、従来様々な角度から研究が試みられているが、同人の研究は従来の宗乗学的研究の殻を大きく打ち破る画期的なもので、視学の研究の進展に寄与した。

三　禅と文化の研究。右のごとき禅思想の研究を踏まえて茶道・書道等独自の日本的文化と禅思想の関わり、禅の精神がこれらの文化形成の根底に流れる点を鋭く究明した。(20)

三つの領域にまたがって、優れた研究者であることが評価されての授与であった。なお一九八〇年には、勲三等瑞宝章を受章した。

続いて個別の領域について、詳しく見てみよう。曹洞禅の研究について、古田は、「大拙先生の側近にいるようになり、私の学問的関心は禅宗史研究に移っていくのでありますが、その禅宗史も、思想史に加えて文化史を重視すべきだと考えるようになりました。そして大拙先生が余りふれられなかった曹洞禅を解明しようと企てるようになり、道元の『正法眼蔵』に深い関心をもつようになり、併せて江戸時代の曹洞宗の宗学を洗い直して見ようと思うようになりました[21]」と述べる。古田は、臨済宗の出身であるが、同じ禅宗とはいえ、異なる曹洞宗の研究を手掛けて、しかも研究が希薄な江戸期を対象にしたのである。

これについて臨済宗の宗学者である加藤正俊が、「道元の真筆本と称されるものに対して投ぜられた先生の疑念の一問は、現在曹洞宗の学界に大きな波紋をまき起こしている」と評する[22]。また田村芳朗は、「特に道元の『正法眼蔵』にたいする研究は斬新なものがあり、いわゆる真筆本についての考証とか、編集史についての検討などは、一家言をなすものといって過言ではない。もちろん、思想的論究も卓越したもので、「正法眼蔵私釈」などに、それをうかがい知ることができる[23]」という。このように古田は、曹洞宗学の伝統的な解釈から離れて、『正法眼蔵』を学術的に研究したのである。

近世禅の研究については、古田自身は「近世の禅は臨済禅にしても曹洞禅にしても、もつと人々の関心が払はれなければならないものがある。概説史の講義など、よく尻切れとんぼで、近世に入らないうちに終ることなどあるが、禅宗史の如きは近世から遡上して講じた方が興味があり、意義があるのではないかとさへ思ふ[24]」という。近世の仏教研究は、ここ近年にはまとまった成果が出るようになってきたが、古田の時代には、研究を手掛ける者は皆無であったのである。

禅学者の柳田聖山は、「近世への、古田さんの強い関心は、何によるのであろう。ひょっとすると、古田さんは昭和十年頃の東京帝国大学での、宇井伯寿教授の講義に、すでに不満をもっていたのでないか。言ってみれば、『禅宗史研究』への方法的な批判から、この人の仕事は出発する。それは、従来のアカデミックな学問に対する、根本的な修正を意味する。難解なものを有難がる時代に育った私たちは、そのことに気付くのに立ち遅れている。古田さんが、早くより鈴木大拙に近付いたのは、今にして思えば先見の明である」と述べる。[25]日本文化研究を手掛けた古田だからこそ、近世研究を重視したのではなかろうか。

歴史学者の源了圓は、江戸期の臨済宗の学僧である盤珪永琢について、「私は今、盤珪から多くのことを学びつつある。彼〔盤珪〕は自力も他力も超える根源的主体的立場に立っていた。戦前に愛読した大拙先生の『浄土系思想論』における禅と浄土教とをそれらが成立する根源的立場から把え直そうとする立場を、大拙先生はもしかしたら盤珪から学ばれたかもしれない」と述べる。[26]古田も、その大拙から折に触れ、盤珪の話を聞いていたのであろう。

古田による思想と文化への研究視点はいかにあったか。田村芳朗は、古田が書いた『日本仏教思想史』であるが、それは、ありきたりな章立てによる編年史ではなく、思想的観点から時代ごとに問題を発掘し、分析を加えたもので、まさに思想史の名にふさわしい体裁となっている」という。[27]思想史と文化史の研究は、古田だからこそなし得た成果ではなかろうか。

さらに古田は、「仏教学研究についてですが、ただ仏教のことばかり調べていて、それが果して仏教研究の意味をなすかどうかということを思うことがあります。……仏教が多岐多様の発達を時代と共になして来ていることを考えますと、色々の面から一様の仏教ではなくて多様の仏教を見て行かなくてはならないのではないかと思います。……それは単に教理史の上にだけ辿られる問題ではなく、その起こるべくして起った背景を政治史とか経済史とかの上に究明していかなくてはならないものがあるのではないでしょうか」と述べる。[28]そして「思想史は文化史を踏まえて併せて見ることが大切かと存じます」と強調する。[29]思想なくして文化はなく、文化なくして思想は語れないように、思想史と文化史の両方を見る視点は、重要な視点である。このような巨視的かつ横断的な視点は、今日の仏教研究において必要なのである。

おわりに

古田紹欽にとって、学問とは何か。古田は「学問は名誉や地位のためにするものではない筈です。では何のためにするか、それは私が申上げることではなく、その人その人の答えるべき公案でしょう」と述べている[30]。学問は、己自身の問題であると説いているのである。また鈴木大拙を評して、次のように述べている。

私が大拙先生の下にあって先生を敬事して止まないそのことの一つに、先生は絶対に自分の弟子というものをもって、何かのポストに推薦されるということのなかったことであります。……自分の道は自分の実力で拓けというのが先生自らの歩まれた道でもあり、誰でもそうすべきだというのが先生の信条であったと思います。学問に閥を作るということは、先生はすべきではないという考えをもっていらっしゃいました。よく就職の推薦文を頼んでくる人があると、困ったものだという顔をされました[31]。

古田は、その大拙の薫陶を受けた。古田が研究者として、名実ともに充実していた頃に、当時の著名な仏教学者が編集を行った『現代仏教を知る大事典』が刊行され、巻末の「現代仏教人名録」には、当世きっての名僧や仏教学者の肖像写真入りの経歴が記載され、さらにその人物をよく知る弟子や側近、知人などが、麗句にて功績や人徳を称えている紹介文が載っていた[32]。興味深いことに、この人名録には、多くの研究成果を世に問うてきた古田は、紹介されていない。学閥を形成しなかった古田らしく、掲載依頼を断ったのであろうか。

大拙は学閥を作らなかったが、古田も同じく出身大学で固まるような徒党は組まなかった。特定の仏教宗派が設立母体となった宗門校ではなく、北海道大学や日本大学で教鞭をとったことで、宗派内の人間関係に左右されず、そこは古田にとって己の学問を研鑽できる場所であったことは確かであろう。

「百道庵紹欽居士」。東慶寺にある古田紹欽の墓石には、こう刻まれている。その墓所は師である鈴木大拙の墓碑の斜め向かい側に位置して、没してもなお大拙の傍に仕える古田の姿勢が立地に表れている。師の大拙は居士（在家仏教信者）であったが、古田も一度は仏門に仕えたが居士の立場から禅学を研究した生涯であった。

註

（1）伝記は、主に古田紹欽『古田紹欽著作集』（全一四巻、講談社、一九八〇―一九八一年）の附録である『古田紹欽著作集月報』に連載された古田紹欽「自伝抄」（全一四回）、古田紹欽博士古稀記念会編『仏教の歴史的展開に見る諸形態――古田紹欽博士古稀記念論集』（創文社、一九八一年）掲載の略年譜、古田紹欽『禅者・歌人・俳人――その宗教と芸術を語る』（大豊輪閣、二〇〇〇年）を参照した。

（2）古田紹欽「自伝抄　四」（『古田紹欽著作集月報』第四号、一九八〇年）、六頁。

（3）古田『禅者・歌人・俳人』、一五三頁。

（4）釘宮武雄は『行道仏教学』（弘文堂、一九三九年）の著者で知られる。

（5）井原徹山は、島根県の出身である。一九三三年（昭和八）松江高等学校文科甲類卒業。一九三六年、東京帝国大学文学部印度哲学梵文学科卒業。同年大学院入学。一九三七―三八年応召、徐州作戦に参加。従軍中の研究成果をもとに漢字を体系的に概説した、『支那文字解説』(大東出版社、一九四〇年)出版。一九四〇年駒澤大学講師に就任。一九四三年大学院修了。同年応召。『印度教』(大東出版社、一九四三年)出版。一九四四年ビルマ(現、ミャンマー)のナンカンで断作戦に従軍中、戦死。山口県長門市の曹洞宗大寧寺第五一世住職。(「著者略歴」、井原徹山『印度教』第三版、大東出版社、一九八一年、五九〇頁。同書は中村元により復刊・解説)。

(6) 古田『禅者・歌人・俳人』、一五七頁。

(7) 古田紹欽「自伝抄 七」(『古田紹欽著作集月報』第七号、講談社、一九八一年)、八頁。

(8) 古田『禅者・歌人・俳人』、一六二頁。

(9) 東京帝国大学文学部印度哲学梵文学科で、古田と同期に入学したのは、次の一六名である。渥美義正(静岡)、井原徹山(島根)、池上正信(和歌山)、岩崍竜勝(富山)、恵美周雄(宮城)、岡村久雄(山口)、木下慶道(愛知)、仙波鳳吉(愛媛)、高野正二(千葉)、高橋啓介(大阪)、寺田元統(青森)、中村元(島根)、西村雄二(滋賀)、古田紹欽(岐阜)、円山巌(長野)、若林元典(長野)。(東京帝国大学編『東京帝国大学一覧 昭和八年度』東京帝国大学、一九三三年、四七四頁)。

(10) 古田『禅者・歌人・俳人』、一六五頁。

(11) 古田『禅者・歌人・俳人』、一六七―一六八頁。

(12) 財団法人大倉精神文化研究所は、大倉洋紙店社長の大倉邦彦(一八八二―一九七一)が創設した。西義雄は、大倉邦彦の東洋大学学長への就任を強く推進した。大倉は、一九三七年から二期六年にわたり第十、十一代の学長に在職した。

(13) 古田『禅者・歌人・俳人』、一七二頁。

(14) 岩野真雄は、浄土宗僧侶。宗教大学(現、大正大学)で渡辺海旭に師事。東京三ノ輪の浄閑寺住職を務めつつ、一九二五年五月、仏教の文書による伝道を志し、大東出版株式会社を創業した。社名は渡辺の命名による。初期の主な刊行成果として、一九二八年に刊行を開始した『国訳一切経』、一九三三年の小野玄妙編『仏書解説大辞典』、一九三八年の宇井伯寿監修『仏教辞典』など。
(15) 古田『禅者・歌人・俳人』、一七三頁。
(16) Daisetz T. SUZUKI, *An Introduction to Zen Buddhism* (Kyoto: The Eastern Buddhist Society, 1934) は、鈴木大拙著『禅学入門』(大東出版社、一九四〇年) として刊行された。
(17) 古田『禅者・歌人・俳人』、一七四頁。
(18) 古田『禅者・歌人・俳人』、一五五頁。
(19) 田村芳朗「仏教思想史の研究」(『古田紹欽著作集月報』第七号、一九八一年)、三頁。
(20) 紫綬褒章の授章時に作成された「功績調書」より。
(21) 古田『禅者・歌人・俳人』、一七六頁。
(22) 加藤正俊「なぐられて知った先生の名前」(『古田紹欽著作集月報』第一二号、一九八一年)、九頁。
(23) 田村「仏教思想史の研究」、三頁。
(24) 古田紹欽『禅論』(金尾文淵庵、一九四七年)、序一―序二頁。
(25) 柳田聖山「『禅論』のころ」(『古田紹欽著作集月報』第二号、一九八〇年)、三頁。
(26) 源了圓「古田さんとのご縁」(『古田紹欽著作集月報』第一〇号、一九八一年)、三頁。
(27) 田村「仏教思想史の研究」、二頁。
(28) 古田『禅者・歌人・俳人』、一八〇頁。
(29) 古田『禅者・歌人・俳人』、一八二頁。
(30) 古田『禅者・歌人・俳人』、一八五頁。
(31) 古田『禅者・歌人・俳人』、一七五―一七六頁。

（32）塚本善隆・長尾雅人・中村元・花山信勝・古野清人・増谷文雄監修、現代仏教を知る大事典編集委員会編『現代仏教を知る大事典』（金花舎、一九八〇年）。金花舎が、一九七四年に創刊した『月刊住職』は、現在は興山舎に引き継がれている。

中村 元

東方人文主義の日本思想史

西村 玲
NISHIMURA Ryō

NAKAMURA Hajime
1912-1999

大日本帝国の多くの思想家からすれば、太平洋戦争はアメリカをその代表とする「西洋」と、日本を中心とする「東洋」との対立であった。しかし敗戦による帝国の解体によって「東洋」そのものの意義も変遷するなかで、中村元は「仏教」の視点から、戦後の新たな普遍性において「東洋人の思惟方法」を位置づけようとした。

はじめに

中村元は、戦後日本のインド思想・仏教学を代表する一人である。まずは、その生涯と業績を簡単に紹介しておこう。中村は、一九一二年に島根県松江市に生まれ、東京高等師範学校附属中学校に進むが、腎臓を病んで一年休学する。病中に宗教や哲学に親しみ、その道を志して旧制第一高等学校に進学した。一九三六年に、東京帝国大学文学部印度哲学梵文学科を卒業して大学院に進学し、仏教学の宇井伯寿(一八八二―一九六三)や倫理学の和辻哲郎(一八八九―一九六〇)などに学んで、一九四一年に博士課程を修了した。一九四三年には東京帝国大学助教授に就任し、博士論文『初期ヴェーダーンタ哲学史』(岩波書店)により文学博士となる。この著作によって一九五七年には、日本学士院賞恩賜賞を受賞した。

戦後には、主要業績の一つである『東洋人の思惟方法』シリーズ(初版、みすず書房、一九四八―四九年)が、比較思想論としてアメリカで高く評価され、一九五一年にスタンフォード大学に客員教授として一年間招聘された。この招聘が、後の比較思想研究への梃子となった。一九七〇年に、東洋思想の研究と普及を目的とする財団法人東方研究会(現、公益財団法人中村元東方研究所)を、私財をなげうって設立した。一九七三年に東京大学を定年退官して、東方研究会の理事長となった。同じ時に、東方研究会の活動の一環として、広く一般に東洋思想を講義する東方学院を開いて、学院長に就任する。一九七四年には比較思想学会を創立し、翌年には『仏教語大辞典』（東京書籍）を刊行した。一九七七年に文化勲章を受章し、一九九九年（平成十一）に八十六歳で亡くなった。生前に建てた墓碑（東京都多摩墓地）には「ブッダのことば・慈しみ」[1]と、自らつけた法名「自誓院向学創元居士」が刻まれている。

生涯の論文著作数はほぼ一五〇〇本にのぼり[2]、その内容も多岐にわたるが、おおむね以下の四つに分けられる[3]。（一）文献学を土台としつつ、歴史や文化を踏まえたインド思想史とゴータマ・ブッダの研究、（二）『仏教語大辞典』に代表される仏典の平易な邦訳、（三）日本における比較思想研究の開拓、（四）論理学・倫理学の研究、である。これらは『中村元選集』全二三巻[4]（四十九歳から六十五歳までに刊行。以下『選集』）と、『選集』を増補改訂して亡くなる直前に完成した『中村元選集決定版』全四〇巻[5]（七十五歳から八十六歳までに刊行。以下『決定版』）にまとめられた。二回の出版が示すように、中村の思想は生涯にわたって拡大発展しているが、中村についての研究はほとんど未着手に近い状態であり、思想の形成過程を詳細に論じる段階に至っているとは言いがたい。本稿では中村の日本思想史に着目し、まずは最終段階の思想を対象として『決定版』を用いる。

『決定版』は本巻三二巻と別巻八巻からなり、その構成は中村の仕事の概要を示している。最初の四巻を占める『東洋人の思惟方法』は、東洋の五民族（インド・シナ・日本・チベット・韓国）の思惟方法を論じるものであり、中村の比較思想的な方法論を示す。第五巻以降は、思想を中心とするインド学である。すなわち、第五巻から第七巻までがインド史であり、第八巻から第三二巻までが古代から現代までのインド思想史（ヴェーダ、ウパニシャッド、ジャイナ教、ゴータマ・ブッダ、原始仏教、大乗仏教、インド六派哲学、『全哲学綱要』、ヒンドゥー教、近代インド思想、現代インド思想）である。別巻八巻は、『世界思想史』四巻と『日本の思想』四巻からなる。

日本思想史は、『決定版』全体の一〇分の一である。その特徴は、末木文美士が述べるように[6]、当時の普遍主義の立場から世界思想史の一環として日本思想史を位置づけ、論じることにある。中村本人が言うように、彼の日本思想史研究は「(インド研究の合間に)許されるほんのわずかな時間だけ[7]」に行ったものであり、日本の思想や仏教の歴史を網羅的に辿るものではない。しかしその中核となった近世仏教思想の研究は、その後の研究史に大きな影響を及ぼした。狭義の日本思想史分野では、中村の『近世日本における批判的精神の一考察』(三省堂、一九四九年)の発表直後から、家永三郎(一九一三―二〇〇二)などによりマックス・ウェーバー(一八六四―一九二〇)にもとづく近代化論であると評価されて[8]、大塚久雄(一九〇七―一九九六)らによる近代化論の潮流の中で、広く支持された[9]。一九四九年当時には、まだ中村の比較思想史は形成されていなかったから、この時点での家永の近代化論という評価は妥当である。しかし、その後の近世仏教の研究史においては、比較思想の方法論による中村の日本思想史学と、実証主義的な歴史学は、実質的な連携のないまま乖離を深めて今日に至っている[10]。そのために中村をスタート地点とする近世仏教思想研究はいまだ近代化論の段階に留まっており、閉塞的状況にあることは否定しがたい。まずは歴史学とは異なる中村の方法論と目的を明らかにして、研究史上に位置づけることが求められよう。

たしかに、中村におけるウェーバーの影響は大きいが、その日本思想史はあくまでも世界思想史・比較思想史の一環として論じられており、当時の近代化論としてのみ受け取るのは危険である。ことは日本近世に限らず、仏教思想を組み入れた日本思想史研究全体を進めるために、インド思想を専門とした中村の、世界思想史の意図と視野を知ることは重要だろう。本稿では、中村の日本思想史の内容と近代化論としての側面を確認した上で、次に彼が示した世界思想史の視野と特徴を考えたい。

一　日本思想史と近代化論

末木文美士は、一九八五年に中村元の日本思想研究を概観しているが[11]、それを元にその後の発表も含めて大体を紹介しておこう。

中村の日本思想史学は、全体論と各論に分けられる。全体論としては、まずは東洋人の思惟方法シリーズの内に、一九四八年から四九年にかけて出版された『日本人の思惟方法』がある。この仕事は、戦争末期の一九四四年から四六年にかけて、東京大学の伊藤吉之助（一八八五―一九六一）教授が、文部省の委託によって行った「諸民族の思惟方法の比較研究」という研究チームに、中村が参加したことによって始まっている。『日本人の思惟方法』では、日本人はシナ文化（中村は一貫して、「シナ」を用いている）の受容を基本とすると述べた上で、日本人の思惟は「現実の容認、人間結合組織の重視、非合理主義的傾向、シャーマニズム」[12]を特徴とするという。

彼による通史は、一九六七年に *A History of the Development of Japanese Thought: A.D.592–1868* として英文で出版され、一九八八年に日本語に訳された『日本思想史』[13]がある。これは「比較思想論の立場」[14]から、仏教思想を主たる対象として、各時代の特徴と思われる思想をあげてゆく形を取る。たとえば中世であれば、「日本の中世社会」「宗教の優越」「慈悲と純粋信仰の諸派」「瞑想の道」「時と移ろいの概念」「歴史の哲学」「結論」という七節から構成される。特徴的なことは、中村の言う「近代」とはヨーロッパを中心とするいわゆる世界史の時代区分、具体的には十五世紀以後のことであって、日本で言えば江戸時代の「近世」となることである。さらに、日本史で言う「近代」であるところの「明治以後は、大まかに言って、西洋思想の移入史である。……それ以前の、いわば純日本的なものの意義の再発見、価値評価をしたかった[15]」という理由で、明治維新以後は論じられない。思想を直接に論じること、十九世紀以後は主たる対象としないこと、これらの方法は最晩年の世界思想史まで一貫している。また各論としては、古代における『聖徳太子』（初出は一九七〇年）[16]や、源信の『往生要集』（初出は一九八三年）[17]、十六世紀の仏教とキリスト教の論争[18]、庶民を対象とした「カナガキ仏教書[19]」の研究などがある。中村の日本思想史の中心は、江戸時代の仏教思想を論じた『近世日本における批判的精神の一考察』（初出は一九四九年）[20]であり、いわゆる世界史的なレベルにおける近代思想として、日本の近世仏教思想を論じることによって、戦後の近世仏教思想研究の礎石となった。

具体的には江戸時代初期の禅者である鈴木正三（一五七九―一六五五）と、中期の世俗的知識人であった富永仲基（一七一五―一七四六）の思想に、批判性や合理性などのいわゆる近代性の萌芽を見出して、高く評価するものである。正三については「鈴木正三の宗教改革者的精神」という章題で、権威の呪縛から解放された批判精神と、宗教にもとづくウェーバー的な世俗倫理を見る。正三の中に、ルター的な宗教改革者像を見るものと言えるだろう。この思想的原型を与えられたことにより、主に日本史分野を中心として、近世仏教者の中で正三の研究は例外的に進むことになった。

一方の富永仲基には、「富永仲基の人文主義的精神」という章題がつけられる。この人物は、「ちょうど近代人文主義に対応する態度をもって、宗教をも歴史的に考察しようとした」「倫理の成立する根源を、神的権威から人間のうちに（傍点中村）引き下ろしたことである[21]」と中村は言う。彼は、仲基を宗教の優位から世俗の重視へと転換する、近代の価値観を体現した思想家、「近代の先駆け」と位置づける。本居宣長以来の仲基研究においては、仲基の文献学的な方法論が高く評価されてきた。単なる方法論の評価を超えて「近代の先駆け」とはっきり明言し、思想史的に仲基を位置づけた功績は大きい。

これら中村の功績は、次節に述べる世界思想史の枠組みに日本思想史をあてはめることで、歴史的な事実から抽象的な思想類型を創出したことにある。現実に理想を見出そうとする意志と力は、戦後の学問研究を進める機動力となった。このことは、中村一人に限ったことではない。戦中から戦後の思想的混乱が続いた一九四〇年代に、中村の日本思想史研究の土台が著されたことは重要と思われる。

近世から近代にかけての宗教の流れを大きく見れば、廃仏毀釈と神仏分離に続く国家神道の形成は、一八〇〇年代初頭頃から顕著になってくる仏教衰退と表裏一体のものである。政治史的に見れば、近世における幕藩権力の保護を失った仏教勢力は、生き残りをかけて、日本帝国イデオロギーである国家神道を補完する、いわゆる近代的な宗教となっていったと言えるだろう(22)。その結果として、一九四五年の敗戦以後の日本社会では、仏教は戦後の民主主義とは相容れないものであり、主体性と批判精神を欠く思想とみなされて、時代の大勢は唯物論とマルクス主義へ傾斜していった。

そうした中で、中村は江戸時代の仏教系知識人を取り上げて、彼らをヨーロッパの宗教改革や人文主義にあてはめた。そのことによって、人間を中心とする思想にもとづく合理性・批判性・民衆性という、いわゆる近代的な価値観を江戸仏教の中に創出した。それらは敗戦によって自信を喪失していた人々が自らの歴史に切実に求めるものであったから、中村の仕事は広く受け入れられた。こういった近代化論は、同時代の日本思想史では丸山真男(一九一四―一九九六)や、アメリカの宗教学者であるロバート・ベラー(一九二七―二〇一三)などとも共通するものであり、その後の日本学を長く牽引した。当時の「近代」という概念は、敗戦に至った過去を払拭するための欧米からの明るい希望であることが社会で共有されており、知識人それぞれの理想を託すことができる言葉であったと思われる。学問における彼らの世代の役割は、分野は異なるが、日本のポップカルチャーを創出した手塚治虫（一九二八―一九八九）のそれに等しい。その魅力は、たとえば鉄腕アトムに象徴されるような、彼らが持っていた近代的人間像への希望と信頼から生まれたものであったろう。中村の「近代的人間像」とは、どのようなものだったか。

二　世界思想史と東方人文主義

中村が世界思想史を著した目的は、現代において世界が一つになるにつれて「同じ人間であるという理解を起こ」すために、人類の思想史が必要となってきたからである、という。[23]中村によれば、「多くの哲学的問題は人類に普遍的なもの」であるにもかかわらず、これまでの哲学は「西洋の哲学思潮のみ」を対象としている、という。

一八世紀までは西洋に於いては「哲学」といえば、西洋の哲学思潮のみを意味していた。……インドやシナの、独自の意義ある思想家たちに「哲学者」という名を与えるのを拒む態度は、近年に至るまで存続してきたし、今なお行われている。……東洋でも西洋でも、すべての哲学者は、宇宙および人間に関する同じ問題を論じ、同じことがらを説明しようと努めてきた。もしもかりに二千数百年にわたる哲学の発展の過程を通じて西洋思想とインド思想あるいは他の国における思想とのあいだに類似性を見いだすことができるならば、また、若干の哲学説は両者に共通であるという事実を認めることができるであろう。すなわち、多くの哲学的問題は人類に普遍的なものであり、単に歴史的に扱うべきであるのみならず、純粋に哲学的見地からも論じなければならない。そうして真理は、あらゆる民族のうちに、あらゆる宗教のうちに、見出されるべきであるという事実が知られる……。[24]

この宣言にもとづいて、「こういう手順をふむことによってこそ、われわれは、アメリカやヨーロッパの「思想的奴隷」であるみじめな状態から脱出することができるのである。哲学はギリシアから始まり、ドイツ哲学だの、英米哲学で絶頂に達したという呪縛から逃れようではないか」と呼びかける。[25]

『決定版』別巻四冊にあたる世界思想史は、『Ⅰ古代思想』『Ⅱ普遍思想』『Ⅲ中世思想』『Ⅳ近代思想』からなる。その内容は、インド・ヨーロッパ・シナ（日本を含む）の各文化圏において、思想テーマが共通すると思われる哲学思想文献を引用する形式となっている。各巻の章題と構成は、以下の通りである。

第一巻　古代思想　「古代農耕共同体の思想」「哲学的思索の出現」

第二巻　普遍思想（普遍思想とは、仏教やキリスト教などのいわゆる世界宗教を指す）「限定された普遍思想――異端説」「優位を獲得した普遍思想――その発端」「宗教性の昂揚――中世への転換」「普遍的国家の理想」

第三巻　中世思想　中世は「普遍思想の興起と近代思想の興起との中間の時代」と定義されており、第二巻の普遍思想の内容が歴史的に述べられる。

第四巻　近代思想　「近代的思惟の成立」「人間の評価における転換」

この哲学史観は、古代における哲学出現、中世の宗教優位、近代における人間発見のヒューマニズムという、ヨーロッパの人文主義の歴史観に沿っている。つまり中村は、ヨーロッパの哲学思想史を人類全体に拡大しようとしているのだが、この先蹤はヨーロッパのインド学者に求められよう。近代インド学を立ち上げた一人であるフランスの東洋学者シルヴァン・レヴィ（一八六三―一九三五）は、『仏教人文主義』という著書で、次のように述べている。

もし人類が、全体として共存すべきものであるならば、人類のいかなる団体でも、一つの文明史を形づくる限り、人間の共存関係からとくに外されるわけはない。人文主義（l'humanisme）は人びとが幼稚な感情にあまえている夢だ、などと見ては絶対にいけない。この精神から事実と経験の示す教則（doctrine）を重んじ、よく社会の種々相を身を以て見とどけなければならぬ。……人文主義というもそれはヨーロッパの専売でもなく、その全土にリューマニズムの精神がゆきわたるにはなお前途ほど遠い。この精神は、三千年をおおう過去に学んで、人類がその過去から如何に意義ある宝を身につけることができたかを示す遺産といってよい。[26]

レヴィは、一九二二年にインドのダッカ大学で行った講演で、新しい概念として「東方人文主義」を提唱している。

いま、私は東方と人文主義とを一つの熟語としたが、それはおそらくこれがはじめてだと思う。人文主義（Humanism）とは、この名称を以って全人類を指すものではあるが、その内容は西洋の人類を意味する。人文主義……人文主義はローマ教会の伝説を継承しているものであるが、それは政治および宗教によって帝国と教会がそれまでに獲得したものを、知力の世界に実現することを目的とする。したがって、私は知識的カトリック主義と称するのである。……〔ルネッサンス期において〕人びとは新しい真理がにわかに生じたことを意識した。その真理は古典に対する宗教的信仰より生まれたもので、換言すれば、人間性の深い統一から発生したものである。彼らはこれによって、異なった信条をいだき、異なった地方に住むすべての人類を統一すべき環を発見した。……現代のインドが、自らの進路について十分に覚醒し、また、東西の世界から呼びかけてくる声に対して然るべく応答せんとするならば、インドの各大学は新たな人文主義の出生地となるであろう。しかも、西洋の旧人文〔主〕義よりもさらに一段と豊富にして、さらにいっそう光彩ある新人文主義の中心となるであろう。[27]

レヴィは、ギリシア・ローマの古典に人間性を見出したルネッサンス期からのヨーロッパ人文主義にのっとって、人類の定義をヨーロッパのみならずインドにも拡大する。サンスクリット語によるインド古典も含めて、東西相俟っての普遍的な知恵を生み出そうという主張である。これは、ヨーロッパで近代インド学を形成した思惟形態の一つであろう。レヴィの弟子には、東京帝国大学教授の高楠順次郎（一八六六―一九四五）[28]がおり、その弟子である宇井伯寿は中村の師となった。レヴィの東方人文主義を、ひとまず中村の先蹤として考えてよいと思われる。

中村は、西洋を中心とする従来の哲学や思想史を包括して、東洋思想を含む人類の思想史を打ち出そうとする。もとより本人が明言するように、それはヨーロッパ中心主義への異議申し立てという性格を強く持っている。その具体的な枠組みと方法は、人類が一つであるというヨーロッパ的普遍主義を前提として、知恵の拡大と統一を目指すルネッサンス以来の人文主義、レヴィの言う「知識的カトリック主義」に連なるものである。このことは日本思想史においても、たとえば富永仲基を人文主義者と定義することに、はっきりとあらわれているだろう。

中村の近代的人間観は、ヨーロッパの伝統的な人文主義を包括しようとする東方人文主義の特徴をよく示す一例と思われるので、触れておきたい。中村は「人間」という言葉に大きな価値を置いて、多義的かつ積極的な意味で使う。たとえば、ゴータマ・ブッダを形容して、「歴史的人間としてのゴータマ・ブッダが、やはり生まれて、生きて、そして死んだ人間でありながら、「人間」を超えていたところに、われわれはその偉大さとありがたみを覚えるのではなかろうか[29]」と述べる。これは近代的なヒューマニズム（人間主義）を背景としていると思われるが、キリスト教を源流とするヨーロッパのヒューマニズムだけでは捉えきれない幅と奥行きを持っている。

中村は、神が人間に優先する古代や中世に比して、「近代においては人間に対する愛の方が中心的意義を有するものと考えられるようになった[30]」として、近代の特徴の一つにルネッサンス・ヒューマニズムをあげる。一般に、ルネッサンス期の人間の尊厳は「神の像にかたどって創造された」ことに由来すると言われ、人間は神の被造物であるから貴いということが、ヨーロッパ近代の人間観の源流とされる[31]。こうした前提に立って、「〔近代において〕人間が至上のものであるとすると、人間が神にとって代わることになりはしないか？[32]」という問いを立て、次のように答える。

神は人間にほかならないという見解が出てくるはずである。……インドの哲人ラーマクリシュナ（一八三六―一八八六、近代インドのヒンドゥー教の聖人）によると、神は人間のうちに現われる。「……人間は神の最大の表われです。」……西洋近代思想の一つの特徴的な主張は人間の平等ということである。しかし西洋におけるその主張が、人間はすべて神の前に平等であるというのに対して、インドのそれは人間はその究極の本性においては神そのもの（傍点中村）であるという見解にもとづいている。そこにわれわれは東と西とにおける相違を見出すのである。[33]

「人間の尊厳は神に根拠を持つ」というヨーロッパのヒューマニズムは、「人は神である」というインドの人間観に包括されるというのが、中村の近代的人間像の一端であると思われる。その根底の一つには、インドの一元論が考えられよう。中村の『ウパニシャッドの思想』によれば、「アートマンの形而上学説は深い倫理的な意味をもっている。すなわち、自己と他人とが究極の根底においては同一のものであり、両者の対立はかりの対象形態にすぎない。ウパニシャッドにおいては「汝はこの全世界である」と教え、「われは汝なり」というのが、自他不二の倫理の基礎にある確信となっている。……わたくしの身辺のいかなる人でも時間的空間的に異なった点にあり、存在する程度を異にしている〈わたくし自身〉にほかならない[34]」とある。

おわりに

中村元の日本思想史学は、戦中から戦後にかけての一九四〇年代に、その中心が形成された。中核となった対象は日本近世の仏教思想であり、ウェーバーに学びながら、いわゆるヒューマニズムにもとづく合理性・批判性・民衆性などの近代的な価値観への隘路が提出された。それは、自信を失っていた敗戦後の日本社会が、近世という直近の歴史に求める思想だった。中村は、人文主義的な世界思想史の枠組みに日本思想史をあてはめることによって、歴史的な事実から抽象的な思想類型を創出することに成功した。

たしかに中村におけるウェーバーの影響は大きいが、その日本思想史学はあくまでも世界思想史の一部として構想されている。彼の世界思想史の全容が明らかになった今となっては、狭義の日本思想史に適合する一面だけを切り取って、ウェーバー流の近代化論として単純化することは危険だろう。中村が最晩年にまとめた世界思想史は、ヨーロッパ中心主義の哲学思想史への異議申し立てという性格を強く持つ。その具体的な枠組みと方法は、十九世紀ヨーロッパで始まったインド学を通じて、一つの知恵の拡大と統一を目指すヨーロッパ人文主義の伝統に連なっている。具体的には、シルヴァン・レヴィの言う東方人文主義は近代インド学を形成した思惟形態の一つであり、それが中村の方法論である世界思想史のルーツと思われる。

第二次大戦後の冷戦と共産圏の崩壊を経て、資本のグローバリズムで一つになりつつある世界にあって、ヨーロッパ的普遍主義にもとづく人文主義の理想を人類全体で共有することは、もはや不可能のように見える。近代化とマルクス主義にその多くを依存していた理想と建前が日本社会からも蒸発した今、歴史的財産の一つとしての日本仏教の思想的意義を再び、三たび発見することを、中村は迫っていよう。

註

（1）墓碑文面は「ブッダのことば　慈しみ　／一切の生きとし生けるものは／幸福であれ　安穏であれ　安楽であれ／一切の生きとし生けるものは幸であれ／何ぴとも他人を欺いてはならない／たといどこにあっても／他人を軽んじてはならない／互いに他人に苦痛を与える／ことを望んではならない／この慈しみの心づかいを／しっかりと　たもて／東方学院院長　中村　元 譯／中村洛子 書」とある。

（2）「中村元　著作論文目録」（『東方』一五号、二〇〇〇年、二二一―一〇〇頁）によれば一四九七本であるが、これ以後に発表されたものもある。

（3）以下の四項目は、二〇一二年に発行された中村元記念館リーフパンフレットの「中村元の業績」（特定非営利活動法人中村元記念館東洋思想文化研究所発行、島根県松江市）と、公益財団法人中村元東方研究所のウェブサイト「中村元　業績」（http://www.toho.or.jp/archive.php　二〇一三年七月二十一日アクセス）によった。

（4）『中村元選集』全二三巻（春秋社、一九六一—七七年）。

（5）『中村元選集決定版』全四〇巻（春秋社、一九八八—九九年）。

（6）末木文美士「中村元と日本思想」（『中村元の世界』、青土社、一九八五年）、二三八—二七四頁。

（7）中村元（春日谷伸昌編訳）『日本思想史』（東方出版、一九八八年）原著書序文、iii頁。

（8）家永三郎「批評と紹介・中村元著『近世日本における批判的精神の一考察』」（『日本歴史』第一七号、一九四九年）、六三頁。またその後の業績も含めたウェーバーとの関わりは、前掲の末木「中村元と日本思想」、二六六—二七〇頁。

（9）三浦雅彦「中村元と鈴木正三」（『比較思想研究』第三二号、二〇〇五年）、四六—四八頁。鈴木正三をめぐる家永と中村の相違について、詳細が述べられている。

（10）三浦「中村元と鈴木正三」、四五—四六頁。

（11）末木「中村元と日本思想」、二三八—二四一頁。

（12）中村元『日本人の思惟方法』（決定版・第三巻、春秋社、一九八九年）、目次の章名による。

（13）原著 *A History of the Development of Japanese Thought: A.D.592–1868*（国際文化振興会、一九六七年）。日本語訳は、註（7）前掲の春日谷編訳『日本思想史』が刊行されている。

（14）春日谷編訳『日本思想史』、序ii頁。

（15）春日谷編訳『日本思想史』、序ii頁。

（16）中村元『日本の名著　聖徳太子』（中央公論社、一九七〇年）、「解説」。

(17) 中村元『古典を読む』五（岩波書店、一九八三年）。
(18) 中村元「浄土教とキリシタンとの対決」（『東西文化の交流』決定版・別巻五巻）、二四九―二六七頁。
(19) 中村元「カナガキ仏教書」（『日本宗教の近代性』決定版・別巻八巻、春秋社、一九九八年）、二五七―三三三頁。
(20) 『近世日本における批判的精神の一考察』（三省堂、一九四九年）。後に『近世日本の批判的精神』として選集・第七巻（一九六五年）に収められ、さらに決定版・別巻七巻（一九九八年）として出版された。
(21) 『近世日本の批判的精神』（選集・第七巻）二七〇頁、二四三頁。
(22) 近代日本の宗教政策は、「国家神道の強制と宗教の徹底的な統制支配」とされる（村上重良『天皇制国家と宗教』、講談社、二〇〇七年、四頁。初出は一九八六年）。仏教と国家神道との思想的関係については、末木文美士「第一章　神仏習合から神仏補完へ――島地黙雷」（『近代日本の思想・再考I　明治思想家論』、トランスビュー、二〇〇四年、一九―四二頁）を参照されたい。島地黙雷（一八三八―一九一一）は「儀礼習俗である神道に対して、個人の内面を担う近代宗教は仏教である」として、仏教復権を目指した。
(23) 「人類一般の平和と幸福という目的を達成するためには、世界諸民族間の相互の理解を促進しなければならない。そうして同じ人間であるという理解を起こさねばならない……。東と西における諸哲学の発展の比較研究ということが、次第に重要視されるようになった」（『古代思想　世界思想史I』決定版・別巻一巻、春秋社、一九九八年、五頁、序・i頁）。
(24) 『古代思想　世界思想史I』（決定版・別巻一巻）、五―一一頁。
(25) 『古代思想　世界思想史I』（決定版・別巻一巻）、二七頁。
(26) シルヴァン・レヴィ（山田龍城訳）『仏教人文主義』（人間の科学社、一九七三年）一一四、一一六頁。
(27) レヴィ『仏教人文主義』、一三〇、一三一、一三四、一四六頁。
(28) オリオン・クラウタウによる高楠順次郎の研究によれば、高楠は一九二九年に『人文の基調としての仏教』を刊行した。同年には、『大正新脩大蔵経』の刊行によりフランス学士院からスタニスラ・ジュリアン賞を受賞し、日本の仏教学が「世界レベル」として認められる契機となったという。クラウタウ『近代日本思想としての仏教史学』（法藏館、二〇一二年）、一二二―一二四頁。

（29）中村元『学問の開拓』（佼成出版社、一九八六年）、一三七頁。

（30）『近代思想　世界思想史Ⅳ』（決定版・別巻四巻、春秋社、一九九九年）、二四四頁。「古代的・中世的宗教から近代的ヒューマニズムへの転換」（三七四頁）という。

（31）チャールズ・トリンカウス「ルネサンスにおける人間の尊厳」（『ルネサンスと人文主義』平凡社、一九八七年）、一〇四―一〇五頁。

（32）『近代思想　世界思想史Ⅳ』（決定版・別巻四巻）、二四四頁。

（33）『近代思想　世界思想史Ⅳ』（決定版・別巻四巻）、二四四、二五一、二七九―二八〇頁。

（34）『ウパニシャッドの思想』（決定版・第九巻、春秋社、一九九〇年）、七〇八―七〇九頁。

笠原一男

戦後歴史学と総合的宗教史叙述のはざま

菊地大樹
KIKUCHI Hiroki

KASAHARA Kazuo
1916-2006

真宗教団発展の研究から出発した笠原一男は、やがて戦後歴史学との葛藤のなかから農民戦争論を克服し、思想史として親鸞の、社会経済史として一向一揆の研究に向かってゆく。この二本の柱で笠原は煩悶しながらも、総合的宗教史叙述を構想するに至り、新宗教の研究や後身の育成に力を入れてゆく。

はじめに

一向一揆研究の先駆者としてつとに知られている笠原一男は、戦前に研究をスタートさせ、間もなく始まった太平洋戦争の敗戦を経て、戦後歴史学の中を歩んでいった。本稿では、戦後歴史学と日本宗教史研究の発展の一つのケースとして、彼の残した研究の軌跡を辿りながら、全体史的宗教史叙述の可能性について考えてゆきたい。はじめに、笠原の略歴を見ておこう。

一九一六年、長野県に生まれた笠原は、四一年に東京帝国大学を卒業し、同年同大学史料編纂所において、研究者としての第一歩をしるした(1)。同研究所において長年所長を務めた辻善之助は、すでに三八年には定年により史料編纂業務嘱託に退いているが、後述の畝傍史学叢書の一冊として笠原の処女作『真宗教団開展史』が刊行されていることから、若い時期の笠原が、当時の国史研究室における皇国史観の中心であった平泉澄を避け、辻のもとに私淑していたことは明らかであろう。

真珠湾攻撃によって太平洋戦争が開始されたこの年、笠原はまず史料編纂業務嘱託として校正部に配属された。だが翌四二年には応召して陸軍に入隊し転戦、敗戦後は大陸に抑留される。この間、史料編纂所では徐々に通常の業務に支障をきたすこととなった。ついに戦争末期、すべての史料を長野県などに疎開し、一部の所員がこれに同行したこともあって、編纂事業は停止に近い状況に追い込まれる。

敗戦後、史料編纂所が戦後改革に着手し、徐々に復興への道を歩み始めたころの一九四七年一月、ようやく笠原は長崎県佐世保に降り立ち、復員した。配属先は史料編纂所第八編部（史料編纂業務嘱託）であり、部長は仏教史研究者として知られる勝野隆信である。そして、翌四八年には古文書部（第二部）事務補佐員となり、以後五四年に助手に振り替えなどの措置を受けながら、十年余りを古文書部員として過ごすことになる。このころ古文書部では、『醍醐寺文書』の調査に着手した。この調査は、黒板勝美らによって戦前から先鞭が付けられていたが、四八年から調査が再開し、五〇年からは量制史・灌漑史研究で著名となる宝月圭吾（古文書部長）らを軸とする調査体制へと発展してゆく(2)。笠原はこれに五一年に初めて参加した。間もなくこの調査の成果を公開するために、古文書部では『醍醐寺文書』出版の準備に当たり、笠原もこれに従事するようになる。

もっとも笠原にとって、『醍醐寺文書』調査はあくまでも「公務」であり、『醍醐寺文書』を活用した研究はほとんど知られていない(3)。これは、「公務」として知り得た古文書を「私」の論文に活用してはならない、という当時の史料編纂所員の一部にあった矜持によるものであろう。やがて、助教授に昇任した翌六一年、笠原は東京大学教養学部へ異動となる。六六年に教授に昇任した後も、いくつかの年を除いて笠原は『醍醐寺文書』調査に参加し続けたが、一九七七年に定年退官の後は、『出蔵帳』（毎年文書の出蔵・調査にあたった人員の署名簿）にも名前が見えなくなる。その後は一九九〇年に定年退職するまで、放送大学教授を務め、二〇〇六年に没した。

一　研究の出発点――戦中・戦後のあわい

1　出発点としての『真宗教団開展史』

笠原は、太平洋戦争開戦の翌年という緊迫した時局の中で、処女作『真宗教団開展史』(4)を出版した。その中で彼は、興福寺大乗院領であった越前国河口・坪江荘を中心に、中央大寺院の支配が動揺する、中世後期の解体期荘園制下における鎌倉新仏教教団の進出という図式を示す。そして真宗教団が、蓮如に代表されるように、民衆に精神面でアピールするような教学を構築し、経済面では土地制度によらず門徒の「懇志」を基盤とする教団運営を進めたことに着目した。

この著書についてここで一つ指摘しておきたいのは、笠原が率先して多くの史料を採訪し、翻刻収載していることである。笠原の方法は、のちの『一向一揆の研究』にも続いてゆく傾向として、必ずしも史料一点一点の持つ意味や内容を深く吟味するのではなく、諸史料を目の前に積み上げ、しばしばそれらを数量的に操作し、論文に応用してゆくものであった。これについては賛否両論あろうが、ともあれこのような手法を得意とする研究スタイルを確立していったことは認めてよいであろう。

『真宗教団開展史』については、当時の東京帝国大学文学部国史学科卒業生を著者らに据え、辻善之助らの監修のもとに畝傍書房より出版された十余冊のシリーズの一冊であることも押さえておきたい(5)。その刊行は、戦時状況下の一九四二から四三年を中心に行われており、どの一冊をとっても史学史に名を残す名著として圧倒される。しかも、このシリーズは卒業論文を核として出版されたものがほとんどで、当時の研究者の早熟なことに驚くばかりである。もちろん、笠原を含む若き彼らをこのような出版へと駆り立てたのは、独り彼らの才能のみならず、やはり差し迫った時局にもあっただろう(6)。

畝傍史学叢書を先導した辻が長く奉職し、最終的に所長を務めた史料編纂所では、一八九二年の久米邦武筆禍事件や、一九一一年以降起こった南北朝正閏問題を経て、必ずしも史観を振り回すことなく、社会の情勢から一歩退いた立場におけるアカデミズム実証主義的歴史研究を志向するようになっていた。辻は大正デモクラシーの気風をうけて、「国史」を文化史や仏教史の立場から読み解く研究を進めながらも、その核心においては常に実証主義を踏まえることを忘れなかった。笠原を含む畝傍史学叢書のグループは、当時平泉澄の皇国史観が席巻していた国史研究室を避けて、史料編纂所を拠点とするこのような辻の学風のもとに研究を進めることになったのである。その結果、名著が目白押しとなったことは先に述べた通りであり、「戦前アカデミズム日本史学の達成を示す記念碑」との評にもうなずける(7)。

2 戦後研究の出発点

笠原が復員したころ、歴史学においては「戦後」を新たに始まる時代として強く意識していた。その先頭を切って活動を開始したのが、歴史学研究会(雑誌『歴史学研究』を発行)である。戦後間もなく、石母田正・遠山茂樹・羽仁五郎らはその再建に着手し、歴史学研究会は戦後歴史学の牽引役となっていった。そうしたところに、先述の通り笠原は四七年に史料編纂所に復帰する。

間もなく彼は論文執筆に着手した。戦後歴史学がどのような方向に進むのか、状況はいまだ混沌としていた中で、彼は一本の論文を『歴史学研究』に投稿する(8)。この論文に始まる以後の笠原の真宗教団・一向一揆に関する仕事は、大局的に見れば、『真宗教団開展史』において検討された問題意識の延長上に位置づけられる。しかし、両者の間で異なるのは、真宗教団あるいは越前国坪江・河口荘に絞って考察された論点が、その他のケースに拡大していることであり、さらにその視点が中世村落における宗教的展開に向けられていることであろう。笠原の中世仏教観を一言でまとめれば、旧仏教および禅・浄土などの宗派は在地支配者のための仏教、真宗は「農民」（自営小名主）のための仏教となる。また支配者の仏教をさらに二分すると、おのおのを支えていたのは中央の大寺社と在地領主であるという。つまり彼は、戦後の研究の中で真宗教団と権力の間に、階級的矛盾と対立を想定し、中世仏教の担い手の歴史的変遷を、貴族・上級武士→現（在）地領主（武士）→中小名主（農民）という三段階で捉えて、これに対応する仏教の展開を、旧仏教→禅宗・浄土宗など→浄土真宗と整理するのである。

上述の三段階論の結論として、笠原は中小名主＝本願寺末寺坊主こそ「あくまでも民衆と結び付きうる基礎的条件を有して居り、また事実結びついていったのである」(9)と主張した。このように、敗戦後間もない研究の再出発の時期にあって、笠原の研究視角は大局的には出征前に上梓した『真宗教団開展史』の発展上に位置づけられながらも、戦後歴史学の胎動を敏感に感じ、それに呼応しようとしていた。つまりこの時期の笠原は、社会構成史的立場から、一向一揆の歴史的発展を階級闘争と見ていたのである。真宗教団を発展させ、一向一揆を主導した階層などの説明に「社会経済的地位」という言葉を多用し、「余剰生産物」「在地領主」「封建的身分関係」などの用語を積極的に使用するようになることからも、彼の転回の方向を容易に推察することができる。

3　人民闘争史としての日本宗教史

この延長線上に翌一九四九年出版されたのが、笠原としては二冊目の単著であり、戦後初めての出版となる『日本における農民戦争』[10]であった。笠原における「農民戦（闘）争」とは、社会構成史を基礎として、社会発展の歴史過程を「人民闘争史」と捉える立場から、日本の中近世における一揆などの農民運動を論じたものである。[11]このような研究視角を提供した代表的な研究者は、羽仁五郎であったが[12]、戦時中の言論弾圧の時期を経て、戦後になると羽仁の言説を受け継いだ次の世代が議論を開始した。それらの中で代表的なのは鈴木良一[13]・林基[14]らの研究である。笠原との関連で注目されるのは、特に服部之総『近代日本のなりたち』[15]であり、その中では「一向一揆それ自体が宗教的ヴェイルをまとって組織された土一揆」であると説かれる。笠原が服部の影響を受けていることは、『日本における農民戦争』のはしがきに、ほぼ同じ表現をとってこのことを記していることからも明らかであろう。[16]上述の笠原の一九四八から四九年の著作は、このような人々の戦後の新しい歴史学を意識した学術活動に、かなりの程度歩調を合わせていた。何よりも、「中世村落における真宗教団の発展と一揆運動の必然性」の掲載誌が他ならぬ『歴史学研究』であったことは、この間の事情を明瞭に窺わせる。

このように笠原は、『日本における農民戦争』はしがきの中で、先述のように一向一揆は「宗教のヴェールを被った土一揆」であり、「門徒農民、下級武士、職人等によって大々的に続けられていった」「反封建闘争」であって、それが近世封建制のもとでの百姓一揆へとつながっていったと説く。その前提として、最初に「真宗教団本願寺派の末寺坊主、有力門徒のみが、農民の反封建闘争の指導者、組織者になりえたのは何故か」という問いを立てた。その上で、階級分化の進んだ近畿型村落において、武士と農民の階級的対立が起こる点に、一揆勃発の必然性を見出す。そのような村々の農民の結合において、主導的な役割を果たしたのが名主クラスの末寺道場坊主であり、彼らを核とする農民の講的結合が底辺から一向一揆を支えていたと理解するのである。

このような本書の分析について、豊田武は一定の評価を下しながらも、エンゲルスによる「ドイツ農民戦争」の理論を必ずしも忠実に応用したのではないことを批判した。だが笠原は、服部之総の『蓮如』書評[17]の中で「ドイツ農民戦争の分析と史述の課題が、一八四九年の反革命のさなかに立ったエンゲルスに課せられていたと同一意義をもって日本のマルクス主義史家たちに、中世末約一世紀にわたる「一向一揆の分析と史述の使命が、課せられている」」との問題意識を吐露している。さらに、笠原より六年年少で、当時史料編纂所に同僚として勤務していた永原慶二は、一向一揆を反封建闘争と概括するのは不十分であるとして国一揆との類縁関係を問い、「私の感想的批判は根本的には著者の「中小名主」の規定の問題に発している」と述べている[18]。これを受けて笠原は、のちに『親鸞と東国農民[19]』を世に問うことになるのである。

4 〈宗教の発展とその社会経済的基盤〉論

一九四八年から翌年の『日本における農民戦争』にいたる研究過程の中で、先述したように笠原の視点は教団論から脱皮し、一向一揆を動態的で唯物論的な民衆運動として捉えるようになった。これ以後の研究においても、この〈宗教の発展とその社会経済的基盤〉論は彼の基本的視角となってゆく。笠原はこの視点をさらに石山合戦にいたる一向一揆史の全体に広げ、一向一揆を担った社会集団の階層的分析や宗教戦争としての性格について考察を進めた。そして、『日本における農民戦争』出版の翌一九五〇年、「一向一揆の本質[20]」を発表する。この論文が、のちに大著『一向一揆の研究[21]』へと結実してゆくのである。さらに〈宗教の発展とその社会経済的基盤〉論は、のちに笠原が監修を務めた『日本宗教史研究叢書[22]』にも、大きな影響を与える。このシリーズは、一九七〇から八〇年代にかけて出版されたもので、中尾堯・伊藤唯真・新行紀一らがこの立場を発展させている。特に新行の一向一揆研究は、学生の時以来師事し、いっしょに史料調査に向かった笠原の薫陶を受けながらも、これを中世後期史全体の中に独自に位置づけたものである。笠原への批判も含め、新行が明らかにした三河一向一揆の構造分析に接すると、笠原の〈宗教の発展とその社会経済的基盤〉論が、井上鋭夫や新行らに批判的に継承されながら長足の進歩を遂げたことがよくわかる。

さて、既述のように笠原は一向一揆の構造を整理する過程で、農民・名主、地頭領主（武士）、荘園領主という階級観を確立していった。その立場から笠原は、自身の旺盛な著作活動の傍ら、同時期に親鸞や中世仏教、一向一揆などについて研究していた精鋭との間で活発な応酬を展開している。たとえば、服部之総『親鸞ノート』(23)に対しては、服部の親鸞教団の基盤を「（移住）新百姓・下人」などに置く捉え方を批判した。また、家永三郎『中世仏教思想史研究』(24)において、家永が親鸞の宗教の受容者を武士であるとしたことに対しても批判している。笠原の立場は明確であった。すなわち、真宗の社会経済的基盤は農民階級（在家農民＝直接生産者）にあり、それらを名主階級が組織化して一向一揆が生まれる、と考えていたのである。これは、唯物論的社会構成体論を批判的に継承しながら人民闘争史の視点を取り入れた、いわば歴史学界全体が敗戦と再出発を体験したこの時期ならではの歴史観であったと言えよう。

二　戦後歴史学との葛藤

1　アカデミズム実証主義史学の立場

戦後の混乱が収まり、ようやく復興の兆しが見えてきた一九五〇年代に入ると、笠原の目指す方向は少しずつ変化していった。このころ、戦後混乱期の社会実践と連動して、封建社会を悪しきものと決めつけ、これを克服すべき対象と考える方法に対して反省が広がっていった[25]。笠原の仕事に即して言えば、一向一揆を、農民闘争史観をベースとした反封建闘争にもとづいて説明する方法、いわば一向一揆＝善玉論の見直しであったと言えよう。その過程で五〇年代に入ると、笠原の軸足はアカデミズム実証主義史学へと移っていく。

この間の事情については、一九五七年に井上鋭夫によってまとめられた戦後一向一揆研究に関する研究動向[26]を通して推し量ることができる。井上は、笠原の荘園制理解が戦前以来の旧態依然としたものであることを批判し、永原慶二らの研究成果を十分に摂取すべきであるとしている。さらに、戦後この時期までの一向一揆研究における基礎構造の分析について、「問題は中世社会経済史家の樹立した理論をそのまゝ借用して、一向一揆の基礎構造を論じた、そのまさに安易な研究態度を反省する」必要があると指摘している[27]。このように一九五〇年代に入ると、それまでの熱気に満ちた戦後史学の揺籃期が過ぎ、研究史を冷静に総括して次に進もうとする動きが一向一揆研究にも表れた。笠原自身もその動向を踏まえて、さらに新たな研究方法を開拓していったと思われる。

その過渡期に位置づけられるのが、笠原の論文「一向一揆の本質」であろう。これは、四〇〇字詰原稿用紙に換算して一〇〇枚に及ぶ大作であるが、論旨は一貫していて明快である。いま井上鋭夫の整理に従えば、笠原は当初、一向一揆を農民戦争と見る服部之総の見解を形式的に継承したが、中世後期を初期絶対主義とする立場に批判が集まり、「一向一揆＝農民戦争論も多くの矛盾を露呈するに立ち至っていた」という[28]。

そこで「一向一揆の本質」において笠原は、親鸞・蓮如・実如・証如・顕如らを歴代の門主から選んで段階的にその画期性を考察する。親鸞は、「信心為本」から出発したが、蓮如の段階になると「王法為本」が明確に説かれるようになる。それは本願寺教団発展のために、有力名主層以下の農民＝本願寺教団の門徒による反封建闘争を抑え込むことに他ならなかった。証如の段階までは「真宗の教義は、一揆のイデオロギー的役割など全く果していない」のであり、ついに顕如にいたって、封建領主としての本願寺と、統一権力を志向する織田信長との関係が決定的に決裂するのである。ゆえに笠原にとっては、「石山戦争ならびにそれに関連する一揆のみが、宗教戦争としての意味をもつ」ものであった[29]。

総じて笠原の歴史観は、親鸞を除いて比較的早い時期から、本願寺教団が封建領主として成長してゆくことを基調としている。すなわち、対門徒という意味での宗教性についての本願寺に関する評価は必ずしも高くはなく、むしろ蓮如以下歴代の門主の、教団の防衛・発展といった世俗的側面に腐心する有様に光を当てて詳しく説いている。これは、笠原の初期に見られた教団論を批判的に発展させたものとして注目に値するが、なおこの段階においては教団論に留まっており、その宗教性を深く問うことがなかった。

2　一向一揆の階層構成と「農民」

門徒と門主との関係を軸とするこのような段階的な本願寺教団発展論については、重松明久との間で論争があった[30]。笠原が土豪的武士の門徒化を消極的に考え、石山合戦以前にはむしろ本願寺は一揆を制する立場であったとするのに対して、重松は本願寺・一族衆が一揆を扇動したのであり、戦国大名化する松平氏の強権に対する郷村的自治と土豪的武士の利害が一致し、その団結によって一向一揆が組織されたとしている[31]。

このような、真宗・一向一揆の社会経済的基盤を問うことは、すでに見てきたように笠原の歴史観の根幹をなすものであり、のちに一向一揆論において笠原を批判した井上鋭夫にも発展的に継承され、研究が蓄積されていった。ただし今日では、そもそも笠原らが基盤とした惣村結合の構造やあり方について、相当程度見直しと研究の深化が進んでいる。たとえば、農民が被支配階級として領主に抑圧されたとする歴史観は、農民らの去留の自由や領主との契約関係の重視、すなわち彼らの自由なあり方を強調する方にシフトしているし、網野善彦[32]による提唱以来、そもそも「農民」という概念に根本的な修正が加わり、職能民を含む中世民衆の多様なあり方が明らかにされてきている。それと同時に、たとえばこれも永原慶二がいち早く取り組んでいるように[33]、荘園制的支配および被支配者層たる農民の実態を、荘園関係史料とフィールドワークとしての荘園調査を組み合わせる方法によって、より詳細に解明するような方向にも研究が進んだ[34]。

また一揆研究についても、土一揆が決して単なる農民戦争とは言えず、いくつもの惣村的結合の連合であり、かつその内部構造も武士や流民など多様であったことが明らかにされている。近年の一向一揆研究を代表する論者の一人である神田千里は、「仮に一向一揆が何らかの階級性をもっていると仮定するにしろ、それが一揆構成員の階層構成に現れている、と考えることには無理があるだろう[35]」と指摘している。

3 親鸞論

一九五〇年代後半になると、笠原は新たな課題に取り組むようになった。それまでの研究対象は、地域としては主として一向一揆の発生した近畿・東海・北陸地方が中心であった。また真宗史については、宗祖親鸞や中興の祖蓮如の教学・人物などについて必ずしも多くを語ることなく、主として本願寺教団の解明に意が注がれていた。それが新たに、東国の在家（農民）構造論と親鸞論を語りだし、一歩も二歩も進んだ新たな研究段階へと突入してゆく。

笠原にとって、この課題を研究したものとして最初の単著となるのが、『親鸞と東国農民』である[36]。そしてこれに先立ち、「東国における真宗の発展とその社会的基盤[37]」を発表し、親鸞論の前提として、当時の東国農民の在家の構造などに本格的な分析を加えた。この点について笠原は直接には、主として永原慶二の『日本封建社会論』[38]に軸足を置いている。また永原の「「在家」の歴史的性格とその進化」[39]という論文は、『親鸞と東国農民』に強い影響を与えた。しかし、村井章介が指摘するように[40]、永原の領主と領民の関係を古代的・奴隷制的関係で捉える立場に対しては、戸田芳実や黒田俊雄らの批判がある。そこで永原自身は自説を撤回し、『日本の中世社会』[41]へと展開していったが、笠原は必ずしもその先の議論についていこうとはしなかった。

一方注目されるのは、『親鸞と東国農民』の中で笠原が初めて独自の親鸞論を展開したことである。笠原は、親鸞の宗教を受容したのは農民層であったとした上で、それらの念仏を信心する人々に対する弾圧や妨害は、すでに釈迦や善導の説くところであり、宿命として受容されているとした。さらに念仏信心の問題にも踏み込み、『歎異抄』に見えるいわゆる悪人正機説を確認した後、それは職能的に殺生を行う武士や狩漁民らのための教説ではなく、煩悩にくるわされた悪人＝本願の正機であり、またそのような行為はすべて前世の宿業によるとする[42]。そして、「この悪人こそ一切の衆生と平等の立場で往生せしめんとして本願を選択したのが法然であり、それを忠実に承けついだのが親鸞」であると結論した[43]。このように笠原は、親鸞における宿業観とその宗教的煩悶を指摘した。のちに赤松俊秀は『親鸞』[44]の中で、親鸞における女犯論の背景に凡夫の宿業論があったことを指摘しているが、笠原の親鸞論はこのような点でのちの研究に通底してゆく。ただし笠原の中世思想史研究は、必ずしも先行研究と対峙し、親鸞論の中に沈潜していく中から浮かび上がってきたというわけではない。このような印象を受けるのは、笠原自身がこの段階でなぜ親鸞論に進むのか、という問題意識を十分に提示しないままにこの課題に踏み込んでいるからであろう。一向一揆研究を単にいくら伸長させたとしても、そこからただちに中世思想史の課題としての親鸞論は生まれてこない。この点は、笠原の親鸞論のユニークな点でもあり、また限界でもあった。

三　思想史と社会経済史のはざま

1　親鸞・真宗史への新たな展開

このように、『親鸞と東国農民』は、一方で〈宗教の発展とその社会経済的基盤〉論を、当時最新の日本封建制論・領主制論を踏まえて自身で開拓しようと試み、また親鸞・門弟らの思想や信心にまで踏み込んだという意味で笠原の新境地を開いた。この両面の研究の進展については、それぞれ黒田俊雄[45]と家永三郎[46]による書評がある。

まず黒田の場合は、東国の社会構造分析の不徹底さを指摘する。たとえば笠原は、在地社会における階級を武士と農民に二分する。これに対して、荘園領主—百姓名主を封建制の基本に据える黒田は「武士とも農民とも確然とは区別し難いものこそ〝名主〟にほかならないことは、すでに周知のことである」と説き[47]、名主こそ小教団の中心者と理解すべきであると批判する。

また家永は、「具体的な社会構造を親鸞の思想との連関の上に考えようとした試み」であったことに一定の評価を置く。しかし同時に、そのような社会構造に親鸞の思想が規定されていくという直接反映論を批判した。これはもちろん、家永自身による思想史研究の方法とパラレルな関係にあり、戦後における宗教史研究の二つの立場をよく表した議論であると思う。また真宗教団の成立に関しては、それまで笠原が研究してきた教団論が、教団否定論者であった親鸞の研究に影響していることを鋭く見抜いている[48]。

このように、制度と思想の両面において、『親鸞と東国農民』は厳しい批判にさらされたが、逆に言えばそれだけ学界の注目度が高かったことが窺われるのである。個別の実証や論理性にいくつかの欠陥が見つかるにしても、本書は思想史と社会経済史を一体として論じようとする笠原の気宇壮大な総合的宗教史叙述の試みに他ならないのであった。しかしこののち、笠原は社会経済史的分析には距離を置くようになり、一方思想史的分析についてはさらに親鸞論を展開して、一九六〇年代に入ると『親鸞』[49]『親鸞研究ノート』[50]を世に問うことになる。

2　一向一揆論の達成と限界

親鸞論を世に問う一方で、笠原はこの時期同時に、それまでの研究の総括ともいうべき大著『一向一揆の研究』を発表する。[51]これは、基本的には『日本における農民戦争』において飛騨・三河について論じたことを延長し、一向一揆全般に及ぼして検討したものである。ただし、「農民戦争」という概念はこの時期にはすっかり払拭されていた。それは、一面では学界状況の進展により農民戦争・人民闘争史観が相対化されたことを反映したものと言える。しかし、批判的に捉えれば、それまでの〈宗教の発展とその社会経済的基盤〉論に対する批判にもはや向き合うことなく、この議論からは意図的に離脱することによって、はじめて一向一揆論を完結させるという一つの限界を示すものでもあった。

『一向一揆の研究』について、のちに同名の著書[52]によって知られる井上鋭夫は書評[53]の中で、この間の一向一揆研究の進展とそれらへの笠原の配慮について一定の評価を与えている。しかし、上述の一向一揆の農民的基盤という問題に対しては手厳しく、なお笠原が「複雑な中世農村社会を武士・国人と中小名主的農民を中心とする農民勢力の二つで構成されると割り切」っているとして「名主と農民とは質的に区別さるべきであろう」「弱い武士と強い農民門徒から、強い武士と弱い門徒への転換が十分に説明されていない」などと批判する。井上自身は、〈宗教の発展とその社会経済的基盤〉論を批判的に継承し、「真宗や一向一揆は、やはりそれ自体の究明を通じて、中世社会経済史の空白を埋めるものでなければならない」と述べた上で、非農業的な山の民・川の民の真宗信仰に注目し、従来の農民身分による一向一揆編成論を相対化した(54)。

さらに井上は、本願寺が親鸞以来の正統を堅持したという「本願寺中心史観」により、笠原が非本願寺的要素に異端・邪義を大雑把に含めて、これを本願寺教団が制圧する過程として北陸の一向一揆を叙述してゆこうとすることを批判的に捉えた。笠原が『一向一揆の研究』を出版したのとほぼ同時に出した『真宗における異端の系譜』(55)では、本願寺教団が異端を排除する方法として、これ以前から笠原の研究の中で指摘されてきた破門権および「後生御免」について紙幅を割いて詳論する。ことに蓮如論に関しては、やはり蓮如を一方的に正統とし、その立場から異端を排除してゆくとする構図でまとめられている。

3　その後の研究の発展

以上みてきた通り、一九四〇年代末（戦後復興期）から一九六〇年代前半（高度経済成長期）までの約二〇年が、笠原一男の研究の前期であり、旺盛な著作活動の期間であった。この間、一揆編成主体に関する研究は進展し、階級関係から身分関係へと考察の対象が変わってゆく。これらを受けて一九七〇年代に入ると、新行紀一や峰岸純夫に代表されるような一向一揆研究が展開してゆく。新行は、三河一向一揆そのものを総合的に描いているし(56)、また峰岸は、近江堅田などの地域や細川晴元政権との対立など、一向一揆の新たな側面を豊富に明らかにしていった(57)。両者に共通するのは、大枠においては笠原・井上らの研究を継承しながらも、一向一揆を政治史をはじめとする十六世紀時代史の中に位置づけなおすことであったと言えよう。これもまた、戦後歴史学における総合的宗教史叙述の試みの一つであると評価できる。

このように、六〇年代後半から七〇年代にかけて、笠原自身は一向一揆研究を一応完成させる一方、それを受け継ぐ後進からの批判にもさらされた。これに対して笠原自身は、ただ広い胸を貸して好々爺然と微笑んでいたわけではなく、日本宗教史の新たな分野に挑み続けていたのであった。

四　総合性への意志――戦後歴史学のゆくえ

1　宗派別叙述の定着と新宗教研究

ここで時間を少し遡らせて、再度六〇年代における笠原を取り巻く研究状況を見てみよう。この時期の研究として、親鸞・一向一揆研究以外で特に注目されるのは、笠原が川崎庸之とともに編者となっている『体系日本史叢書』の宗教史の巻である[(58)]。その中身を見てみると、浄土宗・日蓮宗・時宗・真宗・禅宗などの宗派的枠組みが敢然と布かれており、執筆者は細分化している。すなわちこの時期の日本宗教史研究が、宗派ごとに研究の深化を図る一方で、それらを統合する全体的な議論をともすれば見失うような方向に進もうとしていたことが窺われる。玉村竹二と共著で『岩波講座日本歴史』に発表した「新仏教教団の発展」もまた、根本的には同じ方法にもとづいていた[(59)]。ちなみに、同じ岩波講座の別の巻では、黒田俊雄が「中世の国家と天皇」を発表している。よく知られているように、黒田はこの論文の中で権門体制論の枠組みを提示し、中世国家史に新たな段階を画した。さらに、これを発展させて一九七五年には顕密体制論を発表していることを考えると、笠原らが中世の宗教を仏教に限り、しかもこれを宗派的な枠組みでしか論じられなかったことは今日にまで直結する問題を孕んでおり、研究史的には出遅れた感のあることは否めない[(60)]。

しかし、彼の日本宗教史研究における全体的関心はなお健在であった。親鸞・蓮如・一向一揆論の一応の完成を見る一九六〇年代半ばにおける笠原の研究活動の特徴として、二つの面を挙げることができる。一つは若手研究者を糾合して、宗教史研究の総合化を図ったことである。これは、一九六一年に笠原が同じ東京大学の教養学部に異動し、それまでの研究所生活とは違って多くの学生を相手に入門あるいは総合的な歴史学・宗教史などの講義を手掛けるようになったことが大きいのではないかと思われる。それらの活動と踵を接するようにして、笠原は新宗教研究にも着手し、一九六四年には『革命の宗教――一向一揆と創価学会』(61)を出版する。次いで翌年、雑誌『あそか』の特集「政治と宗教」(62)に寄稿、『政治と宗教――岐路に立つ創価学会』(63)を出版した。彼の著述は、それまで蓄積してきた鎌倉新仏教、なかんずく親鸞・一向一揆論を踏まえ、比較宗教の視点から、おそらく日本宗教の全体史的構想を志向していったのであった。

一方で笠原はこの年、竹田聴洲らと協力して若手・中堅の研究者に広く呼びかけて、サマーセミナーとして「日本宗教史研究会」を催す。この時の記録はシリーズ『日本宗教史研究』(64)として、数年に一回のペースで一九七四年に第五巻までが刊行されていた。この活動は、オーガナイザーとしての笠原の意欲と、ともすれば個別研究に解消してしまいそうな日本宗教史研究、あるいは戦後歴史学そのものへの危機的な問題意識の表れであったと思われる。この意味で、笠原の新宗教への関心と宗教史研究者の組織化という実践的活動は、深い関連を持っていたのである。

2　現代的・実践的問題関心

それにもかかわらず、『日本宗教史研究』を通覧すると、テーマとしては宗教史全体を貫くような大きな枠組みを提示しているが、個別の論文の多くは、やはり時代別・宗派別・地域別などの小さな枠組みに沿っており、結果として当初のもくろみとは逆に、日本宗教史の限界を露呈し、その解体を早めかねないとも言える状況を作り出してしまっているのではないか。これを束ねる扇の要となるのが、笠原であったに違いない。しかし彼は、必ずしも立場の違う研究者ととことん議論し、お互いに新境地を開いてゆくタイプの研究者ではなかったという。むしろ次々に新たなテーマを選び、著書を通じて自身の考えを世に問うことによって、実践的課題に迫ろうとしていたのである。

翌六六年になると、彼の関心は真宗・創価学会からさらに天理教にまで及ぶ[65]。近現代宗教史に関するこれらの著書は、どちらかと言えば一般向けであり、必ずしも高度の論理性や実証性に裏づけされているわけではない。しかしそれだけに、笠原の宗教に関する同時代的な問題関心が自由に披瀝されている。笠原はこれらの仕事の中で、宗教は民衆が生きる上での支えを提供するものであって、民衆を「宗教エリート」へと転化させるべきものであるとの前提に立ち、インスタントな御利益宗教を批判している。かつての農民戦争（人民闘争）論に出発した彼の戦後の視線は、〈民衆〉を通して日本宗教史の全体的叙述を志向しながら、同時代的な問題へと注がれていった。これ以降、彼の関心は縦横無尽に発展し、たとえば『仏教にみる中世と現代』の中では古代・封建時代・近代・現代の各移行期における「新興宗教」勃興の意義を考察している。以上のような問題関心の展開は、しかし必ずしも笠原が場当たり的に古今の諸宗教を渉猟していたということではない。高木豊はこの点について「歴史学者としての著者は、歴史的に生起する宗教を〈転換期〉と〈民衆〉の結節点としてとらえるのである[66]」と、適確な批評を行っている。

笠原のこうした問題関心にもとづいてのことであろう、七〇年代になると、彼の研究活動は立正佼成会へと及んでゆく。おそらく最初は講演などを引き受けるうちに、歴史研究者としての史料編纂の経験に期待がかかったのであろう。立正佼成会から笠原に、教団史編纂の依頼が舞い込む。東京大学を停年退官した一九七七年から放送大学教授となる数年間は、笠原はほとんど専属のような形で会史編纂に従事する。笠原とともにその事業を推進したのは社会学者の森岡清美であり、これに下出積與・大隅和雄・速水侑・根本誠一らが加わり、さらに小栗純子・船岡誠らも参加している。事業は着実に進み、一九八三年には第一巻を刊行、全六冊および年表・索引からなる『立正佼成会史』[67]が完成した。

3　女性と仏教

一九七〇年代以降の笠原の研究を特徴づけるもう一つの分野は、〈女性と仏教〉であった。この分野における単著は、自ら監修を務める『日本宗教史研究叢書』の一冊として出版された『女人往生思想の系譜』[68]である。しかし、小論文の形ではこれ以前から、何点かの〈女性と仏教〉に関する研究を世に送り出している。その媒体は評論社のPR誌『ぱれるが』である。評論社からは笠原が監修して四〇冊以上に及ぶ『日本人の行動と思想』[69]シリーズが同時期に刊行されており、その関係で連載を引き受けたものであろう。誌上笠原は、「歴史探訪」というコラムを担当して毎号のように小論考を寄せた。親鸞については一五回の連載を組み、続いて女人往生の問題を取り上げてゆく。

笠原における女人往生思想への展開は、彼の往生伝への関心と同調している。そもそも親鸞以降の真宗教団を研究する前提として、それ以前の平安時代から院政期にかけての往生伝に関心が趣くのは当然であろう。しかし、笠原の研究は親鸞以降、常に中世後期に向かっており、平安院政期の往生伝に関する業績は管見の限り見出せない。逆に、織豊政権下に屈服した本願寺教団や真宗信仰が、その後どのように展開してゆくのかという方面において、彼の思想的系譜論はさらに発展していった。その結果、一九七八年には『近世往生伝の世界――政治権力と宗教と民衆』[70]を出版し、また同年から八〇年にかけては『近世往生伝集成』を編纂している[71]。

このような往生思想への関心が、〈女性と仏教〉論に派生したのが、『女人往生思想の系譜』であったと思われる。笠原によれば、古代には女人往生が語られることはあっても、女人往生「思想」はなかったという。これに対して、巷に活躍した鎌倉新仏教の祖師たちの中には、広く女人往生・成仏思想が見え、近世往生伝へと展開してゆくと説いている。一九八〇年代になると、日本における女性学はさまざまな分野から大きな発展を見せることになる。歴史学においても同様であるが、ここでもまた笠原の先駆的な炯眼に敬服せずにはいられない。

ただし、笠原の分析視角については、平雅行の批判がある。平は、「現世での女性蔑視観を再生産しながら来世的救済を説く[72]」女人往生論は、女性差別を前提とした旧仏教にこそ固有の考え方であり、法然ら新仏教の祖師はむしろ、女人往生論を積極的に説こうとしなかったとしている。しかし、そうであったとしても、笠原の〈女性と仏教〉論は間違いなく、その後の中世女性史研究への一つの呼び水となっているのである。そのような潮流の中から、かつての日本宗教史研究会の活動も意識して生まれた動きの一つが、「日本の女性と仏教」サマーセミナーである。このセミナーは、大隅和雄・西口順子らによって領導され、日本宗教史研究会と同様に若手・中堅の研究者の問題意識と議論の交換の場となってゆく。この研究会の組織化について、笠原はまったく関与しておらず、また先述の平のように、笠原の研究には批判的でそれを超克しようとするような傾向の研究が多く見られた。しかしそれだけ、笠原が後進に与えた影響の大きさをも示していると言えよう。なお、「日本の女性と仏教」サマーセミナーの終了後、一面ではそれを継承する形で「日本宗教史懇話会」サマーセミナーが企画され、現在にいたっている[73]。

おわりに

以上に述べてきたことからわかるように、笠原の研究の出発点は、中世荘園制の中に進出し、それを崩壊へと導いてゆく真宗教団の展開にあった。基本的には真宗・一向一揆研究者であった笠原は、しかし必ずしも時代としては中世の、また仏教という意味では宗派別の枠組みに満足していたわけではない。そのことは、彼が〈宗教の発展とその社会経済的基盤〉論にさまざまな研究方法によって取り組み、特に研究歴の前半では、人民闘争史や封建社会形成といった、急激に専門化してゆく歴史分野に多くを学ぼうとしたことにもよく表れていると思う。ただし、六〇年代を境として、笠原の研究は親鸞や蓮如の思想については深まりを見せる一方、〈宗教の発展とその社会経済的基盤〉論については、研究者たちの議論が専門的になったことも手伝い、結局それらに伍して、あるいは顧慮しながら研究を進めることはだんだん少なくなっていった。『一向一揆の研究』は、笠原の一向一揆論の集大成であるが、そこにおいては上述のような問題が完全に解決されることはなかったのである。また、思想史的には教団論を出発点としているだけに、中世宗教史という意味では個別宗派史の枠組みを墨守し強化していったことも否めない。

このような研究は、一面で宗派ごとの思想や教団研究を深化させたが、必ずしも総合的な宗教史叙述に成功したとは言いがたい。これは直截に言えば、笠原の一向一揆論の挫折であったが、一面ではまた戦後歴史学全体の方法的限界を露呈したものであったとも言えよう。しかし、もし笠原がいたずらに総合的宗教史叙述に急いでいたならば、言い換えれば実証的な側面での研究を怠っていたのならば、種々の批判にさらされながらも彼のさまざまな研究が今日まで長く参照されることはなかったであろう。彼自身も、決してこの道を諦めてしまったわけではない。彼にとって、日本宗教史の総合的叙述は親鸞・本願寺教団・一向一揆研究において実現されたのではなく、天理教・創価学会など近現代の新宗教や〈女性と仏教〉の研究を展開させることによって、さらに追究されていった。また彼は、日本仏教・思想に関するシリーズや叢書の監修・編集に後々まで熱心だった。既述の『日本宗教史研究叢書』や、『アジア仏教史』[74]はその代表的なものであろう。これは、若手宗教史研究者の育成という彼の教育的配慮から出たものであろうが、また自己の中で未完の問題であり続けた、日本宗教史の総合的叙述への志向に突き動かされてのことでもあったのである。これもまた、「もう一つの戦後歴史学」であったと言うことができるだろう。

註

(1) 以下、笠原の略歴については、鳥海靖「笠原一男先生を送る」『歴史と文化XⅡ　歴史学研究報告』一六(『東京大学教養学部人文科学科紀要』六六、一九七八年)および大隅和雄「笠原一男氏の訃」(『日本歴史』七〇五、二〇〇七年)を参照した。

(2) 以上の経緯については、醍醐寺文化財研究所編『醍醐寺文化財調査百年史』(勉誠出版、二〇一三年)を参考にした。

(3) 笠原は大日本古文書『醍醐寺文書』一―三を担当・出版した。そののち、教養学部へ異動となったため、翌一九六二年には笠松宏至が史料編纂所に助手として採用、古文書部に配属される。そのとき笠松は、菊池武雄から「これが醍醐の原本、これが古文書用の原稿用紙、出版は再来年の春、古い原稿が少しあったけど捨てた」と言われて途方に暮れたことを述懐している(笠松宏至「回想の醍醐寺文書」『中世人との対話』東京大学出版会、一九九七年)。

(4) 笠原一男『真宗教団開展史』(畝傍書房、一九四二年)。

（5）戦後の一九四六から四七年にかけて、目黒書店より再刊。その他の出版社より、個別に復刊したものがある。
（6）佐藤進一『鎌倉幕府訴訟制度の研究』（岩波書店、一九九三年）、あとがき。佐藤は、最初畝傍史学叢書の一冊として出版された本書自序の末尾に「醜の御楯と出立つべき日を明日に迎へて」と記したことについて、当時の心境を述懐している。
（7）永原慶二『二〇世紀日本の歴史学』（吉川弘文館、二〇〇三年）、七九頁。
（8）笠原一男「中世村落における真宗教団の発展と一揆運動の必然性」（『歴史学研究』一三五、一九四八年）。関連する論文として、同「中世村落に於ける寺院の三つの型」（『日本歴史』一三、一九四八年）。
（9）笠原「中世村落に於ける寺院の三つの型」、二五頁。
（10）笠原一男『日本における農民戦争』（国土社、一九四九年）。
（11）永原『二〇世紀日本の歴史学』、一六四―一六五頁を参照。
（12）羽仁五郎『幕末に於ける社会経済状態階級関係及び階級闘争――後篇』（『日本資本主義発達史講座』一、岩波書店、一九八二年。初版一九三二年）、一一―一五頁。
（13）鈴木良一『純粋封建制成立における農民闘争』（『社会構成史体系』第一部、日本評論社、一九四九年）。
（14）林基『近世における階級闘争の諸形態』（前掲『社会構成史体系』第一部）、特に二五頁を参照。
（15）服部之総『近代日本のなりたち』（日本評論社、一九四九年）、二五頁。
（16）なお、笠原一男「服部之総著『蓮如』」（『史学雑誌』五八―一、一九四九年）、九一頁も参照。
（17）笠原「服部之総著『蓮如』」、九一頁。
（18）永原慶二「笠原一男著『日本における農民戦争』」（『社会経済史学』一六―四、一九五〇年）。
（19）笠原一男『親鸞と東国農民』（山川出版社、一九五七年）。
（20）笠原一男「一向一揆の本質」（『史学雑誌』五八―六、一九四九年）。

(21)笠原一男『一向一揆の研究』(山川出版社、一九六二年)。
(22)『日本宗教史研究叢書』(吉川弘文館、一九七二―八七年)。
(23)服部之総『親鸞ノート』(国土社、一九四八年)。
(24)家永三郎『仏教思想史論』(『家永三郎集』二、岩波書店、一九九七年)。初版一九四七年、改訂版一九五五年。
(25)永原慶二「戦後における日本封建制研究の思想的背景」(『永原慶二著作選集』七、吉川弘文館、二〇〇八年)。初出一九六五年。
(26)井上鋭夫「中世末期の本願寺と一向一揆」(真宗史研究会編『封建社会における真宗教団の展開』山喜房佛書林、一九五七年)。
(27)井上「中世末期の本願寺と一向一揆」、三五四頁。
(28)井上「中世末期の本願寺と一向一揆」、三五五頁。
(29)笠原「一向一揆の本質」、四一頁。この時期区分はおおむね妥当なものと考えられ、たとえばのちに峰岸純夫もこの三段階区分を継承して一向一揆の歴史的展開を説明している。峰岸純夫「一向一揆」(『中世社会の一揆と宗教』東京大学出版会、二〇〇八年。初出一九七九年)。
(30)重松明久「三河一向一揆の性格について」(中村栄孝編『西三河地理歴史論集』明治用水普通水利組合、一九五一年〈『中世真宗思想の研究』吉川弘文館、一九七三年に加筆再録〉)。笠原一男「三河一向一揆の性格について――重松明久氏の批判に答えて」(『史学雑誌』六一―六、一九五二年)。
(31)笠原は、これに対してさらに反批判を行った。笠原「三河一向一揆の性格について」。
(32)網野善彦『中世の非農業民と天皇』(『網野善彦著作集』七、岩波書店、二〇〇八年)。初出一九八四年。
(33)永原慶二『荘園・荘園制と中世村落』(『永原慶二著作選集』四、吉川弘文館、二〇〇七年)。
(34)これらの研究の現時点における総括の一つとして、鈴木哲雄の研究を挙げておきたい。「中世前期の村と百姓」(大津透他編『岩波講座日本歴史』六、中世I、岩波書店、二〇一三年）を参照のこと。
(35) 神田千里『一向一揆と戦国社会』（吉川弘文館、一九九八年）、二頁。なお、一向一揆については神田千里『戦国時代の自力と秩序』（吉川弘文館、二〇一三年）も参照。また一向一揆とも関連する土一揆の捉え方については、田中克行「土一揆と徳政一揆」（『中世の惣村と文書』山川出版社、一九九八年）を参照。
(36) 笠原『親鸞と東国農民』。
(37) 笠原一男「東国における真宗の発展とその社会的基盤」（『歴史学研究』一九八、一九五六年）。
(38) 永原慶二『日本封建社会論』（『永原慶二著作選集』一、吉川弘文館、二〇〇七年）。初出一九五五年。
(39) 永原慶二「「在家」の歴史的性格とその進化」（『日本封建制成立過程の研究』〈『永原慶二著作選集』二、吉川弘文館、二〇〇七年〉）。初出一九六一年。
(40) 村井章介「解説」（永原慶二『永原慶二著作選集』一）。
(41) 永原慶二『日本の中世社会』（『永原慶二著作選集』二）。初出一九六八年。
(42) 笠原「東国における真宗の発展とその社会的基盤」、八頁。
(43) 笠原「東国における真宗の発展とその社会的基盤」、九頁。
(44) 赤松俊秀『親鸞』（吉川弘文館、一九六一年）。
(45) 黒田俊雄「笠原一男著『親鸞と東国農民』」（『仏教史学』七―一、一九五八年）。
(46) 家永三郎「笠原一男著『親鸞と東国農民』」（『史学雑誌』六六―七、一九五七年）。
(47) 黒田「笠原一男著『親鸞と東国農民』」、六一頁。
(48) 家永三郎書評、五〇頁、五四―五六頁。
(49) 笠原一男『親鸞』（筑摩書房、一九六三年）。
(50) 『親鸞研究ノート』（図書新聞社、一九六五年）。

(51) 笠原『一向一揆の研究』。
(52) 井上鋭夫『一向一揆の研究』(吉川弘文館、一九六八年)。
(53) 井上鋭夫「笠原一男著『一向一揆の研究』」(『史学雑誌』七三—一、一九六四年)、八七頁。
(54) 井上『一向一揆の研究』、九頁。
(55) 笠原一男『真宗における異端の系譜』(東京大学出版会、一九六二年)。
(56) 新行紀一『一向一揆の基礎構造』(吉川弘文館、一九七五年)。
(57) 註(29)前掲の峰岸『中世社会の一揆と宗教』を参照。
(58) 川崎庸之・笠原一男編『体系日本史叢書』(宗教史、山川出版社、一九六四年)。
(59) 「新仏教教団の発展」(『岩波講座日本歴史』一九六三年、玉村竹二と共著)。
(60) 黒田俊雄「中世の国家と天皇」(『黒田俊雄著作集』一、法藏館、一九九四年。初出一九六三年)。同「中世における顕密体制の展開」(『黒田俊雄著作集』二、一九九四年。初出一九七五年)。
(61) 笠原一男『革命の宗教——一向一揆と創価学会』(人物往來社、一九六四年)。
(62) 笠原一男「政治と宗教」(『あそか』五一、一九六五年)。
(63) 笠原一男『政治と宗教——岐路に立つ創価学会』(あそか出版社、一九六五年)。
(64) 日本宗教史研究会編『日本宗教史研究』一—五(法藏館、一九六七—七四年)。
(65) 笠原一男『転換期の宗教——真宗・天理教・創価学会』(日本放送出版協会、一九六六年)。
(66) 高木豊「笠原一男著『仏教にみる中世と現代』」(『史艸』一六、一九七五年)、一三八頁。
(67) 教団史編纂委員会編『立正佼成会史』(佼成出版社、一九八三—八五年)。
(68) 笠原一男『女人往生思想の系譜』(吉川弘文館、一九七五年)。
(69) 笠原一男監修『日本人の行動と思想』(評論社、一九七〇—八〇年)。

(70) 笠原一男『近世往生伝の世界――政治権力と宗教と民衆』(教育社、一九七八年)。
(71) 笠原一男編『近世往生伝集成』一―三(山川出版社、一九七八―一九八〇年)。
(72) 平雅行「顕密仏教と女性」(『日本中世の社会と仏教』塙書房、一九九二年。初出一九八九年)、三九五頁。
(73) 日本宗教史懇話会編『日本宗教史研究の軌跡と展望』(岩田書院、二〇一四年)。
(74) 中村元他監修『アジア仏教史』(佼成出版社、一九七二―七六年)。

付記 本稿の執筆に当たり、大隅和雄氏より笠原一男自身や当時の状況などについて多大なご教示をいただいた。記して感謝したい。

森　龍吉

仏教近代化論と真宗思想史研究

岩田真美
Iwata Mami

Mori Ryūkichi
1916-1980

森龍吉は社会学者であり、戦後まもなくレッドパージを受けたが、その後、龍谷大学教授などを務めた。森はマルクスやヴェーバーの論理を取り込みながら、浄土真宗を中心とした研究を行い、日本の近代化と宗教の関係を考えることで、戦後社会における生き方や仏教のあり方を問い直そうとした。

はじめに

本稿で取り上げるのは、社会学者でジャーナリストでもあった森龍吉（一九一六―一九八〇）である。戦後、森は新聞記者を経て、龍谷大学の教授などをつとめた。

森龍吉は浄土真宗の熱心な門徒の家庭に育ったということもあって、とりわけ真宗研究に力を注いでいる。服部之総の『親鸞ノート』（国土社、一九四八年）や『蓮如』（新地書房、一九四八年）に影響を受けた森は、親鸞や蓮如、本願寺教団に関する論考を多数発表している。彼は社会史や政治史などさまざまな関係性のなかで、真宗思想の展開を解明しようとした。また森が最も関心を持ったテーマは、日本の近代化と宗教の関係であったといわれる。この問題にアプローチする際、彼はマックス・ヴェーバーの『プロテスタンティズムの倫理と資本主義の精神』（初出一九〇四―〇五年）における「禁欲のエートス」論を重視していた。さらにヴェーバーの影響を受けたロバート・ベラーなどの論理も批判的に継承しつつ、日本の近代化における真宗の役割を考えようとした。ここでは森の仏教近代化論にも注目したいと思う。

今日、森龍吉の名前を知る人は少なくなったように思うが、本稿では彼の業績を紹介し、その課題と可能性を照射してみたい。

一　生い立ちと思想形成の過程

森龍吉は、一九一六年二月三日、三重県四日市市で生まれた。森は在家出身であったが、地元の三重県立富田中学校を卒業した後、両親の勧めで浄土真宗本願寺派の僧侶養成のための教育機関の一つである行信教校に入り、さらに龍谷大学専門部で真宗学を学んでいる。それは彼が浄土真宗の篤信の家庭に育ったということが関係していたようである。森は、自身が育った環境について、次のように語っている。

私の家庭は在家である。祖父は強信な門徒で伊勢講をまもるのに生涯をかけ、山科別院（本派）のおとりもちを終生の生きがいとした。明如上人にもお目にかかることができたようで、葬儀のときには、お輿をかつぐ栄誉を得たとかたりつづけた。祖母もまたじっこんにしていただいた松原致遠さんや太田覚眠さんに、妙好人のような人だといわれてしたしまれ、親類仲間からも一目おかれて法味をよろこぶ一生をおえた。その血をうけてか、私は在家から宗門の大学に学び、尋常ならぬ道を歩んだが、宗教から背こうとする思いと、それを破ってひかれる思いの、相剋のうちに人生の半ば以上をすごしてきた。(1)

つまり、浄土真宗の法義をよろこぶ「強信な門徒」であったという祖父母らの姿をみて、いわば宗教的感化を受けて育ったことが、森の学究生活の原点にある。

龍谷大学専門部に在学中の森は、宗教学者の松井了穏(2)の講義を受けて、その影響のもとにフランス社会学派の宗教社会学に関心を持つようになる。[3] このため専門部を卒業後、龍谷大学の文学部哲学科社会学専攻に進み、松井了穏から指導を受け、宗教哲学者の星野元豊からも影響を受けた。このときの同級生には、森の友人であり後に社会学者として活躍する鈴木宗憲がいた。文学部に進学した森は文芸部に所属し、雑誌『宗教と芸術』を発行するかたわら、中井正一、新村猛、梯明秀、服部之総らを招いて学内で講演会を企画するようになった。彼らとの交流によって、森はマルクス主義や反ファシズム運動に関心を寄せるようになったという。[4] また、仏教青年運動にも参加していた森は、妹尾義郎の新興仏教青年同盟とも接触を持っていたようである。[5]

一九四〇年、森は龍谷大学文学部哲学科を卒業し、徴兵検査を受けるが不合格となり、京都専門学校（現、種智院大学）の講師となった。しかし終戦後には、同校を退職し、夕刊京都新聞社の設立に協力。同新聞社の論説委員や文化部長を務めた。新聞記者となった森は、仏教教団や大学の戦争責任を厳しく追及する記事を書くこともあったが、一九五〇年、レッドパージを受け、新聞社を追われた。一方、このとき仕事を失った森が書いた懸賞論文「「自然法爾」消息の成立について」が『史学雑誌』に掲載され、[6] 海外推薦論文に選ばれた。この論文は親鸞の自然法爾思想の形成過程の社会史的意義を論じたもので、新しい視角から親鸞の教義を考察したとして高い評価を受けた。そして、これをきっかけに森龍吉の名は、学界でも広く知られるようになっていった。[7] 一九五一年には、滋賀県滋賀郡堅田町（現、大津市）の町史編纂の仕事を得たことで、日本史研究にも取り組むようになった。そして、堅田の本福寺文書の解読等に従事した。

一九五四年、森は成安女子短期大学（現、成安造形大学）の講師となり、同大学の教授、京都外国語大学の兼任講師などを歴任した。その後、一九六六年四月から龍谷大学経済学部の教授となり、教務部長や経済学部長などの要職を務めたが、一九八〇年三月二十二日、急性心不全のため六十四歳にして逝去した。その没後には、著作選集

が出版されている。(8)

二　主要な著作とその学風

まず森の主な著作をあげておくと、『日本仏教論』(日本科学社、一九四七年)、『本願寺――親鸞・蓮如から近代まで』(三一書房、一九五九年)、『親鸞――その思想史』(三一書房、一九六一年)、『生きるための仏教』(至誠堂、一九六六年)、『親鸞随想――その精神と風土』(三一書房、一九七二年)、『ふるさとの軌跡――その崩壊と蘇生をさぐる』(世界経済研究所、一九七六年)、『蓮如』(講談社、一九七九年)などがある。その研究対象は、親鸞や蓮如をはじめ、一休、恵信尼、唯円、明如、毛坊主や妙好人、近代の親鸞論として木下尚江、倉田百三、服部之総、丹羽文雄などがある。また本願寺教団論、仏教青年運動、部落問題、仏教の社会的実践など、近現代の問題に至るまで幅広く研究している。さらにマックス・ヴェーバーやロバート・ベラーの宗教社会学を取り入れた真宗解釈、哲学や民俗学の立場から日本仏教を考察したものなど、さまざまな視座から仏教研究を行っている。森と親交があった石田充之は、その学問的傾向について、

マルキシズムやその運動などには好意的な理解を示しつつも、恒に、親鸞や蓮如などのもつ民主的な大衆的宗教精神を基底的に湛えることを強く要望する筆者の意向が滲みこまされている。それは、同朋同行思想・妙好人精神、呑百姓的生き方を強く打出し、所謂形式主義的な固定的な権力精神を徹底的に排除してゆこうとする著者の意図を窺がわせ、又単なる現世利益的な我欲中心的な御祈禱的生き方の如きものを鋭く批判し排除して

ゆこうとする意向などの強いことをも併せて推測せしむる[9]と指摘している。すなわち、森はマルクス主義的歴史観に足場を置きつつ、「親鸞や蓮如などのもつ民主的な大衆的宗教精神」を強調しようとする傾向があったという。それは彼の『本願寺——親鸞・蓮如から近代まで』『親鸞——その思想史』『蓮如』などの著作に顕著にみられる。森は教団内の「宗祖親鸞聖人」ではなく、民衆とともに生きた「人間親鸞」像を描こうとした。そのため『本願寺——親鸞・蓮如から近代まで』では、教団史というよりは、門徒・民衆の視点から「民衆教団」としての本願寺の展開を検討している。また『親鸞——その思想史』では、親鸞の思想がいかに生み出され、民衆生活に浸透していったのか、日本の精神史・思想史の視点から考察を行った。森は、鎌倉仏教の中でも親鸞仏教は「日本人が経験し、創造したところのもっとも革命的な意義をもつ思想[10]」だと主張する。そして、西欧の「宗教改革」におけるプロテスタントの役割と比較しつつ、日本思想史における真宗の「革命的な意義」として、呪術否定と神祇不拝、他力回向と「信」の探求、煩悩の強調と悪人正機、還相回向と現実への回帰（エートスの強調）などの特徴をあげる[11]。とくに呪術否定や神祇不拝の思想は、後の教団が政治権力との関係の上で苦慮してきた問題でもあったが、その課題に向き合いながら強大な本願寺教団を形成していったのが蓮如であった。森は『蓮如』において、戦国動乱の世を生きぬくために、蓮如が取り組んだ思想上の課題を「王法と仏法」「真宗と民族」という二点に求め、考察を行っている。また本書では、蓮如研究にフェミニズムやヒューマニズム的な視点を取り入れたことも注目されよう。他方で、新聞記者時代から森龍吉と交流があった司馬遼太郎は、「かれの『蓮如』（講談社現代文庫）などは学問的な創見に富んでいるだけでなく、一個の文学作品としても通用する[12]」と評価している。本書は司馬遼太郎や丹羽文雄などの作家たちから注目され、一般にも広く読まれたが、

それは彼が文学者としての資質を兼ね備えていたことを示唆しているように思う。(13)

一方、一九四七年に刊行された森の『日本仏教論』は、エミール・デュルケームを中心とするフランス社会学派の観点から日本仏教を論じた作品であった。本書の一部をなしている無常観の考察は、大学時代に雑誌『宗教と芸術』に連載した「無常観発達史」を根幹としており、彼が身に付けた宗教社会学の素養がいかされている。彼は日本の近代化と宗教の問題について検討する際には、マックス・ヴェーバーの『プロテスタンティズムの倫理と資本主義の精神』(一九〇四―一九〇五年、日本語初訳、有斐閣、一九三八年)や内藤莞爾の「宗教と経済倫理――浄土真宗と近江商人」(『年報社会学』第八輯、岩波書店、一九四一年)などに影響を受けた、ロバート・ベラーの『日本近代化と宗教倫理』(一九五七年、日本語初訳、未來社、一九六二年)を取り上げ、宗教社会学的な視点から考察を行っている。森は真宗思想の展開過程にはプロテスタントと同様にエートス的な性格が見られるというが、他方では、安易に真宗とプロテスタントの類似性を強調するベラーの手法を批判している。そして、真宗思想を日本人の精神史の中で捉え直すことで、西洋の模倣ではなく、日本なりの基盤から近代化が達成されたことを解明しようとした。(14)

さらに森の学風を検討する上で注目しなければならないのは、民族学ないしは民俗学への関心である。彼は戦前から太平洋諸島に散在する民族資料に着目し、山内得立、松井了穏、久松真一、古野清人、星野元豊など諸学者の支援を得て、世界の著名な民族学書の翻訳の計画を進めていた。(15)しかし、出版の直前に終戦を迎え、この計画は実現しなかったようである。また、一九七二年の『親鸞随想――その精神と風土』では、親鸞の教義はどのような風土環境のもとに生み出されたのか、民俗学的フィールドワークを取り入れながら、親鸞の旧跡地を巡り、その思索の源泉を探ろうとしている。本書に収録された「海」という論考では、親鸞の著作には「生死海」「煩悩海」「群生海」「本願海」「信心海」「一乗海」など、「海」という表現が頻繁に使用されていることに着目する。そして、越後への流罪という地縁なくしては、このような表現は生まれなかったのではないかと考えた森は、親鸞が流された越後の地に向かい、その精神的土壌を探究しようとした。さらに『ふるさとの軌跡――その崩壊と蘇生をさぐる』では、妙好人や毛坊主、隠れ念仏などを生み出した郷土の調査を行っている。そして、それらの郷土が日本の高度経済成長によって崩壊しつつある現代において、その再生がいかにして可能であるかを検討し、日本の近代化と宗教との関係を問い直そうとした。

かくして、晩年の森は「真宗思想史」研究を確立することを目指していたといわれる。森と親交が深かった星野元豊は、「森の視野は広く、真宗学・社会学・宗教学・史学・民俗学・哲学・経済学に渉ったが、これらを総合した観点に立って、新たな「真宗思想史」研究を樹立することを志していた[16]」と指摘しており、領域横断的な視点から「真宗思想史」研究を打ち立てることが、森のライフワークであったと述べている。それらをまとめて出版する計画もあったようだが、森が急逝したため、その計画は実現しなかった[17]。

近年では森龍吉に注目するものは少なくなったように思うが、彼は独特な視点から日本仏教（とくに真宗）を研究し、ユニークで創見的な業績を残している。

三　日本の近代化と浄土真宗

森龍吉と親交があった黒田俊雄によると、「森さんの学究生活を通じて終始念頭を去らなかった問題は、日本の宗教の近代化、ないし日本の近代化における宗教の役割の問題であった[18]」と指摘している。とくに森は『真宗史料集成』全一三巻の編集委員の一人として、第一二巻「真宗教団の近代化」と第一三巻「真宗思想の近代化」を担当するなど、真宗を中心として宗教の近代化の問題を考えようとした[19]。ここでは、森龍吉の日本の近代化と真宗をめぐる見解に注目してみよう。

戦後、森龍吉が近代の真宗研究に関心を持ち始めたのは、服部之総の影響があったと考えられる。早くから服部と親交があった森は、服部の『親鸞ノート』や『蓮如』に深く共鳴していた。森は一九五九年の『本願寺――親鸞・蓮如から近代まで』において、服部の言葉をあげている。

「本願寺の歴史はまったく日本の歴史だ。僕は明治の本願寺が書いてみたいね。君も何か書かないか」――深夜鎌倉の自宅で、服部之総さんが語ってからもう足かけ六年になる。その宿題を果たさずに服部さんはなくなった。いまもなお残念におもう。それいらい私の胸中にも、いちど日本の歴史を通して本願寺をつかんでみたいという気持ちがわいてはきていたが、考えただけでも容易なことでない。かつて辻善之助博士や高島米峰氏が「本願寺」を論じたことがあったが、蘊蓄の深い著者の手にかかっても、なかなかその本質と全貌はうかびあがってこない。この両書はいずれも戦前の作品だが、戦後の研究は新しい視点から本願寺の活動を民俗歴史舞台に登場させ、ゆたかな成果をうみだしてきた。しかし、そのほとんどが中世に集中され近世・近代は未開拓といってもよいくらいである[20]。

この発言によると、森は服部の果たせなかった「宿題」を引き受けるつもりで、「日本の歴史を通して本願寺」を把握する視座を探求するようになったようである。また戦後の新しい視点を取り入れた近世・近代の真宗研究の開拓を意識していたことが窺える。

今日、森龍吉は吉田久一や柏原祐泉ほど注目されていないが、戦後に始まる「近代仏教」研究の開拓者の一人にあげられるだろう。近代日本仏教史研究は、吉田久一の『日本近代仏教史研究』（一九五九年）に始まるといわれる。また一九六一年からは『講座近代仏教』が刊行され、その記念すべき「第一巻　概説編」には、柏原祐泉「第一篇　近代仏教への胎動」、吉田久一「第二篇　近代仏教の形成」に続き、森龍吉の「第三篇　近代仏教の発展と課題」が掲載されている。ここで森は、大正・昭和期の日本仏教の動向を概説しているが、その冒頭で柏原と吉田の議論を受けて、次のように言及している。そこには「近代仏教」に対する彼の問題意識が表れていた。

わが国では、はたして、超克すべき「近代」が生活のなかに実現されていたか。「近代の超克」がさけばれたのちに、「封建制の清算」がさけばれねばならなかったという事実をわれわれはどう理解したらよいのか。こう考えるだけでも明らかなように、近代史の発展原則からはみだした矛盾や非清算性が問題となるのである。かかる状況は、宗教伝統の世界にことにいちじるしい。前編で指摘されたような、「家の宗旨」からの解放、近代市民生活への架橋、教団封建制の自己改革などかずかずの近代化に必修な諸問題を、現代という意識の遊弋する今日でも解決しえないでいる仏教にとっては、「近代」という問題はいまだに重要な課題である。(21)

つまり、「封建制の清算」こそが「仏教近代化」に必修な要件であり、それが果たされていない仏教界の現状は「近代」の課題を内包したままだと主張する。講座派歴史学をよく継承していた森は、明治維新によっていわゆる「ブルジョア革命」は果たされなかったため封建制としての「天皇制絶対主義」が残ったが、これと同様に宗教改革に挫折した仏教界も封建制から脱皮できなかったと捉えている。したがって、森が仏教の近代化として取り上げるのは、やはり清沢満之の精神主義、境野黄洋らによる新仏教運動などの改革運動であった。さらに部落解放運動における黒衣同盟の活動、反宗教運動が教訓となって生まれた妹尾義郎らによる新興仏教青年同盟なども「仏教の近代化」路線として重視していた。

しかし、吉田久一らとの違いは、明治維新期における仏教の役割に注目し、仏教教団組織の近代化に目を向けようとしたことである。そこには前述した服部之総の影響があったと考えられるが、このような視点から、森が日本の近代化と真宗との関係を分析した代表的な成果の一つに、論文「一八七九年七月十四日——本願寺教団改革の政治史的意義[22]」があげられる。まず、その要旨を簡単に紹介しておこう。当論文において、森は本願寺教団の近代化は明治維新とともに始まったといい、西本願寺では島地黙雷や赤松連城など防長出身の僧侶らによって教団改革運動が主導され、坊官や家司に独占されていた一派の宗政が末寺僧侶らに開放されたことをあげる。また島地など教団の指導者層は、明治政府の中核となった長州藩出身の政治家とは表裏の関係にあり、世俗の政治動向とも密接な関係を持つに至ったという。その後、（論文の題名ともなった）「一八七九年七月十四日」には、長州系僧侶による教団体制の独占化に対して、いわゆる反長州系のクーデターの動きがあった。すなわち、西本願寺の宗主明如（大谷光尊）を擁する反長州系の改革派北畠道龍らは、「西本願寺の東京移転、檀家制の廃止と自由な帰依による再登録、宗派管長・本願寺住職の公選、西本願寺・大谷家財産の分離と大谷家財産の宗派活動費への繰り入れ[23]」などを掲げ、本願寺の東京移転をはじめとする改革案を強硬に断行しようとした。この動きは、ついに門末を巻き込んだ騒擾事件にまで発展し、長州系僧侶らによって阻止されることとなった。森によると、このとき北畠道龍らの背後には、陸奥宗光、大井憲太郎、大隈重信、さらには福沢諭吉と交詢社の一派がおり、ある意味では反政府勢力の縮図をなしていたという。そして、両勢力の対決は、自由民権運動に突き動かされて、政府内で国会の早期開設を唱えた大隈重信が、長州閥の政治家らによって罷免された、二年後の「明治十四年の政変」を予期するものがあったと指摘する。この一件は従来の教団史研究においては、反長州派の北畠道龍らが起こした宗門内の騒動として「北畠騒動」などと称されてきた。しかし、森はこれを、巨大な民衆を有する本願寺教団が「絶対主義路線」をとるか、「共和制に傾倒した立憲体制の路線」をとるかという国家的岐路に響き合う問題として捉え直し、日本の近代化に宗教（真宗）が関与したという視点から再評価しようとした。こうした森の問題意識や視座は、児玉識の防長の真宗僧を中心とした近世・近代の仏教史研究にも大きな影響を与えている[24]。

一方、社会学者でもあった森龍吉は歴史学的視点のみならず、ヴェーバーの『プロテスタンティズムの倫理と資本主義の精神』における「禁欲のエートス」論を重視している。すなわち、近代の「資本主義の精神」はプロテスタントの「禁欲のエートス」に由来するというヴェーバーの論理をもって、日本の近代化と宗教との関係を考えようとしていた。このような「エートス」論は大塚久雄らによって強調され、戦後日本におけるヴェーバー受容の方向性を規定したといわれる。そこには大きく分けて、日本の近代化のルーツを特定の宗教（真宗、禅宗、新宗教など）のなかに求める立場、ルネサンスも宗教改革も経験しなかった日本ではそれが欠如していたとみる立場などがあった[25]。前者に立った森は、内藤莞爾の論文「宗教と経済倫理――浄土真宗と近江商人」やロバート・ベラーの『日本近代化と宗教倫理』の論理的枠組みを取り入れながら、日本の近代化における真宗の役割を積極的に評価しようとした。内藤やベラーの説を批判的に継承した森は、ピューリタニズムの思考方法を真宗に求めようとした。彼は日本の諸宗教はおおむね民衆を「呪術の園」のなかに固定する役割を果たしたのに対して、真宗だけが「呪術からの解放」に貢献したと考えていた。そして、真宗には「呪術否定と神祇不拝、他力回向と「信」の探求、煩悩の強調と悪人正機、還相回向と現実への回帰」などの特徴があり、西欧のプロテスタントにきわめて近い類似性を持っていると主張し、[26] 真宗の特殊性を強調する傾向があった。真宗を日本の「宗教改革」の典型と捉え、西欧のプロテスタントに対比させようとする発想は、すでに明治期の木下尚江『法然と親鸞』(金尾文淵堂、一九一一年)や原勝郎の論文「東西の宗教改革」(『藝文』第二巻第七号、一九一一年)など早くからあった。森はヴェーバーのテーゼのみならず、木下や原らの「鎌倉仏教＝日本の宗教改革」説も参照していたが、そこにはプロテスタント的宗教を模範とし、いわゆる「西欧近代」の図式に当てはめて仏教の近代化を理解しようとする、近代主義的な価値判断があったといえよう。

四　真宗思想史の構想

戦後の親鸞論について検討した池田行信は、その特徴を「唯物史観による親鸞像」や「近代主義的なイデオロギー」に強い影響を受けた親鸞解釈に基づくものであったと指摘する。[27] それは森龍吉の親鸞論にもみられる特徴であった。彼は戦後日本の思想状況において最も有力であったマルクスとヴェーバーの両者の論理を取り込むことで、日本の近代化における真宗の役割を考えようとしていた。このため西欧近代を模範として「封建制の清算」や「呪術からの解放」などを仏教近代化の要件と捉えていた。そこには戦後日本の民主化や精神変革に重ね合わせながら、仏教の前近代性の克服、改革が意識されていたように思う。ある意味ではマルクスやヴェーバーに対する恣意的な読み取り方があったのではなかろうか。しかしながら、一九七〇年代以降、いわばポストモダン的思想状況のなかで、「近代」に対する多くの問題点が自覚されるようになると、森はマルクスとヴェーバーの総合というかつての研究視座への限界を感じ始めていた。そして、この頃から戦後の研究が定型化の傾向にあるとして警鐘を鳴らすようになった。ここでは、晩年の森が戦後の親鸞論を乗り越えようと模索していたことに注目し、そこにはどのような可能性があったのかを考えてみたい。

森龍吉は、戦後の親鸞研究の定型化を招いた原因の一端として、「教団内の研究と教団外の研究とが充分な交流をもたずに平行し、乖離の溝がうめられていないから」[28]だと指摘する。森によると、近代における親鸞の再発見は、明治三十年代において、清沢満之が『歎異抄』のなかに、近代人の苦悶にこたえる親鸞を発見し、木下尚江が人間と宗教の最も鋭い改革者として親鸞を把握したことに始まったという。やがて大正期の倉田百三が描いた民衆の宗教者親鸞の人間像が、大衆文化の発達とともに多くの人々に定着し始め、その流れは、戦後の服部之総らにも影響を与えた。これら近代における親鸞の探究は、宗門の伝統的親鸞像を否定するところから始まっており、また『歎異抄』の親鸞像に重点を置いてきた面がある。これに対して、江戸時代に発達した宗学は『教行信証』の親鸞像を重視してきた。すなわち、この二つの親鸞像が交差しつつ、統一して把握されることで、新たな研究の展望が開けると森は主張する[29]。戦後の親鸞研究を進展させるためには、視野を拡大すること、研究領域を異にするものが集まって自由に討議する場が必要だと考えた。

そこで森は、真宗学者の石田充之の協力を得て、橋本峰雄、阿満利麿、梅原猛、黒田俊雄、高取正男らと数年間にわたって『教行信証』の輪読会を続け、教団内外の研究者と対話を重ねてきた[30]。論争を好まなかったという森は「対話」を重視しようとした。そして、新たな研究視座を求めて、彼らとともにシンポジウムや座談会[31]を企画するようになる。

親鸞の生誕八百年を記念して企画したシンポジウムでは、真宗学から石田充之、真宗史から千葉乗隆、哲学から梅原猛と橋本峰雄、中世史から黒田俊雄、民俗学から高取正男、宗教学と思想史の視点から森龍吉が参加し、一九七二年十月二十九日と三十日の両日にわたって京都で開催された。そこでは親鸞の生涯にまつわる数多い「謎」を拾い上げて論点とし、また教義面では、浄土と地獄、呪術の否定、還相回向、自然法爾など、これまで真宗学で論じられてきた問題にも新たな視角から論究がなされた[32]。シンポジウムでは森が司会を務め、まず真宗学と真宗史の立場から石田充之と千葉乗隆が主要な学説を概説し、それをめぐって他のメンバーがそれぞれの視点から自由に討論するという方法がとられた。森はこれらの活動を通して、教団内と教団外の研究をつなぎ、戦後の視座を乗り越えようと模索していた。彼は研究を進展させるためには、次のような視点が必要だという。

親鸞の探求にはさしずめ、思想と歴史の両面から進んでいかねばならぬ。思想といっても、そこには哲学、宗教学、社会科学、それにいうまでもなく真宗学が必要である。歴史といっても、古代・中世史に、真宗史が当然中心におかれねばならぬ。それに、八百年も以前の生活内景を洞察するためには、民俗学の参加を求めねばならぬ。それらの交点に思想史が登場する[33]。

それは森龍吉の研究姿勢にも表れていたように思われる。晩年の森が目指した「真宗思想史」研究は、真宗学と真宗史を軸に置きつつ、そこに哲学、宗教学、社会学、民俗学などの成果を取り入れようとしたものであった。その構想を生前に森龍吉から聞かされていた星野元豊は、森の没後、このように語っている。

彼の学的地盤は広汎にわたっている。広く宗教学、歴史学、社会科学にひろがり、その裾野は広い、その広い裾野に基盤をおいて特異な視点から思想史を展開する。『親鸞——その思想史』『本願寺』最後の著作となった

『蓮如』はこのことを物語っている。わたくしはもう生涯のまとめとして独特な真宗思想史をまとめるように、そのためには講演や評論は犠牲にするようにと数年前からしつこく進言していた。彼もまたその構想を手紙にもらしていたが、ついにそれは実らなかった。彼が真宗思想史を完成していたら後世にのこるものであったろうにと思うと、おしみてもあまりある。(34)

森龍吉が志したという「真宗思想史」研究は、彼が急逝したことにより完成には至らなかった。このため森がどのような方法論をもって教団内外の研究を接続させ、戦後の親鸞論を乗り越えようとしていたのか、その詳細は明らかではない。しかし、森の問題意識には学ぶべき点もあるだろう。彼は専門領域が異なる研究者たちとの対話を重視し、硬直化した視座を乗り越えるべく、多様な可能性を模索していた。

おわりに

森龍吉が最も関心を持っていたのは、日本の近代化と宗教の関係であったといわれる。とくに森はこの問題について真宗を中心に検討している。彼は戦後日本の思想状況において最も有力であったマルクスとヴェーバーの両者からエッセンスを取り込みながら、日本の近代化における真宗の役割を考えようとした。さらに木下尚江や原勝郎をはじめ、内藤莞爾やベラーなどの成果も批判的に継承しつつ、プロテスタントと真宗との類似性を指摘し、日本の宗教における真宗の特殊性を強調する傾向があった。また明治維新期の仏教研究に早くから取り組み、仏教教団組織の近代化にも注目していた。仏教の近代化を検討することで、森は戦後社会における生き方や仏教の在り方を問い直そうとした。

　一方で、一九七〇年代頃から森は次第に従来の研究法に対する限界を感じ始めていた。本稿では、こうした森龍吉の思想的変化にも注目した。晩年の森は戦後の親鸞論の定型化に警鐘を鳴らすとともに、それを乗り越える視座を探求していた。そして、橋本峰雄や高取正男らとともに親鸞に関するシンポジウムや座談会を企画するなど、専門領域が異なる研究者たちとの対話の場を設けることで、新たな視座を開拓しようとしていた。さらに森自身も真宗学と真宗史を軸に置きつつ、そこに哲学、宗教学、社会学、民俗学などの成果を取り入れた領域横断的な「真宗思想史」研究を目指していたが、その志半ばで急逝したため未完成に終わっている。

　本稿では、森龍吉の真宗の近代化論などを中心に取り上げたが、他にも蓮如論や日本仏教論、社会学の成果など注目すべき点があり、今後の課題としたい。

註

（1）森龍吉「恩愛のなかにある親鸞――丹羽文雄とわが兄」（『親鸞随想――その精神と風土』三一書房、一九七二年）、二三九―二四〇頁。
（2）森龍吉が恩師と称する松井了穏は、仏教大学（龍谷大学の前身）を卒業後、東京帝国大学やパリ大学に留学してマルセル・モースらからデュルケーム学派の宗教社会学を学び、龍谷大学の教員となった。大澤広嗣「宗教学研究者と「満洲国」――建国大学の松井了穏」（『佛教文化学会紀要』第一五号、二〇〇七年）を参照のこと。
（3）鈴木宗憲「続・若き日の森龍吉――堅田前期の思想形成」（川瀬健一編『森龍吉著作選集――森龍吉・人と思想』東洋思想研究所、一九八二年）、三三―三四頁。

（4）星野元豊「森龍吉の史学とその背景」（『近世佛教』第五巻第二・三合併号、一九八二年）。

（5）鈴木宗憲「学生時代の森龍吉と思想形成」（『親鸞に出遇った人びと』第五巻、同朋舎、一九九二年）、九八頁。

（6）森龍吉「「自然法爾」消息の成立について」（『史学雑誌』第六〇編第七号、一九五一年）。当論文で森は、服部之総が『親鸞ノート』（国土社、一九四八年）において西欧の「宗教改革」におけるルターと比較しつつ、親鸞を権力支配下の農民の側に立つ宗教者として捉えた「日本における宗教改革の神学的前件」の議論を継承している。そして、古代的社会から中世的社会への変革期において「宗教改革」を志向した、親鸞が最後に到達した境位を端的に表した法語として、「自然法爾」消息の社会史的意義を解明しようとした。

（7）柏原祐泉「「自然法爾」の世界――森龍吉氏の親鸞研究」（註（3）前掲の川瀬編著『森龍吉著作選集』）、三八頁。

（8）川瀬編『森龍吉著作選集』（註（3）前掲書）。

（9）石田充之「森龍吉先生の思想」（註（3）『森龍吉著作選集』）、二九頁。

（10）森龍吉『親鸞――その思想史』（三一書房、一九六一年）、一五―一六頁。

（11）森龍吉「真宗の思想史的性格」（宮崎円遵博士還暦記念会編『真宗史の研究』永田文昌堂、一九六六年）、同「真宗思想における超越と内在――社会史的視点から」（『親鸞教学』第一一号、一九六七年）など。

（12）司馬遼太郎「私の中の森龍吉」（『東洋思想』第八号、一九八〇年）。

（13）丹羽文雄「森龍吉と森健之助」（註（3）『森龍吉著作選集』）、一六頁。

（14）森龍吉「日本の近代化と真宗（上）――ウェーバー的視角と問題意識の設定に関連して」（『龍谷大学経済学論集』第七巻第四号、一九六八年）、同「真宗の思想史的性格」（註（11）前掲『真宗史の研究』）など。

（15）星野元豊「森龍吉君とわたくし」（『東洋思想』第八号、一九八〇年）。

（16）星野元豊「発刊によせて」（註（3）『森龍吉著作選集』）、八頁。

（17）星野「発刊によせて」、八頁。

(18) 黒田俊雄「森さんの手紙について」(『近世佛教』第五巻第二・三合併号、一九八二年)。

(19) 『真宗史料集成』の編集委員は森の他に、千葉乗隆、平松令三、柏原祐泉であった。森が担当したのは、森龍吉編『真宗史料集成』第一二巻「真宗教団の近代化」(同朋舎、一九七五年)、同編『真宗史料集成』第一三巻「真宗思想の近代化」(同朋舎、一九七七年)。

(20) 森龍吉『本願寺――親鸞・蓮如から近代まで』(三一書房、一九五九年)、二四三頁。

(21) 法藏館編集部『講座近代仏教 第一巻概説編』(法藏館、一九六三年)、同『新装版 講座近代仏教 上――概説・歴史・思想』(法藏館、二〇一三年)に再録。

(22) 森龍吉「一八七九年七月十四日――本願寺教団改革の政治史的意義」(日本宗教史研究会編『日本宗教史研究1 組織と伝道』法藏館、一九六七年)。

(23) 森「一八七九年七月十四日」、二一八―二一九頁。

(24) 児玉識「防長から見た明治維新期における本願寺教団――森龍吉史学の再評価とその批判的継承を目指して」(『仏教文化研究所紀要』第四九集、二〇一〇年)。

(25) 山中弘・林淳「日本におけるマックス・ウェーバー受容の系譜――宗教学の視点から」(『愛知学院大学文学部紀要』第二二号、一九九二年)。

(26) 註(14)前掲の森「日本の近代化と真宗(上)」を参照。

(27) 池田行信「戦後親鸞論の諸相」(『武蔵野大学仏教文化研究所紀要』第二七号、二〇一一年)。

(28) 森龍吉編『親鸞はいかに生きたか』(講談社、一九八〇年)、五頁。

(29) 森龍吉編『シンポジウム親鸞――その人と思想』(講談社、一九七三年)、六―一一頁。

(30) 石田充之「森龍吉教授のありし日を偲びて」(『東洋思想』第八号、一九八〇年)。石田によると、森龍吉はこの他にもさまざまな研究会や出版の企画を立てて奔走していたという。

（31）森龍吉が司会を務め、西谷啓治、星野元豊、赤松俊秀を招いて行った座談会「「親鸞聖人」の研究」の記録は、『大法輪』（第三一巻第四―六号、一九六四年）に収録されている。
（32）このシンポジウムの記録は、森編『シンポジウム親鸞』（註（29）前掲）として出版された。また本書は、その後、森編『親鸞はいかに生きたか』（註（28）前掲）と改題の上、一九八〇年に講談社学術文庫として再版されている。
（33）森編『シンポジウム親鸞』、一一頁。
（34）註（15）の星野「森龍吉君とわたくし」を参照のこと。

柏原祐泉

自律的信仰の系譜をたどって

引野亨輔
Hikino Kyōsuke

Kashiwahara Yūsen
1916-2002

近代仏教史の先駆的研究者として知られる柏原祐泉は、同時に近世の排仏論・護法論、中世の親鸞思想など、多端な素材に挑み続けた人物でもあった。本稿では、「宗教の自律性」や「仏教の本来性」など、柏原が多用したいくつかのキータームに着目し、精力的な彼の仕事を支えた問題意識の根幹に迫った。

はじめに

柏原祐泉が日本仏教史研究の泰斗であることは、この分野の研究に携わる者にとって周知の事実といえる(1)。なにしろ彼が生涯を通じて取り組んだ研究素材はかなり幅広い。

おそらく一般的に最も良く知られた柏原の著作は、『日本仏教史――近代』(2)であり、清沢満之の精神主義運動や近代真宗の真俗二諦論をめぐる考察が彼の代表的な業績であることは間違いない。ただし、吉田久一や池田英俊ら同世代の研究者が仏教の「近代化」を終生の課題にしたのとは対照的に、柏原の研究は中世から近現代まで時代を大きくまたいでいる。

そもそも柏原が最初期に取り組んだ研究は、本居宣長・平田篤胤らの思想形成を仏教と関連させつつ論じるものであったし、諸思想との交渉のなかで仏教の展開を探る彼の姿勢は、その後江戸時代の排仏論・護法論研究として大きく結実していった(3)。さらに柏原の関心は、真宗の宗祖である親鸞にも向けられ、『正像末和讃』や親鸞消息に対する丹念な文献考証も進められた(4)。この他にも、鈴木正三や浅井了意の庶民教化、妙好人伝、部落差別問題と多岐にわたる柏原の考察に、仏教史研究者であれば必ず何らかの恩恵を受けることになるわけである。

さて、ここで一つの問いかけを行ってみたい。柏原祐泉という研究者は、かくも多彩な課題に、なぜ一人で立ち向かうことができたのだろうか。

もちろん、狭い専門領域に立てこもることなく、多端な問題関心で分析を進める歴史研究者は、柏原のみならず何人も存在する。筆者の主観でそういった研究者をいくつかにタイプ分けすると、おおよそ以下のようになろうか。一つに、課されたテーマと集中的に取り組んだ後、新たなテーマを次々と見出していくタイプ。二つに、異なるテーマを「二足のわらじ」「三足のわらじ」でかけ持ちするタイプ。三つに、一見関係性の薄そうな複数の素材を、有機的に結び付けて考察していくタイプ。

柏原は、このうち一つ目のタイプには当てはまらない。彼は当初から近世と近代の仏教史研究を並行して進めており、やや遅れて四十代で始めた親鸞研究も含め、年代ごとに研究テーマを区切ることは不可能である。それでは柏原は、器用にも異なるテーマを複数かけ持ちできるタイプだったのだろうか。それとも、彼の多岐にわたる業績を一つにつむぐような鍵が存在しているのだろうか。

いずれの場合を想定するにせよ、その作業にはかなりの困難が伴ったはずである。というのも、近世と近代の仏教史を架橋する研究課題は、当時けっして豊富ではなかった――いや、もしくは現在もなお豊富ではない――からである。

林淳「近代仏教の時期区分」によれば[5]、戦後の近代仏教史研究では、内面的信仰の確立に象徴される仏教の「近代化」が議論の中心にすえられた。他方、近世仏教史研究では、辻善之助のいわゆる仏教堕落論を受け、その正否が盛んに論じられた。両者は大きく異なった動向を示し、柏原を除けば近世・近代の双方を取り扱う研究者は現れなかった。

以上のような当時の研究状況を踏まえると、本稿の課題もおのずと見えてくる。近世と近代、さらに中世までまたにかけて多端な仏教史研究を繰り広げた柏原は、いかなる問題意識に支えられていたのか。本稿では、彼の業績が実証性の次元で現在どのように継承され、また否定されているかではなく、むしろその研究姿勢がわれわれにどのような可能性を投げかけているかという観点で、柏原祐泉という研究者の再評価を試みたい。

一 歴史学研究者・柏原祐泉の誕生

本題へ踏み込む前に、まずは柏原が研究者を志すまでの道程を、簡略に振り返っておこう。

柏原は、一九一六年に滋賀県湖北町（現、長浜市）の真宗大谷派智源寺に生を享けた。父の祐義（一八八四―一九七四）も、真宗大谷派の著名な学僧であり、大谷大学教授として真宗学の考究に努めるとともに、本山から学階の最高位である講師を授与されている[6]。柏原も、大谷大学文学部から同研究科へ進んでいるが、その進路選択には、やはり真宗寺院の跡取りとして生まれた環境が大いに関わっていたと推測される。

こうして研究の道に歩を進めた彼の原初的な問題意識を、一九四二年に発表された「宣長における仏教思想の内在性」[7]と、その翌年に発表された「近世国史解釈における神意識の問題」[8]という二本の論文から探ってみたい。

最初期に執筆されたこれらの論文は、興味深いことに仏教信仰を主たる考察対象としたものではない。いずれの論文でも、スポットを当てられるのは本居宣長や平田篤胤であり、彼ら国学者の思想形成には、仏教（なかんずく浄土教的世界観）の受容と止揚があったと結論される。ここからわれわれは、柏原のいかなる問題意識を読み取るべきだろうか[9]。

排仏論者として知られる宣長・篤胤のなかに浄土教的世界観の受容を見出していく考察に対して、真宗寺院で育った柏原の「らしさ」を読み取ることは、あながち間違いではあるまい。もっとも、彼が父の薫陶を一身に受け、その問題意識を引き継ぐようにして研究生活に入ったと捉えるなら、いささか誤解があるだろう。

父の祐義は真宗学の研究者であったが、柏原自身は国史学科に入学して歴史学を志した。彼の研究に大きな影響を与えたのは、むしろ当時大谷大学で教鞭をとっていた徳重浅吉（一八九三―一九八四）であったと考えられる。徳重は『維新精神史研究』や『維新政治宗教史研究』などの著作で知られ[10]、明治維新期の宗教史研究にとってパイオニア的な存在であった。また、柏原の右の二論文に村岡典嗣（当時、東北帝国大学法文学部教授）の諸研究が引用されていることも見逃せない。徹底した文献実証で日本思想史の研究法を模索した村岡にならい、かつ指導教員の徳重に感化され、柏原も堅実な実証的姿勢で近世後期の諸思想分析に取り組み始めたと[11]、ひとまずここでは理解しておきたい。

さて、こうして暗澹たる世情のなか歴史学研究者としての一歩を踏み出した柏原に、早速大きな転機が訪れる。言うまでもなくそれは、一九四五年の敗戦である。

二　敗戦と柏原祐泉の近代仏教史研究

日本の敗戦が、戦後知識人に強烈なインパクトを与えたことは、すでに多くの論者が指摘している。安丸良夫「戦後知の変貌」[12]によれば、敗戦直後、立憲主義的天皇制を肯定的に捉えていた丸山真男は、ＧＨＱの「憲法改正草案要綱」に触れることで、批判的知識人としてのみずからを一気に創り上げていったとされる。

それでは、研究者としての柏原に、敗戦はどのような影響を及ぼしたのだろうか。ここで一つの事実をおさえておくと、柏原は敗戦後まもなく結核を患い、およそ三年間の入院生活を強いられている。その間、戦時体制に追従した仏教教団への反省を一つのばねとして、仏教系学会が精力的な活動を展開していったことは、彼の研究姿勢を大きく規定したと考えられる。『真宗史仏教史の研究Ⅰ〈親鸞・中世篇〉』(13)のなかの「はしがき」の表現を借りるならば、柏原は少なからぬ焦りを抱きながら、「すでに壮齢期を迎えてはいたが……日々、胸の高鳴る思いで、新鮮な学問の雰囲気に吸収されていった」わけである。

敗戦直後に長期療養生活を送った柏原が、それゆえ戦後仏教史学の自生的な創出現場にしっかり立ち会えなかったと極論するつもりはない。しかし、すでに熟しつつあった気運に押され、彼がみずからの問題意識を急速に形成していったであろうことは、一九五一年に発表された「近代仏教の思想史的系譜」のなかで、象徴的に表現されている。

柏原は右の論文の冒頭で、近代仏教の胎動が諸思想との交渉のなかでいかに展開されていったかという課題を掲げる。そして、維新期から明治初期の代表的な仏教思想を検討した後、その締め括りに清沢満之を取り上げ、以下のように主張する。

清沢満之は学問と宗教の世界を判然と区別して……宗教は「毫も学問の進歩によりて左右せられざるは勿論、宗教界如何なる新義門の興起する事あるも、従前の教義は決して之が為に動転せらるること」なきものであり「宗教の本領は時世と人事とによりて変転すべきものに非ざる事」を主張している。
かくの如き宗教の自律性に対する主張は、宗教の本来性からいって敢て異とするに当らないかもしれないし、なおまた宗教学的な多くの問題を存してもいるであろう。がしかし、それをここで問おうとするのではなくて、彼等によって仏教が久しく纏っていた繋縛から脱せしめられ、それ自体において自存せしめられたそのこと自体が意味を持っているのである。……彼等の宗教の自律性への主張が近代精神に通じる性格のものであることを認めねばならないのである。(14)

戦後まもなく執筆されたこの論文は、数ある柏原の業績のなかでも、きわだって問題意識が鮮明なものといえる。ここで柏原は、自律的信仰の確立という目指すべき「近代」に強い思い入れを示しつつ、明治の日本のなかでその系譜を探り当てていく作業を行った。それは、柏原の盟友吉田久一の問題意識ともぴったり重なる。(15)彼らは、近代精神が未成熟な日本社会や、内面的信仰が未確立で世俗権力に追従的な近代仏教といった戦後特有の問題群を共有しつつ、宗教の自律性が獲得され得る道を追い求めたのである。(16)

もっとも、生涯にわたって目指すべき「近代」を模索した吉田と、遡及的に近世・中世の仏教をも探究した柏原の間には、微妙な問題意識の差異も存在する。たとえば一九六三年に発表された「近代仏教の胎動」のなかで、柏原は自分が近世仏教にこだわる理由を、以下のように表現している。

封建制下の仏教については戦前からの固定した概念がある。すなわち本末制度、檀家制度の成立や幕府の法度政治による封建的教団機構の伸長、封建的警察政治と結合した国家的仏教とそれに依存した僧侶の安逸、などといった、仏教と幕藩制との結びつきを説き、封建仏教という概念で把握する仕方である。もちろんこれは総体的には了解できる。しかし、江戸時代の仏教のすべてをこの概念で割り切るとすれば、それは自覚された現代仏教からは、ただ否定的対象にすぎなくなる。そうした視点から近世↓近代↓現代へと継承されるものは出

てこないし、現代仏教は自己の根をもたないこととなる。(17)

ここで柏原がいう「根」とは何であろうか。江戸時代に微細ながら確認できる近代精神の萌芽と捉えるなら、彼が近世・近代と時代をまたいで考察を進めた意味も、比較的簡単に了解できる。やはり柏原にとって、目指すべき仏教の「近代化」は至上の価値であり、その系譜を脈々とたどるべく、近世仏教の研究にも乗り出したというわけである。

なるほど柏原は、慈雲飲光を好んで取り上げ、その戒律厳守精神が、明治初期の釈雲照や福田行誡を経て、清沢満之の精神主義にまで継承されたと主張する。また、鈴木正三や浅井了意の庶民教化についても、柏原の評価は、自律的信仰の提唱という点に集約される。彼が近世仏教堕落論を「総体的」に受容しつつ、「近代」につながる自律性の系譜に限って積極的に拾い上げたことは否めない。

ただし、柏原の発言に良く目をやると、あるべき「近代」が彼の研究の根幹を支えるものではなかったことにも気付かされる。たとえばやや時代が降り一九六七年に発表された「明治百年の宗教覚書」において、柏原は再び清沢満之の主観主義的な信仰確立を称讃して以下のようにいう。

> 清沢は、精神主義によって仏教をあらゆる拘束から解放した。そして、信仰は信仰自体において目的を充足するものであって、他の何ものにも従属しないことを明らかにしたのである。このことは、おそらく鎌倉仏教以来の画期的な事柄であって、精神主義はこの点で、たんに仏教の近代化という形容よりも、宗教そのものの本質を近代に顕彰したものと評価してよいであろう。(18)

自律的信仰の確立をもって清沢の精神主義を称える柏原の姿勢は、「近代仏教の思想史的系譜」以来、まったく変わっていない。しかし、ここで柏原は、「仏教の近代化」という一義的な評価に固執することなく、むしろ「宗教そのものの本質」を実現したという観点から、精神主義を評価しようとするのである。右のような表現は、「自律性」という言葉と連動しつつ、柏原の諸論文に頻出しており、もう一つのキータームと捉えてよいものである。一九六四年に発表された「近代仏教形成の前駆的性格」のなかで、柏原は釈雲照や福田行誡の戒律主義を取り上げ、以下のようにいう。

かかる戒律復興が必ずしも直ちに仏教の近代化を志向することにはならない。しかし維新期の全仏教的な危機感を時代背景とする段階では、持戒による内省的自覚によって仏教の自律性の確立を促進してゆく点で、近代仏教の形成に発言力をもつものであった。とくに両者〔雲照・行誡〕が、戒律主義の立場から、過去の教団に強い批判を加え、新しく仏教の本来性の確立につとめたことは、そのまま近代仏教を生みだす役割をもつものとして注目すべきである。(19)

ここでも、柏原が注目するのは「仏教の本来性」の確立であり、それがひいては「仏教の近代化」へつながると評価される。視線を「近代」に限定することなく、宗教のあるべき姿を探究する柏原であるから、考察対象が近世仏教に移っても、当然右のような態度が変化することはない。一九七七年に発表された「近世仏教者の世界」において、柏原は以下のような視角から鈴木正三を評価してみせる。

正三の教化は、要するに幕藩体制への順応を強制することに機能的役割を果たした。身分差別を前提として仏行という宗教的自覚を説く以上、それを強調すればするほど、体制順応を強制する相乗作用に転じる矛盾を内包した。しかし正三の真意は、「万民共に家職に依て成仏せしむ」（『石平道人四相』）という点にあり、単なる家職遵守だけが目的ではなかった。四民の生活内での得脱が目的であった。……この点も、宗教本来の内面性、自立性への志向として、認めるべきであろう。[20]

柏原は、鈴木正三の教化思想に体制順応的な性格を見出し、近世仏教の矛盾・限界を指摘する。しかし、他方で「宗教本来」の自立性を目指す側面もあったとし、その点において正三に一定の評価を示す。どの時代を考察するにせよ、常に「宗教の本質」や「仏教の本来性」を念頭に置き、到達と限界の両面を描き出す柏原特有の歴史叙述を垣間見ることができよう。

つまり、柏原の研究遂行を一貫して支え続けた論理的基軸とは、目指すべき「仏教の近代化」というような時代性を帯びたものではなく、もっと超越的で普遍的な「仏教の本来性」の方にあったといえそうである。それでは、そもそも柏原が繰り返し述べる「仏教の本来性」とはいかなるものなのだろうか。その具体像に迫るべく、彼の親鸞研究に目を向けてみよう。

三　柏原祐泉と親鸞研究

柏原は、一九五九年に発表された「親鸞における末法観の構造[21]」を皮切りとして、いくつかの親鸞研究を発表している。近世・近代仏教史の諸論文に比べて、必ずしも知名度の高いものではないが、それらの論理構成を探ると、柏原の研究を貫く根源的な問題意識が明瞭に浮かび上がってくる。

たとえば一九六二年に発表された「親鸞における社会観の構造」[22]は、彼の親鸞研究のなかでも印象的な雰囲気を持つものである。

親鸞の社会観といえば、「朝家の御ため国民のために、念仏まふしあはせたまひさふらはゞ、めでたふさふらふべし」という文言を強烈な反語表現と解釈し、親鸞思想に支配階級との対立的性格を見出した服部之総の見解[23]が有名である。他方、赤松俊秀は服部の主張をあまりに強引な曲解であると批判し[24]、親鸞における護国思想の有無は戦後仏教史の重要な論点となっていった。柏原の論文は、年代的に見ると両者の論争の後に発表されているが、その解釈は服部とも赤松とも異なる独特なものであった。

まず柏原は、親鸞の社会観を純教法的・悲歎的・批判的の三段階に区分する。純教法的社会観とは、主著『教行信証』などに示されるものであり、出世間的な観点から世俗社会を切り離し、仏教の超俗的な主体性を堅守する立場とされる。それに対して悲歎的社会観とは、息子善鸞の異義事件が発覚した一二五五年（建長七）以後、八十代の親鸞に見られ始めるものであり、教団内外の現実問題を踏まえた内省的な悲歎が特徴とされる。さらに批判的社会観とは、最晩年の一二六〇年（文応元）以後に見られるものであり、南都北嶺の非仏教的現実を切実に批判する立場とされる。

ここで、中世仏教史に親しんだ者であれば、一つの疑問を抱くのではないだろうか。親鸞は『教行信証』に「主上臣下背法違義成忿結怨」の後序を付し、後鳥羽上皇ら時の権力者の非道に政治的批判を加えているではないかと。たしかに、護国思想の有無では見解を異にする服部と赤松も、右の文言には親鸞の激しい憤りを読み取っている。

ところが、柏原は『教行信証』の純教法的性格を疑うことなく、以下のような主張を行う。

「背法違義」の解釈について、法・義の意味を天下の大法とか社会の正義とかの政治的、倫理的な意味にとると、それ自体矛盾に陥ることである。なぜならば、政治的、倫理的な論理を盾にとって「背法違義」を主張し処罰できたのは却って「主上臣下」の側で、浄土真宗はそのような政治的支配権力や世俗的倫理とは次元を異にする立場にたっているからである。したがってこの場合の法・義は仏法（浄土真宗）や他力の本義といった純教法的意味に解さなければ、親鸞の語としての強さがでてこないとおもう。すなわち後序の前文はあくまで浄土真宗の次元において主上臣下などの非仏教的行為を指摘したまでで、そこには念仏弾圧に対する直接的な怒りや批判は認められないのである。(25)

「主上臣下背法違義成忿結怨」の文言が、柏原の主張する通り一切の政治批判を含まない超俗的立場によるものなのかどうか、その妥当性を判断することは、筆者の力量を超えている。むしろここで確認したかったのは、親鸞思想に反体制的・体制的のいずれでもなく、超俗的な性格を見出そうとする柏原の論法なのである。

右のような立場で親鸞の信心を解釈する時、服部と赤松が論争を繰り広げた「朝家の御ため国民のために、念仏まふしあはせたまひさふらはゞ、めでたふさふらふべし」の文言も、やはり護国思想の有無という観点を飛び越えて独特に評価されていく。ちなみに、この消息は、親鸞が悲歎的社会観を見せ始めたとされる一二五五年頃のものである。ただ柏原によれば、悲歎的・批判的いずれの社会観も、世俗社会を超越して宗教的次元から批判を加える点では、純教法的社会観と共通している。そこで、「朝家の御ため国民のため」という表現に込めた親鸞の意図も以下のように解釈される。

これは勿論、護国主義でもなく、また逆に国家権力否定でもない。そのような世俗性は直接の対象とされなかった。世俗性と出世間性とを峻別しつつ、出世間が世俗性を支えることをいうので、「仏法ひろまれ」と念仏することがそのまま、朝家、国民、世のなかの安穏を祈念することを意味した。もちろん、この場合の念仏が、現実の朝家等の姿勢を無批判に肯定することでなく、その仏法受容を願う、積極的な意味をもっていたことは、当然である。(26)

柏原の近代仏教史研究が、宗教の世俗社会からの自律性を最重要課題に掲げるものだったことは、多くの研究者が指摘している。そして、その課題が柏原にとって「仏教の近代化」という枠組みに集約されるものでなく、より普遍的な「仏教の本来性」の確立に密接に関わるものだったこともすでに述べた。これらを踏まえて右の発言を見ると、彼の親鸞研究が有する意義はもはや明らかであろう。柏原は、親鸞思想における世俗性と出世間性の峻別に、近世・近代へ延々とつながっていく宗教的自律性の模範を見出したのである。

そうであれば、柏原の研究が中世から近現代までかなりの幅広さを持った背景も、ようやく指摘できよう。彼は、宗門人として幼少期から親しんできた宗祖親鸞を範型に定めたからこそ、いささかも問題意識を揺るがせることなく、時代を自由にまたいで「仏教の本来性」の探究にいそしめたのである。ちなみに、「親鸞における社会観の構造」の最後を柏原は以下のように締め括っている。

親鸞においては、世俗性自体をあくまで出世間から峻別することにより、はじめてその宗教的主体性が確立されたのであり、既成教団が身にまとった歴史的、世俗的な非仏教的諸関係をはじめて超歴史的な次元において断ちきったのである。(27)

もちろん、柏原が示した右のような親鸞像に対して、主観主義的信仰確立に努めた清沢満之（＝柏原が最も高く評価する近代の仏教者）らの姿を遡及的に投影したものではないかと、疑問を呈することもできよう。また、絶対的な価値基準を始まりに置き、その後の展開を描写していく手法に歴史学的な問題点を指摘することも可能である。ただ、柏原以降の研究者（なかんずく近世仏教史研究者）が、親鸞以来の民衆的・反体制的な真宗信仰という枠組みに固執していった事実と比べると、むしろ柏原の研究は、親鸞思想の超歴史的な価値を掲げつつも、各時代特有の制約にも目配りして禁欲的に実証作業が進められているといってよい。(29)それが可能だったのは、彼が一方で超俗的・超時代的な価値観を措定しつつ、他方で歴史的な被拘束性や人間的な葛藤にも冷徹に分析の目を向けたからであろう。(28)

柏原が、善鸞事件や念仏弾圧のなかでみずからの発言を変化させていく親鸞に言及したことはすでに述べた。それと同様の手法で、さまざまな時代状況に置かれた教団や僧侶・門信徒による「仏教の本来性」の模索を、成功・挫折の両面から描き出すことが、彼の歴史叙述の真骨頂であった。

四　柏原祐泉の辻善之助批判

一方で宗門人として超時代的な宗教的価値を追い求めつつ、他方で歴史学研究者として堅実な文献実証にこだわりを見せた柏原の研究姿勢は、晩年の一九九二年に書かれた「近代仏教史学の一課題」に象徴的に表現されている。この論文のなかで柏原が取り上げたのは、戦前を代表する歴史学者の辻善之助である。徳川幕府の統制下で仏教教団が堕落・形骸化し、社会的影響力を完全に失ったとする辻の見解は、良くも悪くも戦後における仏教史学の行方を大きく規定付けた。それでは柏原は、辻の仏教史理解をどのように評価したのだろうか。

〔辻善之助は〕とくに仏教史研究においては、広汎な文献の駆使によって、従来の研究の追随を許さぬ権威的性格をもつ多くの成果を遺した。そしてその研究を貫くものは、遺漏のない完璧にみえる考証主義であり客観的考察であり、その故にその研究は一般に大きな信頼をもって迎えられることとなった。……しかしこの評価にも拘わらず、辻仏教史学を通じて感じられるものは、考証の厳密さの陰に潜む物足りなさ、読後の充足感の不充分さであり……そのため、殊に近世仏教史の部分等では、記述が平板になるばかりか近世仏教全体の歴史的存在意義そのものが稀薄になり、後学者の学問的研究意欲さえ殺ぎかねない状況に追い込んでゆく感を禁じえないものになっているとおもう(30)。

柏原の辻評価は、なかなか辛辣なものである。もっとも、戦後の近世仏教史研究者は、辻善之助『日本仏教史 近世篇』を「目のかたき」として研究を進めてきたわけであり、[31] それを踏まえるなら、右の発言に柏原の独自色が現れているとはいえない。

むしろ筆者が注目したいのは、「なかには堕落史観に依りつつ、歴史的にもかなり納得しうる論考もあるようにおもう」と辻を弁護した柏原が、一九一六年に刊行された『本願寺論』（中外出版）を例外的に称讃している点である。

『本願寺論』は辻の著作のなかでも知名度が高いとはいえないものだが、そこでは親鸞以降の真宗教団に貴族化の傾向、平民性の消失を指摘していく辻特有の叙述スタイルを確認することができる。柏原は辻の仏教史理解に批判的な姿勢を示しつつ、なぜ『本願寺論』だけを評価したのだろうか。柏原によれば、同書は親鸞の教えを「平民教」と的確に把握し、「真宗の本質」に逸脱するものとして教団の貴族化を論じた。それゆえ、通り一遍な堕落史観を脱却し、「仏教の本来性」を踏まえた分析になっているというのである。[32] その主張の当否はともかく、[33]「仏教の本来性」を理解した研究こそ真の仏教史研究であるとする柏原の姿勢が良くわかる。

柏原によれば、近代仏教史学は、主観的信仰性を客観的歴史叙述のなかに反映させていく、きわめて困難な課題を当初から背負っていた。両者の模範的な止揚を、柏原は辻善之助『本願寺論』のなかに見出したわけだが、彼自身、宗門人としての主観的信仰性と、研究者としての客観的な学術態度との両立は、生涯の課題ではなかっただろうか。五〇年を越える長い研究生活のなかで、柏原は一見コンスタントに業績を積み重ねている。しかし、そのエネルギーの源は、仏教史学という学問に対峙する上で、必然的に彼が抱き続けた緊張感にあったのかもしれない。[34]

おわりに

蛇足ながら最後に、多彩な研究素材と格闘した柏原が、目を向けようとしなかった側面に注目してみることとしたい。柏原が世俗社会を超越した「自律的信仰」に「仏教の本来性」を見出したことは既述の通りである。そして、その「自律性」を読み取りやすい素材として、彼が好んで知識人レベルの考察を行ったことも、傾向的にいえば否定できない。

『近世庶民仏教の研究』という代表的な著作を有しながら、柏原の諸論稿では、どちらかといえば庶民を教化する側の分析に力点が置かれる。他方、一九六〇年に雑誌『近世仏教』が創刊されると、「堕落」した教団とは独自の存在として門信徒の「生きた」信仰が盛んに論じられることとなった。折しも歴史学界では民衆思想史が台頭し始めており、児玉識に代表される近世真宗史研究は、歴史学全般の動向と共鳴しつつ、その地歩を固めていった[35]。対照的に柏原の研究は、学僧・教学を取り扱ったものと捉えられ、仏教史の枠を越えて注目されることはあまりなかった。こうして仏教史に関わる者にとって超メジャー、歴史学界全般にとってややマイナーな柏原の印象が形成されていったものと思われる。

しかし、翻って現在の研究状況を見ると、「頂点思想」と完全に切り離されて独自の「民衆世界」があるという二重構造モデルには、多くの疑問が提出されつつある[36]。そうであれば、教化者の存在を前提として、被教化者の思想形成を考察した柏原の姿勢には、むしろ学ぶべき点が多いとみるべきだろう。もちろん柏原は、教化者の意図を大きく逸脱して思想形成する被教化者や、被教化者から容易に教化者へと転身する存在など、近世民間社会の成熟にはまだ豊富な知識を持ち合わせなかった。彼の業績を踏まえつつ、仏教史研究をいかに深化させるかは、われわれの手にかかっている。

右に挙げたのはほんの一例であるが、こうして見ると、一方で「仏教の本来性」に強い信頼を抱きつつ、他方で冷徹に各時代の実証作業を進めた柏原の優れた知見に感服させられる。彼が残した多端な業績から、われわれが研究のヒントや刺激を受けることは、どうやらまだまだ続きそうである。

註

(1) もっとも、古代仏教史の井上光貞や中世仏教史の笠原一男・家永三郎らと比べるなら、日本の歴史学界全体における柏原の知名度はいささか劣るといわざるを得ない。その理由が、宗教史を軽視してきた日本近世・近代史研究のこれまでの歩みによるものなのか、柏原の研究自体に起因するものなのか、本稿の考察によって多少なりとも明らかにできればと考えている。

(2) 柏原祐泉『日本仏教史――近代』(吉川弘文館、一九九〇年)。

(3) 柏原祐泉・藤井学校注『日本思想大系 近世仏教の思想』(岩波書店、一九七三年)、柏原祐泉編『真宗史料集成第一〇巻 法論と庶民教化』(同朋舎、一九七八年)、同編『真宗史料集成第一一巻 維新期の真宗』(同朋舎、一九八三年)。

(4) 柏原祐泉『真宗史仏教史の研究Ⅰ〈親鸞・中世篇〉』(平楽寺書店、一九九五年)。

(5) 林淳「近代仏教の時期区分」(『季刊日本思想史』七五、二〇〇九年)。

(6) 『真宗人名辞典』(法藏館、一九九九年)「柏原祐義」の項参照。なお、祐義は清沢満之門下生の一人でもあった。

(7) 柏原祐泉「宣長における仏教思想の内在性」(『尋源』七、大谷大学国史学会、一九四二年、後に同『近世庶民仏教の研究』、法藏館、一九七一年に所収)。

(8) 柏原祐泉「近世国史解釈における神意識の問題」(『大谷学報』二四―二、一九四三年、後に同『日本近世近代仏教史の研究』、平楽寺書店、一九六九年に所収)。

(9) 木場明志「柏原祐泉先生を偲んで」(『無尽灯』一一七、大谷大学同窓会、二〇〇二年)によれば、柏原が最初に執筆した論文は一九三八年発表の「クロオチエ著『歴史叙述の理論及歴史』を読みて」であり、この他にも大谷大学研究科在学中に執筆された論文はいくつかあると推測される。しかしここでは、後に『近世庶民仏教の研究』・『日本近世近代仏教史の研究』という柏原の代表的著作にも所収されたものとして、右の二論文に最初期の研究姿勢を代表させてみた。

(10) 徳重浅吉『維新精神史研究』(立命館出版部、一九三四年)、同『維新政治宗教史研究』(目黒書店、一九三五年)。

(11) 村岡典嗣著・前田勉編『新編日本思想史研究』(平凡社、二〇〇四年)参照。

(12) 安丸良夫「戦後知の変貌」(同・喜安朗編『戦後知の可能性』、山川出版社、二〇一〇年)。

(13) 註(4)に同じ。

(14) 柏原祐泉「近代仏教の思想史的系譜」(『仏教史学』二―二、一九五一年、後に同『日本近世近代仏教史の研究』三四五―三四六頁に所収)。

(15) 註(5)前掲の林論文は、吉田久一の研究を「吉田にはあるべき「近代」に対する思いが強くあり、そこから見て近代仏教史は歴史的に精査された」と評している。

(16) なお、戦後の仏教史研究者が抱えた問題意識と、その現代的な意義については、福島栄寿「〈近代仏教〉再考」(『日本仏教綜合研究』一〇、二〇一二年)に学ぶところが多かった。

(17) 柏原祐泉「近代仏教の胎動」(『講座 近代仏教Ⅰ』、法藏館、一九六二年、後に同『真宗史仏教史の研究Ⅲ〈近代篇〉』三〇三頁、平楽寺書店、二〇〇〇年に所収)。

(18) 柏原祐泉「明治百年の宗教覚書」(『中外日報』一九六七年一月一日―八月二三日、後に同『真宗史仏教史の研究Ⅲ〈近代篇〉』四二六頁に所収)。

(19) 柏原祐泉「近代仏教形成の前駆的性格」(『印度学仏教学研究』一二―一、一九六四年、後に同『日本近世近代仏教史の研究』三五五頁に所収)。

(20) 柏原祐泉「近世仏教者の世界」(田村円澄・田村芳朗編『日本仏教のこころ』、有斐閣、一九七七年、後に同『真宗史仏教史の研究Ⅱ〈近世篇〉』三一五―三一六頁、平楽寺書店、一九九六年に所収)。

(21) 柏原祐泉「親鸞における末法観の構造」(『大谷学報』三九―二、一九五九年、後に同『真宗史仏教史の研究Ⅰ〈親鸞・中世篇〉』に所収)。

(22) 柏原祐泉「親鸞における社会観の構造」(『大谷学報』四二―一・二、一九六二年、後に同『真宗史仏教史の研究Ⅰ〈親鸞・中世篇〉』に所収)。

(23) 服部之総『親鸞ノート』(福村書店、一九五〇年)。

(24) 赤松俊秀「親鸞の消息について」(『史学雑誌』五九―一二、一九五〇年)。

(25) 註(22)前掲柏原論文(同『真宗史仏教史の研究Ⅰ〈親鸞・中世篇〉』四五頁)。

(26) 同右(同『真宗史仏教史の研究Ⅰ〈親鸞・中世篇〉』六四頁)。

(27) 同右(同『真宗史仏教史の研究Ⅰ〈親鸞・中世篇〉』六九―七〇頁)。

(28) 筆者が念頭に置いているのは、児玉識・奈倉哲三・有元正雄らの真宗史研究である。なお、彼らの研究の問題点については、引野亨輔『近世宗教世界における普遍と特殊』(法藏館、二〇〇七年)三―一九頁で詳述している。

(29) たとえば、「書評と紹介・児玉識著『近世真宗の展開過程』」(『仏教史学研究』二〇―一、一九七八年)のなかで、柏原は近世真宗の「特殊性」を強調する児玉の研究を評して以下のようにいう。「教団指導層は幕藩権力に迎合し真宗教学を変質させてゆくが、「最下層の民衆の間にだけは純粋な信仰が絶えだえながら持続された」とする論に共鳴することも、指導層である末寺と「純粋な信仰」の持続者とされる門徒農民との密着した寺檀関係を考えると、この論の上下分裂的な把握が実態であるかどうか慎重な分析を要するであろう」。また、「『精神界』をめぐる人々」（『近代の宗教運動』、法藏館、一九八六年）では、彼が終生称讃を惜しまなかった精神主義運動の、足尾鉱毒事件や日露戦争への対応を評して「総体としては、各事件のもつ非道性、罪悪性に直接対決できず、主観主義的解釈を施すことによって、却って事件の問題性を隠蔽し肯定化する結果となった」と冷徹に論断している。

（30）柏原祐泉「近代仏教史学の一課題」（『龍谷史壇』九九・一〇〇、一九九二年、後に同『真宗史仏教史の研究Ⅲ〈近代篇〉』二八五頁に所収）。

（31）林淳「辻仏教史学の継承と批判」（田丸徳善編『日本の宗教学説』、東京大学宗教学研究室、一九八二年）。

（32）なお、筆者自身の考えを述べるなら、宗教の教義とは周囲の社会環境にも規定されながら、めまぐるしく「正統」と「異端」の書き替えが行われるものであり（引野亨輔「「読書」と「異端」の江戸時代」『書物出版と社会変容』一二、二〇一二年）、真宗が不変的に平民性を「本質」としてきたかどうかは、なかなか微妙な問題である。ただここで柏原は、宗門人としての立場を明らかにしつつ、まさしく主観的信仰性を論じているわけであり、立脚点の違いから彼の業績を否定することは、必ずしも生産的な作業ではないだろう。

（33）辻の堕落史観的な日本近世仏教史研究が、ただ単に堅実な実証作業だったわけではなく、同時代の仏教者への叱咤を込めた政治的主張であったことは、オリオン・クラウタウ『近代日本思想としての仏教史学』（法藏館、二〇一二年）二四四―二七〇頁に詳しい。

（34）柏原祐泉「近代仏教史学の成立とその課題」（平松令三先生古稀記念『日本の宗教と文化』、同朋舎、一九八九年、後に同『真宗史仏教史の研究Ⅲ〈近代篇〉』に所収）にも、彼の仏教史学に対する見解が明瞭に記されており、参考になる。なお、柏原は一九九七年まで論文執筆を続け、二〇〇二年に八十六歳で逝去した。

（35）この間の動向については、大桑斉『日本近世の思想と仏教』（法藏館、一九八九年）二五九―二八〇頁の研究史整理が示唆的である。

（36）たとえば、若尾政希は『「太平記読み」の時代』（平凡社、一九九九年）のなかで、頂点思想家研究と民衆思想史研究の没交渉に警告を発し、両者の架橋を提唱している。

付記　本稿作成に当たって、柏原祐泉の生家である滋賀県長浜市の智源寺を訪問し、現住職の柏原信行氏から聞き取り調査を行う貴重な機会を得た。また、大谷大学では、柏原の薫陶を受けた木場明志・宮﨑健司・福島栄寿ら諸先生方のご厚意により、その体験談を伺うことができた。こうした成果をどこまで活かせたかは、はなはだ心許ないが、本稿のなかでわずかなりとも柏原の実像が描き出せているのならば、それは貴重な時間を割いてお話を聞かせてくださった諸氏のおかげである。また、聞き取りに当たって、逐一仲介の労を取っていただいた真宗大谷派教学研究所の松金直美氏にも、あわせて謝辞を述べたい。

五来 重

仏教民俗学と庶民信仰の探究

碧海寿広
Ōmi Toshihiro

Gorai Shigeru
1908-1993

寺院や僧侶からではなく、庶民の信仰から描き出す日本の仏教史。その斬新な歴史像を、柳田国男の民俗学を援用しながら構築したのが、五来重であった。庶民の救済に役立たない仏教など無用、と信じた彼の仏教民俗学の実践の背後には、民衆の願いから離れたときに仏教は堕落していく、という独特の歴史観が常にあった。

はじめに

その人は、それ以前の人たちとは少し異なる仏教の論じ方をした。経典に説かれてある仏教ではなく、日本人の暮らしのなかに息づく仏教。著名な高僧たちが開拓した仏教ではなく、どこにでもいるふつうの庶民が伝えてきた仏教。悟りを開くための仏教ではなく、空や唯識の理論について考究する仏教でもなく、死者の魂を鎮めるための仏教。あるいは、生者の幸福を祈り、彼らの一年の生活を季節ごとに彩る仏教。たとえば、盆や修正会といった年中行事、念仏踊りのような民俗芸能、巡礼・遍路、各種の祈禱儀礼、葬儀や墓などにおける死者供養としての仏教。そうした庶民的な仏教、あるいは民俗的な仏教の歴史と現在について、広く深く調べ、徹底的に考え、論じたその人が、五来重（一九〇八―一九九三）であった。彼の学問は、「仏教民俗学」という看板のもとに実践された。広義の仏教史学の範疇に属しつつ、また一方でいわゆる日本民俗学の一分野でもあったこの領域横断的な学問の、その創始者であり代表者であった人物について、以下に論じる。

五来の学問や思想については、一九九三年の彼の没後からしばらくの後に、いくつかの研究がすでに提出されている。林淳によるものがその嚆矢であるといってよく、日本仏教の研究方法に関する論集のなかで、「民俗資料を使った仏教史」の開拓者としての重要性を評価している。[1] 林による別の論文のなかで述べられているとおり、五来は「中世の踊り念仏、中世の勧進聖、中世の高野山を対象にして、膨大な関係史料を活用して、その多様な歴史的展開を明らかにした」ということであり[2]、まずは中世を専門とする日本仏教史家の一人として、研究史に位置づけられたといえよう。これに対して、同時代の仏教や僧侶の在り方に対する批判的な思想家としての五来について検討したのが、筆者の研究であり、五来の身体的・実践的な仏教思想の可能性や、死者を主軸とした彼の仏教論の特色について論じている[3]。また、土居浩も独自の観点から五来の言論について考察しており、「近代仏教」が切り捨てた「民俗」「俗信」に対する五来の好意と、同時代の「新宗教」などに対する彼の蔑視といった点について指摘しており、参考になるところが多い[4]。

本稿ではこれらの研究をふまえつつ、五来の学問の形成期とそれが本格的に展開し始めた時期に主な焦点をあわせ、そこから彼の仏教史研究の特徴や、独特といってよいその歴史観などを明らかにしていく。本題に入る前に、まずは彼の生涯について概略を記しておこう。

五来重は、一九〇八年三月七日、茨城県久慈郡久慈町（現、日立市）に生まれた。一九三二年三月、東京帝国大学印度哲学科を卒業し、同年四月、高野山大学文学部助手に就任。二年後の一九三四年四月、東京帝国大学大学院文学研究科に入学し、一九三六年三月に満期退学。翌月に、今度は京都帝国大学文学部史学科（国史学専攻）に入学し、翌年の六月にそこで柳田国男を知った。一九三九年三月に同大学を卒業し、同年四月、京都府師範学校教諭（日本史）に就任。一九四〇年四月、高野山大学文学部助教授に転任し、二年後に教授に昇進。一九五一年四月、同大学で「日本仏教民俗史」の講義を行い、翌年三月に『仏教民俗』を創刊した。一九五五年四月、大谷大学文学部教授（国史学）に転任。一九六二年三月、『日本仏教民俗学論攷』で同大学から文学博士の学位を取得した。一九六四九月、日本宗教民俗学研究所が開設され、所長に就任。一九七八年三月、大谷大学を退職し、同年六月、同大学名誉教授となった。一九九三年十二月十一日に死去。享年八十五歳。戒名「大勲院殿智哲諦道大居士」。おおよそ、ひたすら勉学や研究と執筆活動にささげられた生涯であったといえよう。

一　仏教民俗学以前——戦前の学問形成期

五来自身による二つの回想的なエピソードを、まず紹介したい。それらの物語のなかに、彼の学問の性格について考える上での示唆的な内容が含まれているからだ。一つは彼の学生時代の思い出で、郷里（日立市）の墓堂に住む寮坊主（墓堂を管理する僧侶）に出逢ったときの話である。ある夏の夜、その「薄気味わるい墓地」で知り合った「小柄な老人」から、五来はいろいろな話をきき、坐禅をしてみないかとすすめられた。それでときどきこのお堂に通いながら、「坐禅の真似事」をしていたが、そんなある日のこと、目の覚めるような経験をすることになる。

この老人は、しばらく実家の寺へかえるから、よかったら遊びにおいでといった。教えられた二駅はなれた助川駅（現在日立駅）に下りて寺をたずねると、すばらしい大きな寺であった。この老人は地方の名刹、大雄院の隠居で、ほんとうの寮坊主ではなかった。このときから、私の仏教への興味が芽生えた。(5)

老人の面影は、それから次第に五来のなかで「仏教」のイメージが形成されていくにあたり、大きな役割を果たしたのではないかと思われる。彼にとって日本の仏教とは、まずもって墓堂の管理のような、庶民の実生活に奉仕するどこか泥臭いところのあるものであった。だがそれは同時に、日本文化の誇るべき「名刹」として表現される仏教とも確かなつながりのなかにあり、どこかで相互に関係している。日本の仏教は多層的な厚みをもっており、だからこそ興味深い。五来の仏教観が育まれていく起源的な発見が、そこにはあった。

もう一つは、彼の母親をめぐる記憶である。五来の母親の実家は、茨城の浄土真宗寺院の檀家であり、彼はお盆のときに母親に連れられて、菩提寺に祖父母の墓参りに行ったことがあるという。そこでは寺院の目の前に墓地があったが、その墓地に入るには生け垣の破れ目からもぐりこまなければならず、というのも「もし和尚さんに見つかると、浄土真宗というのは、平生業成といって、お盆だからといってお参りする必要はないと叱られてしまう」からであった。それゆえ、

しかたがないから、犬みたいに生け垣をくぐって入るんです。みんなそうやって入って、墓地ではけっこうにぎやかにお盆をやっているんです。そういう先祖や死者をまつろうという実際の民衆の信仰と離れていいのかどうか。ぼくは、いわば教理に足をとられているんじゃないかと思いますけどね(6)

後年の五来の学問実践を突き動かしていた、根本的な動機を語るかのようなエピソードである。宗派ごとの教理からは外れたところで行われている民俗的な仏教への共感と、その共感と背中合わせの、凝り固まった教理的な仏教に対する反感。この共感と反感のダイナミズムは、彼の思想と学問を駆動する力の源泉となっていく。

こうして仏教に対する彼なりの見方を育みながら、五来は東京大学でインド哲学と仏教学を学び始める。まずは仏教の本流について知ろうとしたのだと思われるが、当人が後に「私はインド仏教の観念性と論理性の面白さにもかかわらず、その非現実性と非実践性と煩瑣哲学には釈然としないものがあった」と述懐しているように、あまり

満足のいくものではなかったのだろう。

だが、この東京大学仏教学時代にもやはり、貴重な出会いや学びはあった。一つは、同期の学生として、後に民間信仰（民俗宗教）研究の大家となり五来のライバル的な存在にもなった、堀一郎（一九一〇―一九七四）と席を並べたことであり、もう一つは、日本主義的な哲学者、紀平正美（一八七四―一九四九。当時は学習院大学教授）のヘーゲル哲学講義に魅了され、しまいには「龍樹の『中論』の八不中道を、ヘーゲル弁証法によって解釈するというテーマを、卒業論文にとりあげるようになってしまった」(7)ことである。堀との関係については後述するが、紀平からの影響については、その日本主義的な発想の五来への伝播という点について指摘しておくべきだろう。紀平は、日本神話や日本に輸入された諸宗教の根底には、「日本精神」なる日本人の魂の本質が必ず存在する、といったような思想を繰り返し示していたが(8)、これは、日本の仏教の深層には日本の庶民に固有の信仰世界が必ずあるとする、後年の五来の基本的な主張と地続きである。無論、五来のそうした主張は、柳田民俗学の踏襲という側面も大きいわけだが、しかし、五来が柳田と出会う以前に紀平の日本主義的な思想に触れ感銘を受けていたという事実は、決して見過ごすことはできないだろう。

東京大学卒業後から数年の後、京都大学で日本史を学んでいた五来は、大学で開催されることとなった柳田国男の講演会を、知人に誘われてたまたま聴きに行くこととなる。彼が柳田の学問に触れたのはこのときが初めてであったが、それは衝撃であった。

そのときの講演の題目は「盆と行器」というものだったんですが、一般に民俗学というもののもつ性格の一つに、自分の故郷へのノスタルジアというものが基礎にある。それが非常に大きな動機となっていると思うんですけれども、ぼくもこの講演で一ぺんに火をつけられたような形で、自分の田舎での生活というものが一時に自分の学問のうえにおおいかぶさったような感じがしました。(9)

このインパクトは決定的であった。五来の心のなかにしまいこまれていた郷里の民俗的世界、さらにはその背後に広がっている列島各地に住む人々それぞれにとっての郷土の生活が、彼の学問の対象あるいは方法として、はっきりと自覚されるにいたったのである。しかもその直後、やはり柳田の言葉に導かれるかたちで、五来の仏教観もほぼ確定する。

それからまもなくぼくは〔柳田の著作である〕『俗聖沿革史』と『毛坊主考』というものを読むに至って、自分の学問の方向が決まったような感じがいたします、日本の常民〔庶民〕がすべての文化現象に対して受身であると思っていたのが、実はそうじゃなくて、自分から文化をつくっていたんだ……ただ支配される、あるいは外国からきたのをそのままうのみにさせられているんではなくて、自分でそいつをある場合には変容し、ある場合は捨てたり、あるいは再構成したりして、日本の庶民の仏教というのはできていった。それまでならった教団中心の仏教の歴史のもつむなしさというものを、ぼくはそれで一ぺんに解放したような感じがいたしました。(10)

エリート的な僧侶たちが教団組織に基づき構築してきた仏教ではなく、日本の庶民が独自に創り上げてきた仏教の探究へ。五来の民俗学的な仏教研究の実践が、ここから始まる。

柳田に出会い彼の創始した民俗学に触発されて以来、それから単独で全国各地の民俗調査を行っていた五来は、戦時下の一九四一年、おそらく初めて公的な場に論文を発表する。「弘法大師伝説の精神史的意義」と題されたその論考は、全国の大師伝承を採集し、「日本精神」の解明を試みる、という趣旨のものであった。論文のなかで五来は、空海についての民間伝承を資料として採用する理由として、記紀のような文字言語の神話よりも口頭伝承の方が「民族精神」の動態を理解するのに役立つこと、また国家が公的に定めた神話とは異なり、伝説は「凡愚の大衆」も含めた「国民全体」が保持してきたものだから、日本に「固有のもの」を保存する機会が多いと主張している。(11)

「日本精神」の解明、といった趣向は、ごくごく時局的なテーマ設定であり、また先述した紀平からの影響が色濃い。しかし他方で、文字言語に対するオーラルな資料の優位を、また民衆文化の意義を強調しており、こうした論調は戦後の彼の学説を予感させるに十分である。すなわち、この戦前の時点ですでに、柳田由来の民俗学的な視点や方法を用いた仏教論（史学）という五来の学風は、おおよそ確立していたといってよいだろう。

また、このような戦前の五来の学問は、東大の学生時代の同窓である堀一郎によるそれと、かなり近しいところにあった。堀は柳田の娘婿であり、五来の回想にいわく、戦時中においても「当時精神文化研究所に居た同窓の堀一郎氏とともに〔柳田〕先生の書斎を訪れて御指導をうけた。そのころ庶民の生活と伝承のなかにひそむ「日本のこころ」を、先生と堀氏と三人で夜更けるまで、あの広い書斎で鼎談した想出は生涯忘れることのできない」とのことで、(12)五来と堀はともに柳田の薫陶を受け続けた。一方、堀は上記引用文中の「精神文化研究所」という国策的な研究機関において、紀平の部下として働いており、こちらからの影響も少なからずあったといえる。堀の戦時下の研究、たとえば一九四〇年に出版された『日本仏教史論』や『日本上代文化と仏教』といった著作において提示されたそれには、文化史学的な仏教史研究の方法論的な新しさと、「国家神道」的なナショナリズムの共存がみられると的確に指摘されている(13)。これはすなわち、柳田による民俗学的な視座の斬新さと、時局に即した紀平の日本主義的な思想との共存、ということであろう。このような特徴をもつ堀の戦時中の学問は、日本各地の「弘法大師伝説」から「日本精神」を抽出することに挑戦していた五来のそれと、明らかに近似していた。

こうした両者の研究は、しかし、戦後になると微妙に分岐していく。次節で詳述するように、戦後の五来は民俗学の援用による仏教研究の立て直しこそを第一の目標とするようになる。一方、堀の方はといえば、仏教には必ずしもこだわらなくなり、むしろ日本の村落社会における民間信仰（民俗宗教）の探究に自身の関心の中心を移行させていく。堀は自己の学問を総称して「宗教民俗学」と名付けていたわけだが、同じく日本宗教の民俗学的な研究に取り組みながらも、仏教にこそ徹底して拘泥した五来と、日本の宗教民俗一般に注目した両者の相違が、こうした名乗りの違いからも垣間見えてくるところである(14)。

二　仏教民俗学の誕生——戦後の実践学として

一九五一年四月、高野山大学で「日本仏教民俗史」と題した講義が行われ、さらに翌年の三月、同大学から学術誌『仏教民俗』が創刊された。そして同誌に掲載された論文「仏教と民俗学」において、「仏教民俗学」という新しい学問の誕生が高らかに宣言される。それはどのような願いのもとに産声をあげた学問か。創始者である五来自身による解説をきいてみよう。

いわく、仏教の研究や教育は明治以降、著しい進歩を遂げてきた。ヨーロッパの東洋学者らによって開拓された実証的な原典研究が多大な成果をあげ、日本の仏教各宗派の教学機関も充実し、一般僧侶の学識教養は大きく向上してきた。だが、こうした仏教学の進展は、一般仏教徒の信仰心の深化につながっているようには、どうしても思えない。それはなぜかといえば、近代の仏教学が、過去の経典類に記された教説や高邁な思想としての仏教にばかり目を向け、「現に日本人の精神生活のなかに生きている宗教としての仏教」を把握することができていないからである。(15)

また、そのような生活世界から遊離した仏教学を、各宗門大学などで学んでくる僧侶らは、仏教の高遠な哲理や古典・外国語に通じていながらも、「自分の寺へ帰ってから、檀信徒のあいだにおこなわれる行事や信仰を理解することができないばかりか、これに関する簡単な質問にもこたえられない」という弊害が生じている。(16)僧侶や檀信徒をとりまく現実の環境と、大学のような研究・教育機関における学問の内容が、かけ離れてしまっているというわけである。

こうした困った状況を打破するためにも、日本の多くの寺院の眼前にある習俗としての仏教、すなわち、葬儀や墓や塔婆、盆や彼岸や各寺の本尊会式などのかたちで現に存在し行われている仏教を、近年発達の目覚ましい日本民俗学の手法によりながら研究する必要があるだろう。そして、その研究成果を仏教伝道に役立てていくべきではあるまいか。日本仏教の現実と学問の断絶を、なんとかつなぎ直し、仏教を再生していくためにも。

その民俗学を援用した仏教再生という試みの、主たるプレイヤーとして五来が期待していたのは、日本仏教の現場に生きる、僧侶たち自身にほかならなかった。

仏教の民俗学への寄与はけっして低く評価されるべきではない。仏教者がこのようなみずからもてる宝を自覚するならば、いまからでも民俗学との協力をこばむものではないだろうし、この人たちの何よりの強味は職業柄、つねに常民の生活にもっとも密接に接触し、精神生活の内部にまで立ち入る権利を有することで、その協力はきわめて強力である。その結果、仏教者の手にゆだねられた教化対象たる常民の心意をしっかりにぎって布教伝道に活用するならば、護教的精神もまたみたされることを信ずるものである。[17]

寺院に集う「常民」、すなわち一般の檀信徒らが今まさに行っている日常的な営みの意味を、僧侶らが民俗学への取り組みを通してよく理解し、その知見をひるがえって、檀信徒らに対する布教や教化に役立てていくこと。仏教民俗学という新しい学問を生みだした五来の初発の意図は、そのような実践的な次元にこそあった。

こうした仏教民俗学にみられる実践性というのは、五来の学問それ自体に固有の特質というよりは、当時の彼が期待をかけていた日本民俗学一般に、広く見られる性格であったといえる。すなわち、日本の敗戦後、新たな社会の形成を学術の方面で後押ししようという意欲に満ちていた民俗学には、実践性ないしは社会参加志向の強さといったものが、濃厚に見てとることができたのである。

たとえば、「国家神道」の崩壊後に精神的な指針を見失った日本国民に対して、柳田国男は、民間の神道的な信仰を理論化し宣教するための「新国学」として、自らの民俗学を推進しようとした[18]。また、それまでに収集してきた村落社会に関する知見を応用しつつ、民法改正にも関与した。あるいは、当時の民俗学者には社会科教育に接近する者が少なくなかったが、それは和歌森太郎によれば、「身ぢかな日常社会生活について、どんな問題にせよ、その今を知ること、今がどんな風な経過の末にどうしてこうなっているのかを知ること、それを経験的にとらえること、これが社会科の進みの上に肝要だとすれば、そこに民俗学の活動領域が大きく横たわっていることは自明」

だからである。[19] 日本に住む普通の人々の生活文化や信仰の今昔について知り、それを国民の知識向上に役立てていくための学問として、民俗学は社会に積極的に関与していくことが望まれていたのである。

つまり、五来の仏教民俗学とは、敗戦後の実践学としての自意識を強くもっていた日本民俗学の、いわば仏教研究バージョンであり、僧侶をはじめ、寺院をとりまく社会の当事者たちが、自らの身のまわりにある仏教の歴史や意味を反省するための試みとして開始されたのである。そうした始まりの意志は、けっきょくのところ、この学問に取り組むことになった主体の大半が専門的な研究者であり、現場の僧侶らの参入があまり進まなかったこともあり、次第に希薄化していく。しかし、この学問の根本的なねらいとして、そうした意図が常にあり続けてきたことは間違いないだろう。

いずれにせよ、この新奇な学問には、やはりそれまでの仏教研究にはなかった、斬新な方法が導入されることとなった。それは、民俗学的な視点から仏教史関係の資料を読み解くことで、これまで掘り下げが不十分であった日本仏教史の深層に迫るというもので、煎じ詰めると次のように説明される方法である。

元来、伝承というものは記録され、造型化されないかぎり、変化したり消滅したりするものである。いわばそれは不安定な元素といわなければならない。ところが、これが仏教と化合すると安定した伝承資料となって、仏教信者のあいだに継承され、現在でも原型のまま見られる民俗になる。そのばあい、その民俗への解釈は仏教教理や経典の附加がされるけれども、それを操作によって還元すれば、原型がよみがえってくる。[20]

日本の全国各地から調査により採集された、あるいは諸種の文献のなかから発見された、仏教信徒の暮らしを語る資料には、庶民が脈々と伝承してきた「民俗」の原型が、安定的なかたちで保存されている。そうした庶民仏教に関する資料から、まずは既存の教理史や教団史とは異なる日本仏教の歴史を再構成する。その上で、今度はその庶民仏教史から仏教的な要素をそぎ落としていくことで、「民俗」の原型に遡っていく。この二重のサイクルが、五来による仏教民俗学の基本的な手法であったといってよい。

そうした手法を巧みに生かした五来の初期の作品として、たとえば『高野聖』という魅力的な一冊がある。

三　聖の仏教――『高野聖』について

一九六五年に刊行され、一〇年後の一九七五年に増補新版が出た『高野聖』は、仏教史学者としての五来のおそらくは代表作といってよい著書である。五来の学問のエッセンスというべきものが、ほとんど語りつくされているような印象を同書からは受ける。

本書のねらいは、高野山に集った庶民仏教の唱道者としての「聖」らの事跡を再考することから、「高野山と弘法大師を見直」し、「弘法大師そのものに庶民宗教家としての聖的性格を見る」、あるいは高野山に「高野浄土としての他界信仰を見出すこと」である。[21] かつては「念仏や浄土信仰の山」とみなされてきた高野山も、江戸時代の幕藩体制の影響や、その後の宗派意識の強化により、それ以前の歴史はすっかり忘れ去られ、「真言宗の総本山」として認知されるのが当たり前のようになってしまった。だが、そのような宗派的な理解の仕方では、なぜにこの山が「日本総菩提所」と呼ばれるようになったのかがわからない。日本仏教の真実の歴史は見えてこない。「すべては物の視点のすえ方でまったく違った光景が見えてくる」。その視点を変えてみよう。

三業度人をゆるされた官寺的性格の高野山は、金胎両部曼荼羅の上に立つ密教教学の山としか見えない。それは真言宗徒の勉学と修行の場としての存在意義はあるが、庶民とは無縁の存在だったのである。これを高野聖が谷々を埋めつくした庶民信仰の霊場として見ると、弘法大師は真言宗の開祖というよりは、庶民の病気をいやし、願望をかなえる現世の救済者となるばかりでなく、来世には浄土往生をたしかにするところとし納骨供養の山となる(22)。

「密教教学の山」から「庶民信仰の霊場」へ。高野山という霊山の歴史を、民俗学の力によって読み替えること。そうした読み替えを可能にするためにも、五来は、この山をめぐる数々の事象に関する、まったく新しい解釈を提示していく。

たとえば、高野聖がしばしば催していた大法会の一部である、「灌頂」儀礼に関して、これを密教教理的な「灌頂」の意味で説明するのは誤りであり、その実態を見てみれば、これはすべて死者に対する「生前の罪業の滅罪」にほかならず、さらにいえば「日本の民俗信仰のミソギの観念を根底にもった鎮魂呪術」であると論じる(23)。あるいは、重源が高野山で組織した「迎講」という浄土教的な信仰サークルが結成された目的は、表向きの「念仏の結縁」のためというよりもむしろ、「原始宗教」における「うまりきよまり」、つまりは、「民俗における通過儀礼としての擬死再生儀礼」をそこで実施することにあったと述べる。そこでは、日本人が人生の節目ごとに行う「生れ代り」の儀礼にこめられた発想と、「死んで二十五菩薩にむかえとられて浄土へ行き、生れ代って娑婆へ帰ってくる」という浄土教の思想とが、見事に結び付けられていたのだという解釈である(24)。

このように、五来は高野山の歴史に残る仏教文化のなかから、仏教的な衣を剝ぎ取り、その内側にある民俗的な信仰世界を指し示すことで、庶民信仰の聖地としての高野山を描き出していった。そして、そうした庶民信仰と仏教のあいだを取り持ち、「日本総菩提所」の完成に貢献した「聖」たちの活躍ぶりを復元していくことで、現代に生きる僧侶たちに反省を促した。「繁栄のかげに一兵卒として枯れていった無名の聖の万骨にたいして、高野山僧は頭をたれねば」ならないのであり[25]、今日の僧侶はすべからく、庶民信仰に殉じた先達たちの活動を想起し、改めて自己のなすべきことを考えるべきなのである。

彼らがなすべきこととは、もちろん、庶民を救うための仏教を実践することである。

聖というものは、仏教が庶民化するために、必然的に発生した宗教者の形態であった。それは仏教の姿をとりながら、仏教よりも庶民に奉仕する宗教活動をおこなった。したがって必要とあらば、仏教を捨ててでも庶民救済をとるのである。これは求道者とか、護法者とかいわれる僧侶が、庶民を捨ててでも仏教を生かそうとするのと、まったく正反対である[26]。

仏教は庶民を救済するためにこそ存在しているのであり、それがかなわないならば、仏教などは放棄されるべきである。あるいは、そのかたちを大きく変えていくべきである。これは五来の一貫した信念であった。そして、そのような信念に忠実な宗教者たちを信頼しつつ、彼らとともに日本に固有の仏教をつくってきた庶民の歴史について考えることが、五来の生涯の仕事であった。

すなわち、庶民信仰の仏教史。五来の仕事はそうした言葉で総括されようが、それは彼一流の、独特の歴史観によって成り立っていた。

四　庶民信仰の仏教史——五来重の歴史観

庶民の宗教はエリートのそれに勝る。五来は、しばしばそういった趣旨の発言をしていた。特権的な地位にある者の信仰や、高度な思想を弄することのできる知識人の宗教論よりも、無知な庶民の素朴な信心の方が宗教の真相に迫っており、尊いのであると。

たとえば、平清盛がかつて兵庫の港（大輪田泊）を修築したとき、経文の文字を一字ずつ書いた無数の石を海に投げ込んで、防波堤としての経ケ島を造り上げた。この大規模な「千僧供養」の功徳の事例を、貧しい巡礼者に対する施行のような、庶民による目立たない利他的行為と対比して、五来は次のように論じる。

民衆は一人ではそんな大それた事業はできないが、みんなで小さな善根をつむことは、その善意の一つ一つがすべて千僧供養にあたるというのである。……貧者の一灯、長者の万灯のように、ささやかな善意を大勢で積むことは、一人の金持のする売名的行為より、御仏の心にかなうことを民衆は知っていた。(27)

五来が言及するような「民衆」が、ほんとうにそうした事柄を「知っていた」かどうかは、ここでは問わない。押さえておくべきは、五来のなかでは「民衆」が共同で行うような信仰実践こそが、「御仏の心」にかなうものなのであり、そうした実践の歴史的な展開こそが、日本仏教史の本流なのであるということだ。

民衆を重視した仏教史、というのは、何も五来の専売特許ではない。戦後の言論空間のなかで人気を博した、親鸞のような鎌倉仏教者の民衆性を強調する論者（服部之総、笠原一男など）の仕事などにも、共通して見られるところだろう。だが、特定の時代の特定の仏教思想や運動のなかに民衆性を発見し、これを賛美した他の多くの論者たちとは異なり、五来は、日本においては過去も現在も、そして未来も、民衆（庶民）がつくる仏教こそが本来の宗教であり、それを離れては正しい信仰などありえないという、独自の頑固な観念を徹底させていた。そこには、彼特有の考え方があったといってよいだろう。

日本仏教史を、五来はたとえばこんなふうに素描してみせる。

私は庶民信仰というものは民衆がつくりあげるのであって、開祖もなければ教理もなく、教団もないものとおもっている。……その点からいえば浄行者の小本尊を安置する庵か草堂に庶民があつまり、その呪術、巫術による祈禱や予言を依頼するところから、宗教は出発するとおもう。その結果寺院の堂舎が建立され、仏像が彫刻され、縁起ができ、開創者が記録された。やがてしかるべき宗派教団に属し、荘園をもち、講が組織されて経済力はゆたかになる。輪奐の美はととのい、諸法会は華麗になるとともに、権力争いがおこり、宗教は空洞化していく、というのが大方の歴史である。(28)

日本の宗教の本源にあるのは、行者に「呪術」や「巫術」を期待する庶民信仰であり、その信仰の横溢する時空の周囲に、寺院が建立され、開祖が仮構され、ついには宗派や教団が形成されていく。開祖や高僧たちの思想や運動こそを歴史の端緒におく通常の仏教史からすれば、まるで転倒した理解だろうが、それはさておく。ともかくもこうして出来上がった教団は、しかし、やがて規模を拡大し、権勢を獲得していくがゆえにこそ、庶民信仰から離れて、自壊していく。庶民信仰ではなく、特定の教理や教団組織によりかかった仏教は、歴史のなかで必ず骨抜きになってきたし、今後もなっていくだろう。それが五来の歴史観であった。

ある種の堕落史観、とこれを評価することも可能だろう。それはたとえば、辻善之助に代表されるような、近世の幕藩体制下での僧侶の堕落を語るような言説とは、微妙に重なりあいつつも、やはりかなり異質である。[29]ある歴史的状況における仏教界の堕落を語るという点では論調を同じくしながらも、現在における仏教界の危機意識を契機として、その危機の由来となっているはずの過去を問題化する「近世仏教堕落論」とは異なり、仏教が庶民に正しく奉仕しているかどうか、という普遍的な規準から個々の歴史事象を審問していくのが、五来の立場なのである。

こうした五来のスタンスは、しかし、その庶民信仰中心主義ゆえに、教理や宗教制度が民衆の意向とは異なる次元で独自にもつ影響力に対しては、やや盲目的になってしまうところがあった。[30]また、五来が庶民信仰とは無関係と判断した、ある種の歴史的な現実の意義も捨象されてしまうという弊害があった。たとえば五来は、「神仏習合といい、神仏分離といい、日本人の心の深層からいえば、水面の波風」「庶民信仰の立場からは、習合以前も以後も、分離以前も以後も変化がなかった」などと述べているが、[31]こうした断言に首肯する宗教史研究者はあまりいないだろう。五来の庶民一筋の歴史観には、少し極端に過ぎるような、バランスの悪さが時に目立ってしまっていた。

おわりに

五来による仏教の論じ方、あるいは彼の仏教民俗学の視座や方法というのは、今日の仏教研究にとって、どのような意義をもっているのだろうか。広く日本の仏教史学において、文字資料のみならず民俗資料を用いるというアプローチは、もはやとりたてて珍しいものではないだろう。人々の日常生活から遊離しているとして、五来が散々批判していた仏教学の界隈でも、昨今では「生活世界の復権」などといった文言が発せられるようになってきた[32]。また、大学を出てから寺に入った僧侶が、教理にばかり足を取られて現場の仏教の意味をよく理解しておらず困る、といったような約半世紀前に五来が嘆いていた問題に対しては、宗教人類学者による「生活仏教」論などによって、これまで以上に実践的な解決方法が模索されている[33]。あるいは近年では、国外の研究者が、思想や教理では割り切れない生々しい寺院の現場から日本仏教について考えなおすという、興味津々の研究を次々と提示し始めている[34]。かつては五来の独自性が輝いていた研究の仕方も、その先鋭的であった問題意識も、現在の仏教研究では当たり前のようになっている。

だが、現在を生きる我々が、自分の念頭にある仏教についてよく考えようとして、既存の学問ではそれについての十分な理解が行き届かないと知り、これまでとは違う研究方法を模索し始めたとき、五来の学問の歩みから示唆されるところは、いまだに少なくないだろう。彼の場合には、民俗学という目新しい学術との出会いがあり、その出会いを存分に活かすことで、新鮮な研究や論述が可能となった。今後の我々には、ではどのような新しい学問や思想の可能性がありえるか。五来を読むことは、その可能性を模索するための非常に有効な手段の一つである。

註

（1）林淳「仏教民俗学」（日本仏教研究会編『日本仏教の研究法』法藏館、二〇〇〇年）。
（2）林淳「五来重と仏教民俗学の構想」（『宗教民俗研究』一八号、二〇〇八年）、五六頁。
（3）碧海寿広「仏教民俗学の思想――五来重について」（『宗教研究』三五二号、二〇〇七年）、同「死者と仏教――柳田国男から五来重へ」（『宗教民俗研究』一九号、二〇〇九年）。
（4）土居浩「仏教民俗学と近代仏教研究のあいだ」（『季刊日本思想史』七五号、二〇〇九年）。
（5）五来重『日本の庶民仏教』（角川書店、一九八五年）、五一頁。
（6）五来重『仏教と民俗を語る』（角川書店、一九九五年）、一〇七―一〇八頁。
（7）五来重「堀一郎博士の日本仏教史研究」『堀一郎著作集』第一巻（未来社、一九七七年）、五九〇―五九一頁。
（8）紀平正美『日本精神』（岩波書店、一九三〇年）など。
（9）五来重『仏教と民俗』（角川書店、一九七二年）、一一頁。
（10）五来『仏教と民俗』、一二―一三頁。
（11）五来重「弘法大師伝説の精神史的意義（上）」（『密教研究』七八号、一九四一年）。
（12）五来『仏教と民俗』、八一頁。
（13）松岡秀明「日本仏教と国民精神――初期堀一郎の文化史学批判序説」（『東京大学宗教学年報』二七号、二〇一〇年）。
（14）もっとも、一九七四年の堀の没後には、五来もまたしばしば、自らの学を「宗教民俗学」と称するようになっていく（「仏教民俗学」という呼称も引き続き場合に応じて使用しているが）。修験道など「仏教民俗」には必ずしも収まらない対象をよく研究するようになったがゆえの改称であると当人は理由説明しているが、「宗教民俗学」の第一人者である堀がいなくなったことも、名乗りの変化の原因としては大きかっただろう。
（15）五来重「仏教と民俗学」（『五来重著作集』第一巻、法藏館、二〇〇七年）、四頁。
（16）五来「仏教と民俗学」、九頁。
（17）五来「仏教と民俗学」、一四頁。
（18）林淳「固有信仰論の学史的意義について」（脇本平也ほか編『アジア宗教と精神文化』新曜社、一九九七年）。
（19）福田アジオ『日本の民俗学――「野」の学問の二〇〇年』（吉川弘文館、二〇〇九年）、二〇五―二〇九頁。

(20) 註（9）前掲の五来『仏教と民俗』、二七七頁。

(21) 五来重『高野聖』（角川書店、一九七五年）、二八四頁。

(22) 五来『高野聖』、二八四―二八五頁。

(23) 五来『高野聖』、一二八―一二九頁。

(24) 五来『高野聖』、一九九―二〇〇頁。

(25) 五来『高野聖』、九一頁。

(26) 五来『高野聖』、二七八―二七九頁。

(27) 五来重『熊野詣』（講談社、二〇〇四年）、一一八頁。原著一九六七年。

(28) 五来重『絵巻物と民俗』（角川書店、一九八一年）、一七八頁。

(29) 辻に代表される「近世仏教堕落論」の近代における形成史については、オリオン・クラウタウ『近代日本思想としての仏教史学』（法藏館、二〇一二年）の第二部を参照。

(30) 藤井正雄『祖先祭祀の儀礼構造と民俗』（弘文堂、一九九三年）、三五九―三六二頁。

(31) 五来重『日本人の仏教史』（角川書店、一九八九年）、三一九頁。

(32) 下田正弘「生活世界の復権――新たなる仏教学の地平へ」（『宗教研究』三三三号、二〇〇二年）。

(33) 佐々木宏幹『生活仏教の民俗誌――誰が死者を鎮め、生者を安心させるのか』（春秋社、二〇一二年）。

(34) Stephen G. Covell, *Japanese Temple Buddhism: Worldliness in a Religion of Renunciation* (Honolulu: University of Hawai'i Press, 2005) および Mark M. Rowe, *Bonds of the Dead: Temples, Burials, and the Transformation of Contemporary Japanese Buddhism* (Chicago: University of Chicago Press, 2011).

吉田久一

近代仏教史研究の開拓と方法

繁田真爾
SHIGETA Shinji

YOSHIDA Kyūichi
1915-2005

戦後歴史学に人間の生の次元を組み込みながら、歴史の深部にまで光を当てようとした吉田久一。〝日本資本主義に仏教はどのように対抗しえたか〟と問い続けた彼の近代仏教史研究は、戦時下のセツルメント活動や沖縄戦の経験に原点があった。彼の方法と批判知から、私たちはどのような可能性を汲みとることができるのだろうか。

はじめに

近代仏教の歴史を尋ねようとするとき、これからみる吉田久一は、研究の開拓者の一人として、今日でも避けては通れない存在だろう。しかも吉田の著作は単に必読というだけではなく、おそらくほとんどの研究者にとって、近代仏教史研究の門を敲いた最初の読書に、吉田の著作が含まれていたのではないかと思う。たとえば主著の一つ『日本近代仏教史研究』（吉川弘文館、一九五九年）は、書名のとおり、近代仏教史を主題とする初めての本格的著作であり、そこでは近代仏教史の時期区分、あるいは研究上の主要テーマが提示されている。つまり吉田は、今日まで続く研究史のいわば原型をつくった人物であり、その著作をあらためて繙読することは、私たちがこれからの研究を反省的に展望するためにも、ふさわしいことだといえるだろう。

しかし、こうした吉田の研究史上における重要性にもかかわらず、これまで吉田の近代仏教史研究そのものが、主題として検討される機会はほとんどなかった。近年、たしかに吉田への言及は少なくない。しかしそれはほとんど、その研究に顕著な近代主義的性格を指摘しながら、「近代仏教」の研究史をあらためて問い直そうとする試みのなかで、吉田に言及したものである(1)。あとは、仮に吉田にふれることはあっても、史料の博捜家でもあった吉田の実証的成果を引用するといった場合が、ほとんどであろう。吉田の学問がいかに形成されたか、またその研究を支えた立場や方法はいかなるものだったかについて、踏み込んだ考察はいまだ充分にされているとはいえないのである。本稿では、その吉田の近代仏教史研究が、一体どのように形成され、その特徴はどのようなものであったのか、明らかにすることを目指したい。その先には、もちろん吉田に始まる近代仏教史研究についての総体的問い直しが続くはずである。しかしそのためには、具体的な事例に即した各論の積み重ねがまずは不可欠であり、吉田とその学問に光を当てて検討することは、そのなかでも特に重要で意味のあることだと考えたい。

すぐ後でみるように、研究者としての吉田の原点には、若き日に深く関わったセツルメント活動と、沖縄戦という二つの経験があった。戦後に吉田の近代仏教史研究がどのように形成されたかをよく理解するためには、まずは戦前におけるその社会実践活動と従軍経験を知ることが、重要であろう。その上で、吉田の近代仏教史研究について、本稿で特に注目したいポイントを、あらかじめ三点ほど挙げておきたい。

（一）吉田の歴史研究では、〝日本資本主義に対して、仏教はどのように対抗しえたか〟というテーマが大きな問いとして掲げられている。それは後でみるように、政治・経済史が主流であった戦後歴史学に、人間の生の次元を組み込みながら、歴史のさらに深部にまで光を当てようとする試みとしても意識されていた。

（二）一方で吉田は、たとえばある運動や信仰主体について「内面」と「社会」、あるいは「理念」と「実践」などの二項対立的な分裂を発見（批判）し、その両者を再び結びつけていくことに、一貫して強くこだわり続けた。つまり、二項対立による歴史の構造化と、それが統一された状態を理想とする批判的立場が、吉田の研究を貫く特徴であった。

（三）よく知られるように、吉田は「近代仏教」の到達点を、「精神主義」と「新仏教」の二つに認めている。

これはつまり、「内面」と「社会」が相互に補完するところに理想の「近代」を求めようとする、吉田の立場を示すものである。しかし今日では、吉田の研究に顕著な近代主義的方法が問い直され始めてすでに久しいし、「精神主義＝内面派」「新仏教＝社会派」といった形式的なカテゴリー論も、再検討がすすめられている。さらに吉田の問題関心に即していうならば、清沢や新仏教論よりも、たとえば『日本近代仏教社会史研究』に収められた河上肇論の方が、むしろ吉田の本来の問題関心には近く、それをもっとも掘り下げたかたちで論じた、重要な論考ではないかと思われる。

なお、吉田は仏教者の「慈善」に始まる、社会事業の歴史（発展史）にも注目した。それは吉田にとって、「資本主義VS仏教」の具体的な歴史的内実であると同時に、仏教が「信仰」と「社会」（のズレ）をみずから再び結びつけるための、一つの歴史内在的な可能性でもあった。吉田がこだわったこの仏教社会事業の発展史は、同時に歴史（的主体）の構造的変化を大枠でつかみとろうとする努力でもあったが、今日ではあまり言及されることがないので、第二節で注目してみたい。

それでは以上の点を念頭に置きながら、まずは吉田の研究人生の原点となった、セツルメント運動と沖縄戦の経験をみるところから始めよう。

一　二つの原点――セツルメントと沖縄戦の経験

1　セツルメント活動

吉田は一九一五年、新潟県中頸城郡の板倉村（現、上越市板倉区）に生まれた。同地は豪雪地帯で、そのころは八四軒が暮らす集落であった。吉田の生家は四〇〇年続く中規模経営の在村地主の家で、三〇軒ほどの小作があったという。長男であった吉田は、結局生家の跡を継がなかったが、そのことについて後ろめたい気持ちを引きずったと、のちに語っている。一方で吉田は、熱心な親鸞信仰者だった母親から強い影響を受け、のちに大学の研究者となってからも、母親の真摯な信仰の姿は、在地に生きる信仰者の原型として、吉田に強い印象を与えつづけている。在村地主の封建的な家風や生活には反発しながらも、その土地に根ざした人びとの精神性には、深い親しみや畏敬の思いがある。こうした両義的な思いが、吉田の生まれ故郷に対する向き合い方であったといえよう。

ところで吉田は、自身の生い立ちから現在までを辿ったあるインタビューで、自分は学徒出陣世代の一つ前の世代であり、「大正デモクラシーの残照期の人間だと思っております」とみずから語っている[2]。進学した高田中学でも、吉田はあまり授業には出ずに、何人かの友人たちとトルストイやドストエフスキー、そしてマルクスなどの読書会をして過ごした。そして吉田は、学生たちに人気があり、吉田自身も人格的に大きな影響を受けたという西洋史のある教師が転任するとき、学校の決定に抗議するために、ストライキのリーダーとして学内闘争を組織した。しかし、転任先の校長に直談判までするがそれも虚しく、この運動はあえなく挫折した。後に残ったのは、「操行」の成績で「丙」がつくという、学校からの懲罰であった。そのせいで進学も不利になり、ストライキの挫折にも悩んでいた吉田は、中学卒業後は実家に帰り、二年ほど家の農業を手伝って過ごしたという。

そして一九三五年、吉田は大正大学専門部の仏教科に入学する。のちに文学部史学科に入り直して社会事業の歴史を学ぶが、当時の大正大学は、一九一七年に日本で最初の社会事業研究室が設置され、国内でも屈指の、社会事業の拠点であった。吉田が教えを受けた同大の教員には、研究室主任の矢吹慶輝や長谷川良信たちがいた。彼らは研究者であると同時に、日本社会事業の草分け的存在として、優れた実践家でもあった。こうした大学の特異な気風が、その後の吉田の研究に、大きな影響を与えたことはいうまでもない。

そして大学時代の吉田に決定的な経験となったのが、六年間にわたって続けたセツルメントの活動であった。吉田が出入りしたのは、東京で一番といわれた板橋のスラム街に開設された、一燈園のセツルメント（敬隣園）である。そこの児童部に大学の友人と通い、「課外学校」とも呼ばれた児童の校外生活の指導を、卒業まで続けた。そこで吉田は、童話や紙芝居などを子どもたちに読み聞かせるような活動も、していたらしい。また大学二年生のときには、長谷川良信の名刺を片手に、関東六県六十数か所のセツルメントを渡り歩く「武者修行」もしたという。

一九四一年に大学を卒業した吉田は、巣鴨にあったセツルメント・マハヤナ学園の教師（主事）に就職した。マハヤナ学園とは、一九一九年に大正大学（当時は宗教大学）の長谷川良信が、「二百軒長屋」と呼ばれた西巣鴨のスラム街に、社会事業研究室の学生とともに設立した学校である。ちなみに園長は、同スラムに移り住んだ長谷川本人がつとめた(3)。当時、東京市を代表するセツルメントともいわれたマハヤナ学園で、二十六歳の吉田は、歴史と英語を担当する教師になったのである。マハヤナ学園には勤労女子生徒のための夜学もあったが、夕食を食べる時間もなく登校してくる彼女たちのために、吉田は校庭に大きな炉を作って味噌汁を食べさせたり、その材料を確保するために、毎月新潟の実家へ帰っては、一升樽いっぱいの味噌をかかえて来たりしたという(4)。

そして吉田の当時の私日記から抜粋して編まれた「マハヤナ学園夜間部日誌」を読むと、そこには、勤労女子生徒一人一人と向き合い、クラスを集団としてまとめ上げようとする、若き新任教師の試行錯誤や葛藤、溢れるような情熱が綴られている。一方で吉田は、勤務と授業準備の合間をぬって自分の研究にも精力的に取り組もうとしており、「私の生活は朝七時から十二時まで自宅研究。四時まで大学の研究室、五時から十時まで勤務、どこまで持つか」とか、「講義案に午前二時までかかることがある。余り気負わないほうがいい」と、ほとんど余暇のない忙しい日々を過ごしていたことがわかる。(5) ただそれでも、この二年半の教師経験を吉田はのちに「私の思想や学問の故郷の一つ」だったと語っているように、研究とマハヤナ学園での教育は、少なくとも人生の長い目で見れば、必ずしもお互いを斥け合うような関係ではなかったようである。(6)「教師として、生徒の生活がみえてこないのが辛い。しかし彼女等に比して恵まれた私は、生身の姿でぶつかるより仕方がない。勤労生徒教育のエキスパートになるまで、この悩みは続くであろう」という決意は、結局陸軍への入隊によって断ち切られることになったが、若き教師としての吉田の奮闘と意気込みのほどを、よく伝えるものであろう。(7)

2 沖縄戦への従軍

吉田の近代仏教史研究では、教団による戦争協力（従軍布教など）、あるいは仏教者の反戦・非戦や平和運動など、戦争と仏教の歴史についても、大きな関心が向けられている（おもに日清戦争以降）。その点でも、吉田の仏教史研究は、同時代の戦後歴史学と同じ課題を共有していたといえる。ただし吉田の場合、決戦期の沖縄戦に、しかも一兵卒として従軍したという事実が、特に重要だろう。そして沖縄戦での吉田の経験は、今日では貴重な記録である『八重山戦日記』（一九四四年六月―一九四六年一月）によって、詳しく知ることができる。本日記は、軍隊では禁止されていた日記を、吉田が周囲の目を盗みながら密かに（しかも一日も欠かさず）記録し続けたものである。手帳七冊余分に及んだ記録は、爆撃による火災や復員時の検査も運良くくぐり抜け、のちに、吉田と交流のあった柳田国男らの勧めで、自費出版されたのである。(8) ここでは、同日記の克明な記録から、一兵士として吉田が沖縄戦で何を経験したのか、その様子を見てみよう。

足かけ四年に及んだ吉田の軍隊生活は、一九四三年九月の召集から始まった。満州の関東軍に配属された吉田は、二等兵の通信兵として、丁稚や職人出身の兵士たちと共に訓練を受けた（のちに一等兵に）。ちなみに約一四〇名の小隊のなかで、大学卒は吉田一人だけだったという。しかし吉田は、軍隊内で生きる兵隊たちのたくましさや、彼らの土木作業の力量に目を見張り、それに対して、自分の処世術のまずさや非力をしばしば省みている。技術が下手だったという吉田は、小隊のなかで、一番多く上官から殴られたともいう。(9) そして一九四四年六月、沖縄への出動命令が下り、汽車で釜山を経由した後は、苦力《クーリー》船のような輸送船に押し込まれて、海路沖縄に到着した。吉田は、石垣島（八重山諸島の一つ）で、前線の警備を主任務とする通信兵となったのである。木を伐採して電信線を架線したり、岩盤を掘削して鉄柱を立てたりする作業が、吉田の主な任務であった。一方で吉田は、軍務の合間をぬって足しげく現地の住民のもとに通っては、聞き取りを重ねて民俗調査にも精力的に取り組んだ。この吉田の行動は上官からにらまれ、スパイと接触していると疑われて、リンチを受けたこともあったという。しかし帰還後、その成果は「八重山群島年間行事調査」として完成し、柳田国男の『海上の道』のなかで紹介されている。

沖縄戦は、一九四五年三月二十六日、慶良間諸島への米軍の上陸をもって開始されるが、その前日の吉田の日記にも「毎日の様に空襲だ」とあり、このころから吉田の日記には、激化する戦闘と死を強く意識した記述が繰り返し現れている。(10) 五月には吉田も爆撃で負傷し、そのときは「もう駄目という動物的な断末魔のじたばた」のなか観念したが、運良く命は助かった。このとき吉田は、「人間は泡沫の泡で蛙みたいなものだ」とはかなさを感じる一方、「傷を受け戦争恐ろしと実感がわく」と、身をもって戦争の恐怖を思い知らされた(11)。また当時、前線の日本兵はマラリヤの蔓延にも苦しみ、多数の死者が出ていたが、八月十五日、吉田も四〇度の熱が出て、マラリヤを発症した。その後復員してからも、吉田はぶり返す高熱に一年以上苦しむことになる。そして、高熱にうかされていた吉田が戦地で敗戦を知ったのは、八月十八日ごろのことであった。そのときの日記に、次のような記述がある。

> 熱のひくい時はそうでもないが、一日おきの三日熱で今日もその日、四十度を越えると敗北に対して涙が出てとまらず。都市生活も含めてインテリーがつくづく嫌になった。そして敗北の原因の一つにインテリーがあるような気がしてならぬ。無論自己厭悪も伴ってである。我々は幾度かの勝敗の中で辛酸をなめ、不屈な面魂を養った農民にぢか（ママ）に聞きたい。敗北による浮薄と放埒がきたら自分の拠点をそこに見出さねばならない(12)。

ここに記された自己嫌悪も伴った強烈なインテリ不信と民衆へのまなざしは、そののち、吉田の近代仏教史研究の基調の一つになっていく。そして、年が明けて一九四六年一月、復員した吉田は故郷の新潟を目指し、地元の駅からは、実家まで「夕暮の二里の雪途を熱でふるえながら、とぼとぼ歩」いて帰っていった。こうして吉田の戦後が始まるが、ここから一体どのような近代仏教史研究が生まれてきたのだろうか。節を改めて、検討してみよう。

二　叙述と方法――『日本近代仏教史研究』と『日本近代仏教社会史研究』

戦後、吉田は講師をして食いつなぎながら、四十歳を越えるまでの約一〇年間を、貧乏生活をして過ごした。そのあいだ、吉田は東京大学の明治文庫に早朝から通い詰めて、宿願であった近代仏教史の研究に没頭したのである。この時代、吉田は大久保利謙や家永三郎ら多くの歴史研究者と出会い、実証研究の方法などを学んだ。そしてこの時期の成果が、のちに吉田の代表作となる『日本近代仏教史研究』（一九五九年）と『日本近代仏教社会史研究』（一九六四年）として、まとめられることになるのである。

ところで、これまで近代仏教の研究史では、どちらかといえば、前者の『日本近代仏教史研究』の方が言及される機会が多かったのではないかと思う。それは、前者が吉田の第一作であり、初めての本格的な近代仏教史研究であったこと、そして、前者が各論で構成されて主題が摑みやすいのに対して、後者は七〇〇頁近い大著であり、しかも史料の引用もかなりの分量に及んで、記述としてあまり整序されていない雑多な印象を読者に与える、そういった理由もあるかと思う。しかし、吉田本人は、あくまで前者は後者を執筆するための前提であり、後者の方が自分の研究の中心だとはっきり言っているし、たしかに後者には、吉田の関心に即したある体系的な叙述が、粗削りながらも試みられているといえる。そこで本稿では、前者の著作はあえて簡単な言及にとどめて、主に『日本近代仏教社会史研究』の方に力点を置きながら、吉田の近代仏教史研究について検討したいと思う。

1　『日本近代仏教史研究』――未開拓の領野へ

今日から振り返って、研究史上における『日本近代仏教史研究』の意義は、どのような点にあったのだろうか。それはまず一つに、政治・経済史が主流であった戦後歴史学に多くを学びながらも、本書は、信仰や宗教など人間の生の次元をそこに組み込みながら、歴史のさらに深部にまで光を当てようとする試みであったことが、重要だろう。「教団史や教義史、また逆に一辺倒な政治史や経済史的角度によることを避けて、仏教信仰そのものと、日本近代社会の関係を探ってみたい」というのが、吉田の目指すところであった[13]。そのために吉田が選んだ六つの主題が、時代順に、明治初年の宗教一揆、真宗の大教院分離運動、明治中期の仏教とキリスト教の衝突、精神主義、新仏教運動、大逆事件と仏教、であった。これらはいずれも、現在でも重要なテーマであり続けており、その意味で本書は、近代仏教史研究の最初の原型を用意した書でもあったといえるだろう。

そして、仏教史の観点から日本の近代史に切り込むことは、当然のことながら、それまでほとんど顧みられることのなかった近代仏教の復権、あるいは近代仏教への注目を、読者に向けて強く訴えかけることとワンセットであった。「日本近代仏教史の研究は、未開拓な分野の一つである[14]」という印象的な冒頭文には、まだほとんど知られていない近代仏教の歴史を、これから自分が明らかにするという熱意や自負の思いが、よく表現されている。吉田も指摘しているが、当時の歴史研究では辻善之助の有名な学説に代表されるように、幕藩体制以降の仏教は衰退の一途を辿ったというのが一般的な理解で、特に廃仏毀釈以降の仏教は、ほとんど注目されることがなかった。しかし吉田は、「千数百年来日本の国民生活に生存を続けてきた仏教が、近代に至って急に消滅したわけではない」といい、「いわば仏教の衰頽史観というような見解に災いされて、日本近代史から仏教を見直す作業が欠除《ママ》していたのは残念なことであった」と、近代仏教史研究の必要を訴えている（同ⅴ頁）。

ただし誤解してはならないのは、吉田の立場は、あくまで「日本近代史の諸問題を解く鍵の幾つかを握っている」はずの仏教に注目するということであり、決して、仏教史の枠内にだけ自足するような研究を目指すものではなかった、ということである[15]。今日、吉田は近代仏教史研究の開拓者の一人に目されているが、吉田の研究は、もともと近代史研究へと開かれていく議論の広がりをもっていたからこそ、一般性や説得力を持つものとして、同時代の歴史学界に広く受け入れられたといえるのではないだろうか。

2 『日本近代仏教社会史研究』——資本主義と「慈善」の発展史

『日本近代仏教史研究』が、日本近代史の中心テーマに関わる仏教思想や仏教運動に焦点を当てた各論から構成されていたのに対して、本書は、仏教者や教団が近代資本主義社会や、そこから生み出される社会問題にいかなる反応を示したかについて、明治末年までの細大さまざまな事実を集めて記述したものである。このような主題について吉田は、「私の関心は近代といっても、その中心は日本資本主義、ないしは資本主義の生み出す社会問題と、これに対応する仏教の歴史的研究にある」と、明快に説明している[16]。つまり本書は、端的にいえば、「資本主義VS仏教」の近代史を探究することを目指した著作といってよい。そしてそれが、講座派マルクス主義を中心とする戦後歴史学の強い影響のもとに書かれた著作であったことは、いうまでもないだろう。

ところで、本書を読むとき私たちが戸惑いを感じてしまうのは、とにかく本書には仏教者や教団による社会事業がかなり網羅的に紹介されており、ほとんど事実羅列的な記述といってよい印象をしばしば受けることである（吉田自身も、本書のために明治仏教に関係する文献は許す限り片端から読破し、事実を発見するという、いわば「原始的努力」を積み重ねたといっている）。しかしよく注意して読んでみると、吉田はそうした事実の集積のなかから、ある歴史（的主体）の構造的変化というべきものを、大枠でつかみ取ろうと努力していることがわかる。それは、「資本主義ＶＳ仏教」の内実といってもよいもので、具体的には、日本資本主義の発展史に対して、仏教はどのようにみずからの「慈善」を展開しえたか、というテーマに集約されるものである。そして、吉田が描いた近代仏教における「慈善」の発展史は、おそらく本書のもっとも重要な主題だというのが、私の理解である。そこで、吉田が構想した「慈善」の発展史がいかなるものであったか、ここで少し詳しく見ておきたい。

すでに述べたように、本書で吉田は、日本資本主義の諸段階と対照させながら、それぞれの段階における仏教的「慈善」の発展史を、その達成と限界とともに構造的に描き出そうとしている。わかりやすく図式的に示せば、「慈善」→「慈善事業」→「感化救済事業」→「社会事業」というシェーマが吉田の描く仏教的慈善の発展史であり、それぞれ、維新期（慈善）、明治中期（慈善事業）、明治後期（感化救済事業／社会事業）と、大まかに時期区分されている。以下、「慈善」から「社会事業」へといたる流れを、確認してみよう。

まず吉田が指摘していることの一つが、「産業革命を経過しないと慈善は事業的成立をみない」ということである。そのため、それ以前の維新期の仏教は、資本の原始的蓄積によって生み出された貧民たちに対しても、封建的な志士仁人意識にもとづく「儒教的外形的慈善」思想しか持ちえなかったのだという(17)。そして明治中期には、形成期を迎えた日本資本主義に対して、仏教の社会的実践は、「慈善」から「慈善事業」へと展開していく（ちなみに吉田は明治中期を、「資本の本源的蓄積の終末期である明治十九年から、産業革命の開幕期である三十二年まで」としている(18)）。吉田は、井上円了たちに代表される「啓蒙仏教」が、明治中期には『新仏教』や『精神界』などの「近代仏教」へと次第に変容していったのと同じように、慈善にとっても、明治中期はその近代化の起点であったと指摘している。具体的には、それまで儒教的人倫観から脱皮できなかった仏教的慈善が、この時期には、「悉有仏性」を基本とする本来的慈悲観による慈善思想を展開し始め、さらに「利他観」や「同朋観」を強調し始めたのだという。[19]明治三十二年（一八九九）には、産業革命を背景に労働者のための無料宿泊所が誕生したが、このように明治中期の仏教的慈善は、ようやく社会性を身につけ始め、組織化へと歩みを進めることになったのである（個人仏教から社会仏教へ）。[20]

そして明治後期になると、帝国主義の形成にあわせて、仏教的慈善もさらに新しい展開を見せ始める。ちなみに吉田は、この明治後期（明治三十三―末年）にいわゆる「近代仏教」のピークをみており、「精神主義」運動や「新仏教」運動、そして「無我愛」運動などに、帝国主義に対抗する可能性をみようとしている。そのことは、仏教的慈善においても同様であり、この時期に仏教は「感化救済事業」という、新しい実践へと進んでいったと指摘している。つまり吉田の整理では、慈善事業が産業革命期に対応する実践だったのに対して、「感化救済事業は日本帝国主義の形成期に対応する用語」、ということになるのである。[21]たとえば吉田の説明によると、この時期の底辺労働者は「細民」と呼ばれ、この細民への対策である「防貧」は、従来の慈善や救恤とは異なる、新しい段階の社会政策であった（これは戦後に続く低所得者対策の出発点となったらしい）。そして、地方改良運動を推進した内務官僚である井上友一らが主導したこうした社会政策の動向に対応して、新しい仏教的慈善として登場したのが、「感化救済事業」だったのである。産業革命を経過して社会問題が本格化したこの時期の慈善にふさわしく、仏教の「感化救済事業」は、「社会改良運動の代表的形態」であるセツルメント運動や、スラム伝道、貧児学校など、強い社会性を示すものとして展開されたことが特徴であった。[22]

ところで、吉田が仏教的慈善の最後の段階に位置づけている「社会事業」は、本書では、厳密には浄土宗の渡辺海旭に代表されており、明治末期から大正初期に、その活動の起点を認めるという見通しになっているようである。

つまり吉田は、日本社会事業の先駆者として海旭を高く評価しているのであるが、それはどのような点においてであったか。海旭は、浄土宗労働共済会の創設者として有名だが、青年時代には、のちの「新仏教」運動の源流である「仏教清徒同志会」の結成にも参加している。そして海旭は、吉田の師であった長谷川良信の、宗教大学（大正大学）における師でもあった。吉田によれば、当時の大部分のセツルメントが英米式の社会理想主義にその理念を置いたのに対し、海旭の社会事業は、ドイツの「労働者の家」（アルバイテル・ハイム）に系譜を持つもので、より労働者の共済的色彩を重んじる珍しい例であったという。そして海旭は、「明治末から昭和初頭にかけて仏教社会事業の中心的指導者であり、日本社会事業全体にも深い影響を与えた」。それは、「海旭が慈善・救恤→救済事業、救済事業→社会事業の二つの時期の分水嶺に位置し、その発言は次の時期の社会事業の先どりをしているから」だというのが、吉田の説明なのである。

そして吉田が海旭の社会事業思想の中心として注目しているのが、「共済」の思想である。海旭は一方的な慈善や救済を嫌い、労働者同士の「共済」を理想としたが、それはインド哲学や仏教研究にもとづく「自他不二」や「縁起」の、海旭なりの実践であり、キリスト教の社会事業観とは異なる、「いちじるしく仏教特殊的」な考えであったのだという。またこのとき海旭の信念としてあったのは、「われわれの生存は社会大衆の「衆生恩」に支えられており、その「お返し」としての「報恩行」として社会事業をとらえ」ようとすることであった。それは同時に、「救う者と救われる者との間に生ずる差別観の克服」を目指した実践でもあった。吉田が、日本社会事業の先駆者として海旭をいかに高く評価していたかは、「明治末からすでにこのようなプロテスタントとは別の、独自の考え方を持っていたことは驚くべきことであった」という評価をみても、明らかであろう[23]。

三　その近代仏教史像をめぐって――「精神主義」「新仏教」と「無我の愛」

以上『日本近代仏教社会史研究』の主題について詳しく検討してきたが、ここまでをみる限り、吉田はいかにも、仏教の社会的実践だけに注目した研究者であったかのような印象を受けるかもしれない。しかし『清沢満之』の著作があるように、宗教ではもっとも本質的な問題ともいえる内面的な信仰を、日本近代史のなかにどのように位置づけるかということも、吉田にとっては同じく重要なテーマであった。すでにみたように、そもそも吉田が近代仏教史を研究対象として選んだのも、社会経済史が主流であった当時の戦後歴史学に飽き足らず、そこに人間の生の次元を組み込もうとするねらいがあった。だとすれば当然、仏教の信仰や内面の問題は、無視できない研究のかなり重要な主題となるはずであった。「普遍的な社会科学論理のみで仏教をとらえれば、仏教の本質的部分である信仰や教義を見逃してしまうことになるであろう」と吉田が注意しているのも、つまりは、仏教の社会的実践と内面的信仰の両方（あるいはその連関）を見ることが重要であるという、吉田の立場を示すものであろう。[24]そしておそらく、こうした吉田の立場が前提にあって、近代仏教の「内面派―社会派」というような一種のカテゴリー論が生まれてくるのだが、しかしこうしたカテゴリー論に吉田の近代仏教史研究の一つの問題があったという私の見方については、あとでふれたい。ここではまず、吉田が「近代仏教」の到達点としてもっとも高く評価し、それぞれ「内面派」と「社会派」の代表として位置づけられている「精神主義」と「新仏教」の二つの仏教運動について、吉田がどのような議論を展開しているか、見ておきたい。

1 「精神主義」と「新仏教」

吉田は、近代仏教史の大きな流れを「維新仏教」→「啓蒙仏教」→「近代仏教」の展開史としてみていたが、啓蒙仏教から近代仏教への分岐点は、日清戦争にあったと指摘している。日清戦争があった一八九四年（明治二十七）は、一方では「精神主義」運動をのちに主導した清沢満之の回心がちょうど始まった年であり、また他方では、「新仏教」運動の基礎をつくった古河勇が論文「懐疑時代に入れり」を発表して、世の注目を集めた年でもあったからである[25]（ちなみに吉田は、この明治中期を近代仏教の「胎動」期、そして「精神主義」と「新仏教」の運動が本格化した明治後期を、近代仏教の「形成」期と区分している）。そして吉田は、「精神主義」と「新仏教」の二つこそが、近代仏教のもっとも重要な指標あるいは到達点であると、みなしているのである。

ところで「精神主義」と「新仏教」は、いずれも今日でも多くの関心を集めており、論者によって肯定的・否定的の両方の評価があるものの、そのことも含めて、近代仏教史研究においては論争含みの重要なテーマであり続けている。西洋哲学とも関連づけながら、浄土信仰を普遍的な次元で探求しようとした清沢、自由討究や批判精神をもって合理的で社会啓蒙的な仏教のあり方を目指した古河は、いずれも、伝統的な教団仏教からは逸脱する部分を持つ異端派であった。ただしここでは、二つの仏教運動の中身や評価に踏み込むのはやめて、これらを吉田がどのように評価しているかという問題にしぼって、注目してみたい。

吉田によれば、「二十世紀初頭社会に対応する仏教の革新運動として、代表的なものに精神主義運動と新仏教運動」がある。重要なのは、この二つの運動が「仏教近代化の二本の線」であったと、吉田が指摘していることである。ここで「二本の線」というのは、「前者は人間精神の内面に沈潜することによって近代的信仰を打ち立てんとし、後者は積極的に社会的なものに近づくことによって近代宗教の資格を獲得しようとした」、ということを指している。[26] つまり、内面派の「精神主義」、そして社会派の「新仏教」の二つの方向性において、日本の仏教は近代化したと吉田は見ているのである。しかし吉田は同時に、仏教の近代化を「対極的」に担ったこの二つの運動について、「精神主義は現実解決に対して弱い面を持ち、逆に新仏教は内的生命の問題に欠けるところがあった」と、それぞれ批判もしている。[27] つまり、内面派であった「精神主義」には社会性が、社会派であった「新仏教」は内面性に欠ける部分があって、これが近代仏教の一つの限界であったというのが、吉田の指摘なのである。一体これはどういう意味であろうか。

たとえば清沢たちの「精神主義」について、吉田はその思想が「知識層の内観にとどまって庶民にまで降下しない」ことを批判している。それは具体的には、「産業革命後のいわゆる下層社会に出現する初期労働者や、貧困層や、資本主義的洗礼を受け動揺を続ける農民」という「正機たるべき対象層」が精神主義には「捨てられている」からであり、そこに現実は具体化されるはずがなく、抽象的な罪悪苦悩だけが範疇化されてしまうのだと、吉田はいう。そして、「精神主義を支える基盤は近代的市民でなく、宗門人やホワイト・カラーであるインテリー等の中間層であって、現実を叫びながらも社会から遊離した一面を持っていた」というのが、吉田の「精神主義」に対する批判の要点であった。[28]

そしてもう一方の「新仏教」について、彼らは国家や資本家などの権力にもよく対抗し、社会主義にも親和的であったが、それでも具体的現実としての明治三十年代の階級分化に対応することができず、その意味で「新仏教の中産層把握は意識だけにとまって観念的」であったと吉田はいう。[29] そして何より吉田は、「新仏教」には近代的信仰としての深さに欠けているとして、「宗教運動としては社会的啓蒙に終始し、精神主義のような深さがなく、社会運動としても社会改良の域を脱しない」と批判しているのである。[30]

以上のように吉田は、内面性と社会性という二つの観点から「精神主義」と「新仏教」を高く評価し、また同じ観点から、それぞれの運動に不足している部分を限界として、批判しているのである。そしてこうした二分法的ともいえる議論は、二つの項が統一された状態を理想とする、吉田の批判的立場を前提としていたことに注意しておきたい。

2 「無我の愛」と河上肇

ところで、吉田のこのような二分法的な議論による近代仏教史像は、とてもわかりやすく論理的にも整序されているように見えるが、一方でそのことは、歴史現象の過度の単純化、あるいは図式化のおそれも同時にはらむものだったと、私は考えている。今日では、吉田の「内面派―社会派」というリジッドなカテゴリー論を、どのような方向で再考(脱構築)していくかが、近代仏教史研究に求められる重要な課題の一つであるといえよう。しかし、だからといって、吉田の研究がすべて形式的な構造論に落ち着くものだったかというと、実はそうではない。特に、増補版『日本近代仏教社会史研究』の一章として収められた論文「無我愛運動と河上肇」は、「内面」と「社会」のあいだを激しく揺れ動く河上の姿を内在的に活写してみせた好論であり、単純な図式には決して還元できない、対象の複雑さをその複雑さのままに明らかにしようと試みた、とても読み応えがある論文である。吉田はそう明記していないが、学者でありながら社会事業や無我愛の実践に心を駆られた河上のジレンマは、おそらく吉田本人にも共振するところがあって、そのリアリティと深い共感が、この論文に迫力を与えているのだと思われる。それでは、「内面」と「社会」の分裂を乗り越えようと苦闘した歴史的主体として、吉田は河上肇をどのように描いているのだろうか(31)。

マルクス主義経済学者として有名だった河上は、同時に、社会問題や利己心の問題も追究し、それを体験的に受けとめようとする、求道者としての一面もあわせ持っていた。河上が、「宗教的真理と科学的真理の弁証法的統一」を目指した、日本的マルクス主義者だといわれるゆえんである。大学時代から社会問題に大きな関心を持っていた河上には、足尾鉱毒事件の被災民のために自分の着物をすべて寄贈した有名なエピソードもあるが、大学教員となってからも、河上は社会問題に対して、抜きがたい思いを持ち続けていた。その思いはやがて、これまで栄達の道を歩んできた自己への厳しい否定へと向かい、「余は引続き経済学の教員たるべきか、或はその職を辞し彼のトインビーに倣つて貧民教育の事に従ふべきか」とまで、思い詰めていく（『自叙伝』第四巻、世界評論社、一九四八年、九二頁）。

なおここで河上がいっているトインビーとは、十九世紀イギリスの経済学者でありながら、イースト・ロンドンのスラムに世界最初のセツルメントを作り、殉教的に三十歳の若さで死んだ、セツルメント運動の創始者アーノルド・トインビーのことである。吉田によれば、「自我と没我の関係」に悩んでいた河上は、トインビーのように経済学者でありながら利他行に倒れた人物に、大いに心を動かされていたのである。そして、そのころ「無我の愛」と伊藤証信を知った河上は、伊藤に宛てて「自分のやつて居る職業がツマラナクなり、博士号でも得たいと云ふ様な自惚が、極々馬鹿らしき事となり、何となく不安でたまりませぬ。如何したらよいでせうか」という手紙を送った（一九〇五年十二月一日）。これに対して伊藤からは、「人生の平和幸福といふものは、そんな廻り遠い事をせんでも、たゞ『無我の愛』これ一つの実行で、即時に成就できます」という、優しく平明でありながらも確信に満ちた返事が届き、これをきっかけに、河上は大学教員の職を辞して、無我苑での共同生活に飛び込んだのである（『自叙伝』第四巻、九五―九六頁。『河上肇全集』二四巻、岩波書店、一九八三年、三二三頁も参照）。

伊藤証信は、もとは真宗大谷派の僧侶であったが、一九〇四年に父の看病中に回心を経験し、そのまま宗派を離脱して無我愛運動を始めた。伊藤の回心とは、天地万物の内容はすべて「愛」であるという悟りであり、そのことで伊藤は、周囲と自己の障壁をとり除いて、両者が愛し愛されていることを自覚したのだという。そして、「如何にせば絶対に利己を遂げ、且同時に、利他を計り得べきか」という深い悩みをかかえていた当時の河上は、この「無我愛」の実践こそが、自身の問題に対する唯一の解決であると考えたのであった。

しかしその後の河上は、「絶対的確信」を把握したと宣言してから間もなく、わずか二か月ほどで伊藤の無我苑を去っていくことになる。吉田はその理由について、二人の「無我」に対する立場の相違から説明しているが（伊藤の宗教的無我と、河上の道義的無我）、ここでは詳しくはふれない。それよりもここで注目しておきたいのは、以上のような「内面」と「社会」のあいだで大きく揺れ動いた河上について、吉田が「いったいマルクス主義という「科学的対象認識」と、宗教という「実感的内的自覚」が彼の中に統一されていたのであろうか」という、興味深い問いを投げかけていることである[32]。そして吉田の答えは、科学的唯物論と宗教的真理が、河上のなかで完全に「弁証法的統一」をしていたとは認めがたいが、河上のようなマルクス主義経済学者が、「絶対無我の自覚」という宗教的体験をくぐりながら自己形成を遂げていった事実に、大きな意味を認めているのである。

ここには、河上を「内面派」か「社会派」のどちらかに振り分けるのではなく、河上という一人の歴史的主体に表現された、両者の厳しい葛藤のあり方を見ようとする、内在的に掘り下げられた考察がされていることに注意しておきたい。吉田にとって、「内面」と「社会」の統一という問題は、おそらくセツルメント運動に明け暮れた若き日から変わらぬ、重要な関心事であった。ただし河上がそうであったように、吉田が理想とするような両者を統合した「近代人」は、たぶん、現実の歴史のなかには求むべくもないのかもしれない。それでも、誰もがそうした二つの契機に何ほどか引き裂かれるような感覚を持って生活しているということは、「近代」の意味を考えるとき、特に注意すべき重要な事実だろうと思われる。だとすれば、少なくとも吉田が追究しようとした問題は、よく知られる「精神主義」と「新仏教」についての議論ではなく、実は無我愛と河上肇論の方で、よりふさわしいかたちで展開されているともいえるのではないだろうか。

おわりに――戦後知と近代仏教史研究

吉田の近代仏教史研究は、社会経済史が主流であった戦後歴史学のなかに、人間の生の次元を組み込もうとする一つの試みであり、おそらくそこに、同時代における吉田の研究がもつ魅力と可能性があった。ただし吉田の場合、歴史研究に人間の生の次元を組み込もうとする試みは、ともすれば、「内面―社会」の形式論の方向に引っ張られてしまいがちであった。しかし、吉田の近代仏教史研究をよく注意して読んでみると、最後でみたような部分に、歴史の形式的理解をみずから乗り越えようとする、学問的な苦闘と試みのあとをたしかにみてとることができる。「精神主義＝内面派」、「新仏教＝社会派」といった、形式が先行する議論よりも、河上論の方が、ずっと対象に内在した迫力と、吉田自身の切実な問題意識が感じられるのである。しかし後進の私たちは、そうした吉田の研究がたしかに有していた可能性の部分はあまり気にとめないで、吉田が素描した近代仏教の形式的カテゴリー論の方を本質化し、ほとんどそれだけを継承してきたともいえる。もちろん吉田のカテゴリー論についての見直しも始まっている。近年では、もし私たちが吉田の研究のわかりやすい部分だけを切り取って、あとの複雑な部分は顧みないという態度に終始するならば、近代仏教史を切り拓いていった吉田の初志を私たちは充分に汲むことはできないだろうし、それこそ、形式的な継承以上に進むことはできないだろう。

そして最後に、吉田が好んで言及した「内面」と「社会」の葛藤をめぐる問題は、より広い視座から見れば、「戦後知」（安丸）ともいわれる知の同時代的な認識論的枠組みと、同じ地平上にあったと考えられる。内面と社会、観念と実践などの二項対立的な発想、そしてその葛藤や統一という主題は、吉田に限らず、アジア・太平洋戦争で厳しい敗戦体験をした、戦後の特に知識人たちの批判知に見られる顕著な特徴でもあった[33]。そして研究者としての吉田は、その二元論を、最終的には知と現実の乖離をめぐる問題として、より原理的なかたちでつきつめて考えようとしていたように思われる。つまり、吉田は自身もその場に身を置いたアカデミズム（知）と現実のあいだに、つねに或る断絶を鋭く感じ取り、それが可能であるかはともかく、両者が架橋する地点に立とうと一貫して強くこだわり続けた。仏教の社会事業の歴史に注目し、河上のジレンマにかなり共感的な意味を認めようとしたのも、そのためであろう。それは、晩年まで社会的実践の意味にこだわり続けた吉田らしい、研究者のなかでも、おそらく特異な実践感覚と感受性に支えられた、戦後知のかたちであった。

吉田の近代仏教史研究は、内面と社会、あるいは知と現実をつなごうとする強い意志に支えられ、またそれは河上論によく表現されているように、容易には決着しがたい生き方をめぐる根源的な問いでもあったがゆえに、ひとつの位置を戦後歴史学のなかに占めるものであった。そして吉田の場合、単なる観念的な知的態度からそうした研究が生まれてきたのではなく、特にセツルメントと沖縄戦の二つの経験が、吉田の戦後知に固有の内実や具体性を与え、それが研究の駆動力になったということが、重要だろう。ただし、スラム街で底辺の貧困を目のあたりにし、沖縄戦で死と直面した経験は、たしかに吉田の批判的二元論をさらに厳しく原理的なものに磨き上げたが、その批判知は同時に、ともすれば歴史現象の過度の単純化や図式化にもつながりかねない一面を持っていたことは、すでに見たとおりである。

若き日の経験と、具体的な実践のなかで培われた感受性をもって、内面と社会、そして知と現実を結びつけようとする二元論を生きた吉田久一。しかしその成果である近代仏教史研究から、どのような可能性を汲みとるかは、私たち後進に問われている課題なのであろう。

註

（1）たとえば、林淳「近代仏教と国家神道――研究史の素描と問題点の整理」（『禅研究所紀要』三四号、二〇〇六年）や、大谷栄一『近代仏教という視座――戦争・アジア・社会主義』（ぺりかん社、二〇一二年）、特に第一章などを参照。

（2）「先輩からの助言（第四回）吉田久一先生（その一）」（『社会事業史研究』三二号、二〇〇五年）、五六頁。

（3）長谷川良信とマハヤナ学園については、長谷川匡俊『トゥギャザー ウィズ ヒム――長谷川良信の生涯』（新人物往來社、一九九二年）を参照。

（4）註（2）前掲の「先輩からの助言（第四回）吉田久一先生（その一）」、七一頁。

（5）吉田久一「マハヤナ学園夜間部日誌（仮称）」一九四一年四月二十日、二十六日（『吉田久一著作集　第七巻』川島書店、一九九三年、三二〇頁）。以下、『吉田久一著作集』全七巻（川島書店、一九八九―一九九三年）の引用に際しては、次のように略記する――『著作集』七、三二〇頁。

（6）吉田久一「太平洋戦争下の生徒たち」一九八一年（『著作集』七）、三三六頁。

（7）前掲吉田「マハヤナ学園夜間部日誌（仮称）」一九四一年十二月二十五日（『著作集』七）、三二六頁。

（8）吉田久一『八重山戦日記』（福祉春秋社、一九五三年、私家版）。なお本稿では『著作集』七に所収のものを参照した。

（9）註（2）前掲の「先輩からの助言（第四回）吉田久一先生（その一）」、七五頁。
（10）吉田『八重山戦日記』一九四五年三月二十五日（『著作集』七）、三八一頁。
（11）吉田『八重山戦日記』一九四五年五月七日（『著作集』七）、三八六頁。
（12）吉田『八重山戦日記』一九四五年八月二十一日（『著作集』七）、三九九頁。
（13）吉田久一『日本近代仏教史研究』（吉川弘文館、一九五九年、『著作集』四、二頁）。なお吉田は、このあとで見る『日本近代仏教社会史研究』でも同様に、「優れて普遍的社会科学であるマルクス主義と、優れて実践的体験的である信仰の両者の関係を探るむずかしさ」についてふれている。そして、自分はこのような「社会科学的立場と仏教的立場の双方に目配りした仏教社会事業史」の研究を目指すのだとしている（『著作集』五、五九頁）。
（14）吉田『日本近代仏教史研究』、v頁。
（15）吉田『日本近代仏教史研究』、vi頁。
（16）吉田久一『日本近代仏教社会史研究』（『著作集』五）、v－vi頁。原著一九六四年。なお『著作集』では、『日本近代仏教社会史研究』は第五巻・第六巻の上下分冊となっている。
（17）吉田『日本近代仏教社会史研究』（『著作集』五）、五九頁、二六一頁。
（18）吉田『日本近代仏教社会史研究』（『著作集』五）、二二七頁。また、「用語の厳密な使用において慈善事業を産業革命期に対応する用語と規定することを許されるならば、本期〔明治中期〕は慈善事業の開始期である」（二八五頁）という、吉田の指摘に注意。
（19）吉田『日本近代仏教社会史研究』（『著作集』六）、七一頁。
（20）吉田『日本近代仏教社会史研究』（『著作集』五）、二二八頁。ただし吉田は、明治中期に芽生えた仏教慈善事業について、その限界も同時に指摘している。たとえば、仏教の慈善事業の中心の一つに救貧活動があったが、吉田によれば、仏教は一方で貧困化する労働者たちに対して社会主義やストライキなどの防止的役割を担いながら、他方で、富裕層に向けては救済を奨励し、公共の調和をはかろうとしたという。これが仏教の安易な中間者意識となったことを、吉田は批判的に指摘するのである（『著作集』五、三〇八―三〇九頁など）。この指摘の当否はともかく、吉田の叙述には、ある主体や思想がその時代で達成した成果と限界の両方を記述しながら進んでいくという、顕著な特徴がある。

(21) 吉田『日本近代仏教社会史研究』（『著作集』六）、六七頁。

(22) 吉田『日本近代仏教社会史研究』（『著作集』六）、一七八頁。ただし吉田は、明治後期の仏教についても、その限界をあわせて指摘している。つまり、国家権力による「救貧→防貧→教化」図式とは別のところに仏教は慈善活動を展開すべきであったが、実際は国家の要請と安易に妥協しながら、防貧をてこに社会運動の防止という役割を担ったというのが、吉田の批判である（『著作集』六、八四頁）。

(23) 以上、渡辺海旭についての吉田の議論は『日本近代仏教社会史研究』（『著作集』六）、一八〇―一八三頁参照。

(24) 吉田『日本近代仏教社会史研究』（『著作集』五）、ⅶ頁。

(25) 吉田『日本近代仏教社会史研究』（『著作集』五）、二三八―二四〇頁。

(26) 吉田『日本近代仏教史研究』（『著作集』四）、二七七、三二五頁。

(27) 吉田『日本近代仏教史研究』（『著作集』四）、二七七頁。また、同様の批判として、『著作集』六、一六頁も参照。

(28) 吉田『日本近代仏教史研究』（『著作集』四）、二六二、二八八頁。なお同様の批判は、清沢についてのすぐれた評伝である吉田久一『清沢満之』（吉川弘文館、一九六一年）でもふれられている。同書一一、一八、一一一―一一二頁など参照。

(29) 吉田『日本近代仏教史研究』（『著作集』四）、三二六、三三二頁。

(30) 吉田『日本近代仏教史研究』（『著作集』四）、三九七頁。

(31) 以下の記述は、吉田久一「無我愛運動と河上肇」（『日本近代仏教社会史研究』、『著作集』六、第四部・第三章）を参照。

(32) 吉田『日本近代仏教社会史研究』(『著作集』六)、三一三頁。

(33) 安丸良夫・喜安朗編『戦後知の可能性——歴史・宗教・民衆』(山川出版社、二〇一〇年)、特に序章・安丸「戦後知の変貌」を参照。

石田瑞麿

日本仏教研究における戒律への視角

前川健一
Maegawa Ken'ichi

Ishida Mizumaro
1917-1999

石田瑞麿は、戦後の日本仏教研究の中で、一般的関心が高かったとは言えない戒律に対する研究で異彩を放っている。その研究は、古代仏教の菩薩戒から中世・近世の戒律の諸相にまで及んでおり、基礎的研究としての価値は高い。しかし、石田は一方で、非僧非俗を仏教者の理想としており、その戒律研究は未完のままに終わった。

はじめに

戒律は、仏教の実践にとって重要な部分を形成するが、戦後における日本仏教研究において一般的な関心は高いとは言えない。これは、研究の水準が低いという意味ではなく、単純に研究者の層が薄いということである。ここにはさまざまな要因が考えられるが、明治以後の日本において戒律が宗教上の意味をほとんど喪失したという点は大きいであろう。「肉食妻帯令」と通称される明治五年(一八七二)の太政官布告以後、日本仏教各宗では僧侶の妻帯(と肉食)が一般化していった。また、従来、妻帯を制度化していた浄土真宗がいち早く近代化を果たし、大きな影響力を持ったことや、在家主義的な仏教系新宗教が勢力を伸ばしたことも、戒律への無関心を助長した。(1)

明治以後、西洋の仏教学が移入され、さらには日本以外の仏教圏の実態が知られるようになったが、それでも戒律への復帰を唱える声は少数にとどまり、(2)むしろ煩瑣な戒律に縛られず、精神性を重んじる日本仏教こそが大乗仏教の真義を発揮しているという立場に立つものが少なくなかった。しかも、このような立場は、研究者の間にも共有されていたため、仏教研究が戒律軽視を再強化するといった関係が続いた。(3)部派仏教教団とは別に在家を起源とする大乗仏教教団が成立したという平川彰の説が、仏教学界を超えて広く受け入れられたのも、こうした背景があろう。

こうした状況に見直しが迫られるようになったのは、近年のことである。中世仏教では、鎌倉新仏教に集中していた関心が、黒田俊雄の顕密体制論の提唱によって大きく転換し、それまで単に復古的な運動と考えられがちであった叡尊らの新義律宗や、得度・授戒制度の展開にも新たな光が当てられるようになった。[4] 近世についても、長らく支配的だった「近世仏教堕落論」が見直される過程で、近世における戒律復興運動が関心を集めるようになった。[5] 近代についても、肉食妻帯の広がりや受容、さらには「寺族」と称される僧侶の妻子が研究の対象とされるようになっている。[6] 仏教研究全体に視野を広げるなら、戦後の仏教学界で支配的な学説であった平川彰の大乗仏教在家起源説の再検討が進められたことは、こうした動向と表裏をなしている。[7]

こうした動きの中で再確認されたことの一つが、律と戒とはまったく性格を異にするものであるということである。律（vinaya）は、出家教団の規則であり、出家修行者という特殊な集団を維持し、世俗社会との摩擦を回避するためのものである。一方、戒（śīla）は、在家者を含む仏教信者の自発的な修行目標である。日本では、戒律という言葉に見られるように、律と戒との区別はしばしば曖昧にされてきた。それは研究者の間でもそうであり、律を「小乗戒」と呼んでいる研究は少なくない（本稿で取り上げる石田瑞麿も例外ではない）。律と戒の区別を曖昧にすることは、律が出家教団を成立させる制度的な前提であるということを閑却し、出家者個々人の実践目標としてとらえることを意味する。そうすると、律と戒が、同一平面上で優劣を比較したり、どちらかを選択したりできるかのように見えてくる。日本仏教は歴史的にこのような混同を生じてきたが、日本仏教を記述・研究する立場がこの混同を「混同」として意識しないと、日本仏教における戒律の問題を批判的に分析することはできず、議論を混乱させるだけである。結論を先に言うようであるが、この点に従来の戒律研究の一つの限界があったように思われる。

一　石田瑞麿の生涯と業績

石田瑞麿は一九一七年、北海道旭川市の浄土真宗本願寺派慶誠寺の住職・石田慶封の三男として生まれた（兄の学而は旭川龍谷高校などの創立者、妹の栞は声楽家として知られる）。旧制富山高校を経て東京帝国大学に進み、一九四一年に印度哲学梵文学科を卒業している（一学年上に玉城康四郎、一学年下に平川彰がいる）。父親から「仏教を本気で勉強するなら、僧籍は取るなよ」と言われ、在家で通した(8)。高校の国語科教師などを経て、東海大学教授に就任した(9)。その他、日本女子大学・武蔵野女子大学・東京大学などで講師を務めている。研究生活を振返って、「世俗的で重苦しい外的な中傷・重圧もあれば、内的な憂鬱・苦悩も思い出されて(10)」と記しているが、具体的には多くを語っていない。一九九九年、老衰により死去。遺志により死亡通知・葬式はなかった(11)。

石田瑞麿には、後継者と言えるような弟子もなく、賀寿の記念論文集のようなものも刊行されていないため、詳細な年譜や業績目録のようなものは、これまでに作られていない。一九八六年から八七年にかけて出版された『日本仏教思想研究』全五巻（法藏館）は、実質上、石田の著作集であるが、単行本に収録されていない論文を主とするという方針のため、著作を網羅しているわけではない(12)。また、これ以後に数種の著作が刊行されてもいる。しかし、この「著作集」の各巻題名である「戒律の研究」「思想と歴史」「浄土教思想」「仏教と文学」は、おおむね石田の研究領域を尽くしていると言ってよいであろう(13)。石田の業績の全面的検討ということになれば、浄土教研究とりわけ親鸞研究(14)について触れないわけにはいかないが、本稿では石田の戒律研究のみを検討する。必ずしも石田の浄土教研究や親鸞研究を軽視するわけではないが、それらの分野については本書の他の稿で研究史が扱われているのに対し、日本仏教の戒律については石田以外に専門的研究者が見あたらないからである[15]。石田を通じて戦後の日本仏教における戒律研究の一側面を見てみたい。

二 戦前における日本仏教の戒律研究

石田の戒律研究を検討する上で、直接の前提となる戦前における研究状況を見ておきたい。

戦前において、戒律の歴史を通観したものとして、上田天瑞『戒律思想史』（三省堂、一九四〇年）と恵谷隆戒『円頓戒概論』（大東出版社、一九三七年）がある[16]。

上田の著作は小冊ではあるが、第三篇として「戒律思想史（二）――日本仏教戒律思想史」を含み、古代から近世にいたるまでの日本仏教の戒律の展開を叙述している。上田は、「思想的にも実践的にも小乗戒を排棄した」「二大先駆者」として最澄と親鸞を挙げ、これに対して「インド・中国以来の正統を保持して、仏陀の正法を外儀においても維持せんとした戒律主義の一群」として鑑真・鎌倉時代の戒律復興・真言律・安楽律を取り上げ、後者を中心として論述している[17]。

恵谷の著作は「円頓戒」（最澄に始まる日本天台宗の大乗戒。内容的には『梵網経』に説かれる梵網戒）を扱ったものであるが、第一篇「円頓戒史要」において、中国天台宗から日本近世にいたる大乗戒の展開を叙述している。日本に関しては、最澄の円頓戒の主張の前史として奈良時代の戒律を扱うとともに、最澄以後の円仁・円珍・安然らによる展開を述べて、さらに法然を通じて浄土宗に受け継がれた円頓戒の系譜に及んでおり、構成の上では石田の主著『日本仏教における戒律の研究』（在家仏教協会、一九六三年初版）に近似している。

これら単著の他、注目されるのは常盤大定『日本仏教の研究』（春秋社松柏館、一九四三年）である。その第四篇は「日本仏教と戒律」と題され、五篇の論文が収められているが、そのうち四篇は常盤自身の論説を端緒とした「円頓戒」論争とでも称すべきものの所産である。[18] この論争で問題になったのは、鑑真のもたらした戒律がいかなるものであるのかという点と、最澄の戒律思想に影響を与えたのは誰かという点である。常盤の主張は以下のようにまとめられる。

（一）鑑真の戒律は、瑜伽戒であり、三聚浄戒の摂律儀戒に四分律の二百五十戒を収め、摂衆生戒に梵網戒を収めたものである。

（二）最澄は、師である行表を通じて、道璿の華厳学と禅を受け、それが円頓戒の基礎となった。

これに対して、伝統的な天台宗の立場に立つ学者を中心として批判が寄せられ、論争が展開したのであるが、この論争を背景にして石田瑞麿の『日本仏教における戒律の研究』を見ると、その主要部分は、この論争における常盤説への反駁という要素を持っていることがわかる。

三　石田の戒律研究の出発点

石田の最初の公刊論文は「歴代天皇御製と信仰」（初出一九四六年）であり、[19] 必ずしも戒律に深い関心があったわけではない。石田は、戒律研究に志した契機について次のように記している。

終戦後、二・三年たったころのことであったと思う。わたしは「行基と菩薩精神」という論文を書いた。……そのころ、ある出版社から発刊されていた『敍説』という季刊誌の、「日本思想史」だったか、いまはっきりは憶い出せないが、とにかく特集号に載ることになったものであるが、戦後の目まぐるしい変動はこの季刊誌の存続を不可能にし、ついにこの論文も日の目を見ることなく、篋底にうずもれる結果となって、終った。／しかしこの論文は、また別の意味で、わたしには忘れがたいものである。というのは、わたしが戒律について考えるようになったのも、この研究が契機をなしているからである。わたしは、大乗の菩薩戒というものの在り方について、行基の研究以後、考え始めるようになった。[20]

一方、主著である『日本仏教における戒律の研究』「序」では、次のように述べている。

戒律に関心を注ぐようになったのは今次大戦が終ってからのことである。世相の混乱が日本仏教の戒律について考える視点を与えてくれたもののようであるけれども、直接には日本仏教の社会福祉事業を跡づけてみたいと考えたことから導かれたものであり、その機縁は中村元先生によって与えられ、また花山信勝先生によってそれをそだてられたことを想いおこす。[21]

さらに晩年の回想「わたしの歩いた道」では次のように述べている。

わたしが本格的に日本仏教に目を向けるに至ったのは戦後、中村元先生のお誘いで仏教の社会救済事業を点描した一文を草したことによる。これが契機となり、その後、行基をとりあげ、前者は論文集に、後者は季刊『叙説《ママ》』に載るはずであったが、ともに廃刊のため日の目を見ることなくして終わった。しかし行基や叡尊の研究は日本の戒律に着目する方向を決定的なものにした。以後、井上光貞君との好誼を得て、東京大学国史学科研究室の史料を借り出してノートしたり、比叡山坂本の叡山文庫や奈良唐招提寺の徳田明本氏を訪ねて機会あるごとに文献の提供を得、写真撮影を行なった。(22)

これらで言及されている『敍説』は、小山書店（後に伊藤整訳『チャタレイ夫人の恋人』出版で有名になる）より、一九四七年から翌年にかけて四冊が出版されている（一九五〇年に第五輯が出ているという情報もあるが未確認）。中村元は、『敍説』第四輯に「帝王の権威と宗教」を執筆しているが、その縁で石田を「日本思想史」特集号の執筆者として推薦したのではないかと推測される。また、中村はこの時期「悩める人々への奉仕　忍性の社会活動」（『日本歴史』二〇号・同二一号、一九四九年）を執筆し、忍性に見られる社会福祉的な活動と戒律との関係を論じており、これも石田に刺激を与えたかも知れない。花山信勝は石田の東京帝国大学在学中に日本仏教を講じており、直接の師に当たる。石田の発言は単にそのことに触れたものかとも思われるが、以下に見るように、少なくとも当初、石田は花山の所説に極めて近いところから出発していることがわかる。

石田が戒律研究の契機となったとする社会福祉事業に関する論文は、おそらく「慈悲と救済――僧俗一体の自覚と実践」(23)がそれに当たると思われる。この論文は、『大世界』（世界仏教協会発行）に一九五四年に五回にわたって連載されたものであるが、著作集に収録されたものには末尾に「昭和二十三年四月、擱筆」(24)とあり、先に挙げた文章中で石田が言及している年代に一致する。この論文では、出家・在家の区別が存する限り、社会と僧団との関係は「社会よりは経済的援助、あるいは法制的制約、教団よりは教理に立った布教と救済という相互関係を出ない」[25]ものであるのに対して、「日本における僧俗の理念や在り方、僧団と社会との関係にはこれと異なったものがあると思われる」[26]として、行基・最澄・空也・親鸞・叡尊が取り上げられている。この論文では、聖徳太子による「僧俗一体無差別の理念」が、僧尼令の導入や四分律による授戒によって失われたとし、それに対し、それぞれの仕方で「僧俗一体の菩薩精神」を発揮したのが行基・最澄・空也である、とされる。そして、罪悪深重の自覚に徹する親鸞にいたって、僧俗の差別は完全に否定され、凡夫そのものが菩薩となると論ずる。それに対して、叡尊の場合、僧の立場への固執があり、僧俗一体にいたらなかったため、不徹底に終わった、としている。ここに見られる仏教観は、日本仏教の特色として「真俗一貫」を挙げ、それが聖徳太子に始まり、最澄を経て、「非僧非俗」を実践した親鸞において「極めて明瞭に現れる」[27]とした花山信勝とほとんど変わらない。さすがに、この論文ほど露骨ではないにしても、出家・在家の区別を否定するところに、仏教の究極を想定するという傾向は、その後の石田の研究にも根強く残っている[28]。

なお、石田の『日本仏教における戒律の研究』では、行基の実践活動のうちに病者の救済や放生が含まれることを『梵網経』との符合として、「梵網戒がかれの思想基盤としてもっとも適切なものであることを語っている」[29]としている[30]。「慈悲と救済」では行基の活動の背景を瑜伽戒としており、『日本仏教における戒律の研究』に先立つ『鑑真　その思想と生涯』にも行基の思想背景についての言及はないので、『日本仏教における戒律の研究』執筆段階で見解が変化したことが知られる。同様のことは、鑑真や最澄に関しても言え、「慈悲と救済」の段階では、後に『日本仏教における戒律の研究』で石田自身が批判するような見解に基づいて執筆がなされている。その意味では、「慈悲と救済」を自己批判し、再検討していく中で、石田の戒律研究が形を成していったということができる。

四　『日本仏教における戒律の研究』

一九四八年頃から戒律に関心を持った石田は、以後、『日本仏教における戒律の研究』で研究をまとめるまでに、「平安中期における在家信者の受戒精神の展開」[31]（一九五〇年）を皮切りに、「中世前期の戒律」[32]（一九六〇年）にいたるまで、戒律関係で二〇本近くの論文を執筆している。[33]さらに、一九五八年に『鑑真　その思想と生涯』（大蔵出版）をまとめている。[34]これらを踏まえて博士学位請求論文として執筆されたのが、『日本仏教における戒律の研究』である（一九六二年三月二十七日に学位授与）。[35]本書は、下記の五章と「結語」で構成されている。

第一章　鑑真渡来以前の戒律
（第一節　仏教渡来後の戒律事情、第二節　鑑真渡来以前の授戒）
第二章　鑑真の戒律
（第一節　鑑真の授戒伝律、第二節　鑑真の開会戒）
第三章　最澄の戒律
（第一節　最澄の円戒提唱、第二節　最澄の円戒、第三節　最澄以後の仮受小戒）
第四章　最澄後の円戒
（第一節　光定の円戒思想と『伝述一心戒文』、第二節　円仁の円戒思想、第三節　円珍の円戒思想、第四節　安然の円戒思想、第五節　戒観念の変容）

第五章　鎌倉時代における戒律
（第一節　法然の戒律観、第二節　円戒の復興と戒灌頂(36)、第三節　南都戒の再興、第四節　南北二律と律宗復興）

結語

このうち最も頁数が割かれているのは第三章であり、内容的にも既発表の論文に基づくものではなく、ほぼ書き下ろしである。最澄の提唱した「円戒」を中心として、鑑真を含む、それ以前の日本仏教の戒律を前史として位置づけ、最澄以後に関しては、天台宗内での「円戒」の展開・変質と、鎌倉時代における浄土教の側の戒律理解および北京律（俊芿）・南都律（叡尊・覚盛）を考察するという構成になっている。

第一章・第二章は、ほぼ『鑑真　その思想と生涯』の要約で、鑑真以前は『瑜伽師地論』に基づく三聚浄戒の授受が行われていたのに対し、鑑真以後は、彼の天台教学に基づいて法華経の立場から（小乗）律を菩薩戒として戒会した「法華開会の戒」が行われたとする。これは、鑑真の戒を瑜伽戒とする常盤大定説への批判である。

第三章では、最澄の円戒・一乗戒が、「正依梵網・傍依法華」の立場であり、『華厳経』的な一乗観を踏まえることによって、南都の法華開会の戒とは対立するとする。最澄が比叡山籠山後の仮受小戒（改めて東大寺戒壇で律（具足戒）を受けること）を規定したのも、（小乗）律を大乗戒として開会したのではなく、利他のためであるとする。また、最澄の先駆者は、『梵網経』に基づく実践を行った行基であり、僧綱制度から離れた独自の教団を作ったのも行基に学ぶところとする（これは、道璿の影響を重視する常盤大定説への批判）。さらに、最澄没後の動向として、光定によって仮受小戒が廃棄されたことを述べる一方、賀茂神・春日神のために加えられた延暦寺年分度者に「小戒」を受けることが定められたのは南都との妥協であるとしている。

第四章では、最澄以後の天台宗における戒律の変容が論じられ、特に光定・安然において戒と密教との結合がなされ、安然にいたって戒による即身成仏が説かれたことが論じられる。また、平安時代において、祈禱的な受戒が広く行われるようになると同時に、『末法燈明記』に見られるような破戒・無戒が一般化していったことが述べられる。

第五章では、まず法然の専修念仏と戒師としての活動の関連を取り扱い、両者は法然においては統一されなかったとしている[37]。戒律復興に関しては、実範・俊芿・覚盛・叡尊らを取り上げ、特に俊芿の北京律と覚盛・叡尊の南都律との間の戒律観の差異を論じている。

「結語」では、鑑真に発する律宗系の戒律思想と最澄による天台円戒を戒律思想の二つの流れとし、両者が融合しなかったことを特記している。その理由としては、「何と言っても両者を代表した天台・法相の世俗的な勢力的相剋[38]」によるものとしている。律宗系戒律思想については、鑑真の戒律と鎌倉時代の律宗復興との異質性が述べられ、天台円戒については、時代による変遷を説き、それをもたらしたものが本覚門的思想であると説く[39]。

五　石田説の評価

石田の『日本仏教における戒律の研究』は、古代から中世にかけての日本仏教の戒律思想の展開を通観して見通しを与えたものであり、刊行以来、古典的著作として関連する領域の著書・論文ではしばしば言及されている。しかし、単に名前が挙げられているだけで、具体的にどの点を参照しているのか分からない場合も少なくない。以下、管見の範囲ではあるが、石田の所説を具体的に検討したものを取り上げたい。『日本仏教における戒律の研究』に対する書評で、土橋秀高は次の三点を指摘している。(40)

(一)「最澄では極めて稀な用例に属」する一乗戒の概念を守護国界章下巻の救華厳家一乗義章に論拠して、「梵網を結経とし、それを内包した意味での華厳一乗を最澄が今顕発しようとした一乗戒の語に見ることが出来る」として、最澄における華厳の影響ということを重視されているが、梵網を華厳結経とみなすほかに華厳思想の本格的な影響が戒観として具体的にみられるのであろうか、この問題は「開会の否定に足場をおいた円戒は戒に関するかぎり法華一乗からの後退を語っているのでありここに最澄における華厳の影響というものを推察することもできるのである」と云われているだけに非常な重要な意味をもってくる。

(二)また最澄の円戒授受の意図が僧宝を顕揚するにあったことはあきらかなことであり、そのことは南都の僧綱制度の統制から逃れて純粋な相の僧伽を比叡の山上にきずくということであった。つまり国家の統制からの離脱であり、僧伽の自律性の確立であることが強調されている。ところが鎮護国家という国家権力へのかしづき《(ママ)》を開山の目的としたところに彼の円戒の独自性を結論づけていることは、(41)戒壇の創成という僧伽自体の課題に勅許という権威づけを求めていることとあわせ考えると南都から北嶺への展開ということがただ古いものから新しいものへ移ったということがみられるにすぎない。出世間道という仏法の本然、そうして僧伽の理念にてらしてみれば一向かわりばえのしないこととみなされる。この点の論述について、筆者の解読が不充分なためか、何かおちつ《(ママ)》つきのわるいものが読後に残った。

(三)いま専修念仏と戒とは統一さるべくしてついに統一されなかったという結論が、それは天台法華の円教が円戒との統一を容易になすことができなかったことと同様のことがらとしてみちびき出されていること、これに因んで筆者の愚案を提示してみたい。……比丘戒においては慧は一往戒とは別個であり、仏陀も僧伽の一員であるから、戒はあくまで僧伽を対象として成立するのである。……しかし菩薩道においては戒と慧は一つであり、戒は僧伽ではなく仏に直結し、一得永不失であって絶対性をおびることとなる。このようにして大乗仏教徒は戒観において我と僧伽・我と如来という二重構造のなかにとりまかれる。……叡山において仮受小戒か、爾前の小戒受持かという問題、法然の念仏と戒の問題もここにその鍵があるのではないだろうか。

土橋はまた、「鑑真和上の戒律思想背景　菩薩戒小論」[42]を著し、中国における菩薩戒の展開を踏まえて、鑑真は、在家者には菩薩戒として梵網戒を授け、出家者には比丘戒として四分律を授け、菩薩戒として瑜伽戒を授けたのではないかと推定している。これは実質的には石田の法華開会戒説の否定である。一方、勝野隆広は、鑑真は出家・在家ともに梵網戒を授けたとしながら、当時の中国仏教界における菩薩戒授受を検討して、学派にこだわらず高名な僧から菩薩戒を受けることに意義を見いだすという姿勢を指摘している[43]。勝野説を前提にするなら、比丘戒として四分律を授けることと、菩薩戒として梵網戒を授けることとの間には、石田が想定するような「開会」の必要性はないと思われる。一方、田村晃祐は石田の法華開会戒説について「実際にそのような思想に立脚したものと証拠づけることは出来ないけれども、鑑真をめぐる諸問題をもっとも無理なく生かす考え方であろう[44]」と評している[45]。

吉田靖雄は、行基の教化行為の基礎に瑜伽戒があるとする二葉憲香説[46]と、梵網経の影響があるとする石田説の両方を検討し、行基の行為はどちらからも説明することができ、「その菩薩戒は梵網戒と瑜伽戒を併せ呑むものであり、決して梵網戒または瑜伽戒の単受ではなかった」としている[47]。一方、井上光貞「行基年譜、特に天平十三年記の研究[48]」は行基の実践の背景に三階教の影響があることを示唆し、吉田は「行基における三階教および元暁との関係の考察[49]」でこの説をさらに展開している。

最澄の戒律をめぐって、土橋が指摘した（一）の点について、平了照は「円戒の円について[50]」の中で、法華開顕によって『梵網経』の別円二教が実教となるなどの理由から、最澄の円戒は基本的には『法華経』に立脚しているとする。一方、小寺文穎は最澄に対する元暁の影響を指摘し、「一乗戒」の「一乗」を華厳一乗とみなしてよいことを示唆している[51]。また、石田が最澄の戒律上の立場を「正依梵網・傍依法華」としたことには、小寺は「少し行き過ぎではなかろうか」と再考の余地を示唆している[52]。

石田は、仮受小戒について（小乗）律を開会したわけではないとするが、ポール・グローナーは、この解釈には（一）最澄が戒律関係以外の著書で開会の論理を駆使していることを無視している、（二）『顕戒論』が南都との論争書であり、最澄は天台教学上の詳細な点に立ち入っていないことを看過している、という二つの欠点があるとしている[53]。

また、光定が仮受小戒を放棄したことに関して、石田は最澄との思想的な差異を前面に出すが、塩入亮達「比叡山寺における位次の問題[54]」は僧侶集団内での序列の混乱を回避するためのものであると解する。村中祐生[55]・勝野隆広[56]もこの立場を取っている。

中世の戒律に関して、石田は、俊芿は（小乗）律を開会して大乗とする天台宗の立場に立つので、具足戒の上に菩薩戒を重ねて受けること（重受・増受）を認めなかったとしているが、これに関して蓑輪顕量は、土橋秀高・道端良秀の意見を踏まえて、増受の立場に立っていた方が自然としている[57]。また、石田の覚盛理解に関しても、蓑輪は石田の分析に一定の評価を与えつつも、「通受」の意味内容に注意を払っていないことを批判している。[58]

おわりに

『日本仏教における戒律の研究』をまとめた後、従来の研究を要約したようなものを除くと、石田は、中世を中心として、『日本仏教における戒律の研究』で扱わなかった問題を取り上げ、検討する論文を一六本ほど執筆している。[59] それらはそれぞれに労作ではあるが、これらを通観しても、中世の戒律について統一感のある全体像は浮かび上がってこない。石田は『日本仏教における戒律の研究』の続編をまとめるつもりだったらしいが、[60] どのような構想を立てていたのかはわからない。

ここで注目されるのは、「女犯――その触れられない実態について」（一九八一年）[61] で、これは「仏教における性と犯罪と刑罰」として構想されていたものの一部で、[62] 後に『女犯――聖の性』[63] に結実することになる。本書は、古代から近世にいたるまでの僧の性生活をさまざまな資料を博捜して描き出したもので、「極めて実証的かつ貴重な成果」[64] という評価もうなずけるものである。ある意味で、戒律研究の総決算とも言える本書で、石田は「日本の仏教史は女犯という視点を通してみるかぎり、敗北の歴史といっていい」と結論している（同書「あとがき」）。これはその通りであろうが、しかし、重要なのは「なぜそうなのか」という点であろう。石田の著作は多くの実例を挙げるだけで、この問いには答えてくれない。この意味では、石田の戒律研究は、日本仏教の戒律の諸相を現象論レベルで記述するだけで、日本仏教の中で戒律が占める位置の構造的把握に成功しているとは言えない。これは、石田にとって、戒律は多くの場合、個々人の実践・倫理として理解され、教団を統制する制度としての面が軽視されがちであったことに起因すると思われる。[65] つまり、戒と律のうち、前者にのみ焦点が当たっており、後者の側面が閑却されがちであったということである。晩年の「比丘尼戒壇」(一九七八年)や「園城寺戒壇」(一九八〇年)[66]は、戒律の制度的側面に光を当てたもので、石田の関心の変化をうかがわせるが、結局、この方向での研究はこの二論文のみで終わり、石田の戒律研究は未完のままに終わったと言えると思う。

先に「慈悲と救済」についての紹介で見たように、石田の中では親鸞と戒律の問題は内的な連関があるにもかかわらず、石田の業績を通観すると、戒律研究においては親鸞に触れず、親鸞研究では戒律について触れないという姿勢で一貫している。このような禁欲的姿勢は、逆に親鸞と戒律という問題が石田の中で極めて重要なものであったことを暗示している。「法然における二つの性格」(一九六一年)[67]の末尾には「親鸞の戒律観についてはまた改めて考察を進めなければならない」とあるが、これはついに果たされなかったと言わねばならない。「非僧非俗」とされた親鸞を大乗仏教の理想ないし究極と考える石田の親鸞理解は、近代日本における一般的思潮に棹指したものと言ってよいが、そのような姿勢のもとでは、戒律への関心はかなり限定されたものにならざるを得ない。石田の戒律研究が全体として未完のままに終わったことは、逆説的に近代日本における仏教理解の問題を象徴するものと言えるであろう。

註

(1) 末木文美士は、日本仏教研究で、戒律が閑却されてきた理由として、①教団の問題と教理的な問題が切り離されていたこと、②近代仏教において肉食妻帯が一般化したこと、という二点を挙げ、松尾剛次はこれに加えて、③妻帯した親鸞が仏教者の理想像と考えられたこと、を挙げている(末木・松尾「日本人にとって〈戒〉とは何か」松尾編

『思想の身体――戒の巻』法藏館、二〇〇六年）。

（2）たとえば、スリランカで受戒し、律に基づく教団を形成しようとした釈興然など。リチャード・ジャフィ（前川健一訳）「釈尊を求めて――近代日本仏教の誕生と世界旅行」（『思想』九四三号、二〇〇二年）を参照。

（3）一例として、花山信勝の次のような発言を参照――「我が「日本仏教」に於ては、単に小乗戒が大乗戒となり、事戒が理戒となつただけでなく、形式的には持戒が破戒、無戒とまで進み、内容的には外戒が内戒、相対戒が絶対戒とまで発展することとなつたのである。尤もそれが実践的には戒の堕落的傾向をたどるといふことにもなつたけれども、理論的には仏教教理の極致にまで到達し得たのである」（『日本仏教の特質』岩波講座・東洋思想、第十六回配本、岩波書店、一九三六年、五〇頁）。

（4）松尾剛次『鎌倉新仏教の誕生――入門儀礼と祖師神話』（吉川弘文館、初版一九八八年、新版一九九八年）、同『勧進と破戒の中世史――中世仏教の実相』（吉川弘文館、一九九五年）など一連の研究、ならびに蓑輪顕量『中世初期南都戒律復興の研究』（法藏館、一九九九年）などを参照。

（5）沈仁慈『慈雲の正法思想』（山喜房佛書林、二〇〇三年）、西村玲『近世仏教思想の独創――僧侶普寂の思想と実践』（トランスビュー、二〇〇八年）など。

（6）Richard M. Jaffe, *Neither Monk nor Layman: Clerical Marriage in Modern Japanese Buddhism* (Princeton and Oxford: Princeton University Press, 2001). 部分訳として、前川健一訳「限りなく在家に近い出家」（末木文美士他編『ブッダの変貌――交錯する近代仏教』法藏館、二〇一四年）がある。

（7）佐々木閑『インド仏教変移論――なぜ仏教は多様化したのか』（大蔵出版、二〇〇〇年）などを参照。

（8）菅原伸郎「在家で通した石田瑞麿先生」（『大法輪』二〇〇六年三月号）。

（9）ちなみに就任にあたって、教授会に出席しないことを条件に挙げたという。前掲の菅原「在家で通した石田瑞麿先生」を参照。

(10) 石田瑞麿「わたしの歩いた道」(日本仏教研究会編『日本の仏教5――ハンドブック日本仏教研究』法藏館、一九九六年)。

(11) 註(8)前掲の菅原「在家で通した石田瑞麿先生」を参照。

(12) 石田瑞麿『日本仏教思想研究』全五巻(法藏館、一九八六―一九八七年)。簡便のため、以下、『日本仏教思想研究』を『著作集』と略称し、その引用に際しては次のように記す――『著作集』巻数、頁数。

(13) なお、研究論文以外で石田が力を注いだ分野に、仏典の現代語訳がある。『維摩経』や『往生要集』の現代語訳は平凡社の「東洋文庫」で発刊され広く普及しているし、親鸞著作の現代語訳は最終的に『親鸞全集』全五巻(春秋社、一九八五年―八七年)として結実している。こうした過程で、石田は仏教語の現代的解釈にも関心を懐き、中村元『仏教語大辞典』に協力した他、最晩年に独力で『例文仏教語大辞典』(小学館、一九九七年)をまとめている。

(14) 石田「わたしの歩いた道」(前掲註(10))によると、親鸞研究は結城令聞の示唆によるという。

(15) あくまでも「日本仏教における」戒律研究であって、戒律研究一般であれば、平川彰の金字塔的研究があり、中国仏教に関しては佐藤達玄や土橋秀高の業績がある。近代日本における戒律研究については、川口高風「明治期以後の戒律研究と諦忍律師」(『愛知学院大学教養部紀要』四二巻三号、一九九五年)の「一 明治期以後の戒律研究」が、その概観を与えてくれる。

(16) なお本書は、上田天瑞『戒律の思想と歴史』(密教文化研究所、一九七六年)に再録されている。

(17) 上田『戒律の思想と歴史』、六五頁。

(18) 常盤大定『日本仏教の研究』(春秋社松柏館、一九四三年)、四六六頁、および前掲註(15)の川口「明治期以後の戒律研究と諦忍律師」、一八六頁に関係論文が示されている。

(19) 『著作集』五、四〇五―四六一頁。

(20) 石田瑞麿『梵網経』仏典講座14(大蔵出版、一九七一年)「はしがき」、一頁。

(21)　石田瑞麿『日本仏教における戒律の研究』（在家仏教協会、一九六三年）。一九七六年に仏教書林中山書房より再刊。なお本書は『著作集』一に収録されているが、この「序」は省かれている。
(22)　石田「わたしの歩いた道」、一三二頁。
(23)　『著作集』三、一七—五二頁。初出一九四六年。
(24)　『著作集』三、五二頁。
(25)　『著作集』三、一八頁。
(26)　『著作集』三、一九頁。
(27)　註（3）前掲の花山『日本仏教の特質』、五七頁。
(28)　たとえば、最晩年の『女犯』（筑摩書房、一九九五年。ちくま学芸文庫、二〇〇九年）にも、親鸞について次のような記述が見える。「かれには僧俗を超えた境界が開けているから、単純に親鸞を僧の身で妻帯した人と見做すのは誤りである」（文庫版一四六—一四七頁）。
(29)　『日本仏教における戒律の研究』（『著作集』一）、五〇頁。
(30)　後年の「行基論」（一九七四年、『著作集』三に所収）でも、同様の理解が示されている。
(31)　『著作集』二、二三九—二六三頁。
(32)　『著作集』二、二六六—二七一頁。
(33)　おおむね『著作集』二・三に収録されているが、短篇のものなどで未収録のものがある。
(34)　ただし、近世天台宗の安楽律を扱った「開会について」「安楽律の紛争」は、含まれない。
(35)　国立国会図書館のデータによる。
(36)　この第二節は、『著作集』一所収の版では、削除されている。これは出版に当たって挿入されたもので、『著作集』一ではもとの学位論文の形態に戻したという（『著作集』一、四九一頁）。

たい。

(37) ここからは、法然から親鸞への展開が予想されるが、石田は親鸞については語らない。この点については後に触れ

(38) 『著作集』一、四八八頁。

(39) 本文中には本覚思想についての論述はないので、これは相当に唐突な結論である。また、同様に唐突なのは「円戒の真俗一貫の理想がいったん放擲され、法然によって再生されたことである」と述べたり、「法然による念仏と戒との結合」を「天台宗における円戒の正傍論と併行の関係において把握された」としたりするところ(『著作集』一、四八六―四八七頁)で、これらも本文中の記述に対応するものを見出せない。

(40) 土橋秀高「新刊紹介　石田瑞麿『日本仏教における戒律の研究』」(『仏教学研究』二〇号、一九六四年)。(一)から(三)の数字は前川が付したもの。

(41) 石田『日本仏教における戒律の研究』では、最澄を論じた箇所の結びとして、「あえて最澄が一向大乗戒による菩薩を確立しなければならなかったのは」、桓武天皇の御願に応え、国家鎮護のための僧を養成し、国土安穏・国家繁栄を祈ることが「天台法華宗に課せられた任務」であったためとしている(『著作集』一、二六七頁)。

(42) 土橋秀高「鑑真和上の戒律思想背景　菩薩戒小論」(『東方宗教』三一号、一九六八年)掲載。土橋『戒律の研究』(永田文昌堂、一九八〇年)所収。

(43) 勝野隆広「鑑真の菩薩戒伝戒とその受容」(『印度学仏教学研究』五五巻一号、二〇〇六年)。

(44) 田村晃祐「大乗戒思想の展開」(高崎直道・木村清孝編『日本仏教論　東アジアの仏教思想Ⅲ』シリーズ・東アジア仏教4、春秋社、一九九五年)、五〇頁。

(45) 註(4)前掲の蓑輪『中世初期南都戒律復興の研究』も「はしがき」において、「法華開会の戒」という用語が史料上にないことを難点として挙げる(七頁)。同書の別の箇所では、それを「鑑真の個人的な戒観」として扱い、唐招提寺では南山律宗と相部宗が学ばれていたことを指摘する(二六六―二六七頁)。

(46)二葉憲香『古代仏教思想史研究――日本古代における律令仏教及び反律令仏教の研究』(永田文昌堂、一九六二年)。
(47)吉田靖雄「行基と菩薩思想」(同『日本古代の菩薩と民衆』吉川弘文館、一九八八年)、九一頁。初出一九八二年。
(48)井上光貞「行基年譜、特に天平十三年記の研究」(竹内理三博士還暦記念会編『律令国家と貴族社会』吉川弘文館、一九六九年所収)。後に『井上光貞著作集　第二巻』(岩波書店、一九八六年)に収録。
(49)吉田靖雄「行基における三階教および元暁との関係の考察」(舟ヶ崎正孝先生退官記念会編『畿内地域史論集』舟ヶ崎正孝先生退官記念会、一九八一年所収)。後に前掲の吉田『日本古代の菩薩と民衆』に、「行基と三階教の関係」として収録。
(50)平了照「円戒の円について」(『天台学報』八、一九六七年)。のち、塩入良道・木内堯央編『最澄』(日本名僧論集・第二巻、吉川弘文館、一九八二年)に収録。
(51)小寺文穎「伝教大師の一乗戒源流考」(天台学会編『伝教大師研究』早稲田大学出版部、一九七三年所収)。なお、小寺『天台円戒概説』(叡山学院、一九八七年)第四章・第一節・第一項「一乗戒の問題点」も同趣旨である。
(52)小寺『天台円戒概説』、第五章・第一節・第一項「法華梵網の正傍論」。
(53)Paul Groner, *Saichō: The Establishment of the Japanese Tendai School* (Seoul: Po Chin Chai, 1984), pp.200-201.
(54)塩入亮達「比叡山寺における位次の問題」(註(51)前掲の天台学会編『伝教大師研究』所収)。
(55)村中祐生『天台法華宗の研究』(山喜房佛書林、二〇〇五年)第三編・第二章・三「利他としての仮受小律儀」を参照。
(56)勝野隆広「仮受小戒をめぐる諸問題」(『印度学仏教学研究』五六巻二号、二〇〇八年)。
(57)註(4)前掲の蓑輪『中世初期南都戒律復興の研究』、二二五―二二六頁。
(58)蓑輪『中世初期南都戒律復興の研究』、一四一頁。なお、蓑輪の次の評言は、石田の戒律研究全般に該当するものと思われる――「石田氏の研究では大乗の戒の受戒の方軌についてあまり注意を払っていない」(同書、九頁)。

(59) これらはおおむね『著作集』二に収録されており、「『末法灯明記』について」(一九六〇年)のみが『著作集』三所収である。
(60) 石田瑞麿「親鸞における思想・信仰の発展過程の謎」(『中外日報』一九八一年一月七日号、「わが研究課題　親鸞を中心に」と改題し、『著作集』四所収)。
(61) 『著作集』二所収。
(62) 石田「親鸞における思想・信仰の発展過程の謎」を参照。
(63) 書誌は註(28)前掲の石田『女犯』を参照。
(64) 松尾剛次「破戒の日本仏教史」(石田『女犯』文庫版の解説)。
(65) 石田の叙述から時々感じ取られる「受戒・持戒においては、戒律の全てが文字通りに実践されるべき」という非現実的な想定も、このことに由来すると思われる。
(66) 『著作集』二所収。
(67) 『著作集』四所収。

二葉憲香

仏教の立場に立つ歴史学

近藤俊太郎
Kondō Shuntarō

Futaba Kenkō
1916-1995

皇国史観と唯物史観、その両者との格闘のなかで自らの立場と方法を獲得していった二葉憲香。二葉は、仏教の根本的立場とその歴史こそが仏教史であると把握し、歴史を超える信の立場が、歴史のなかにどのような主体を確立して歴史・社会と対決していったのかを、学問的に、そして自らの生において確かめようとした。

はじめに

二葉憲香は、一九一六年三月八日に広島県の浄土真宗本願寺派明願寺住職の二葉普善とその妻みどりの長男として生まれた。二葉は、地元の刈田北小学校から広島県立三次中学校へと進んだが、一九三二年五月に退学し、同月山口県の徳山中学校に転校して、翌一九三三年三月に卒業した。同年四月、龍谷大学専門部に入学した二葉は、入学翌月に胸膜炎を発病して休学し、一九三四年四月に再入学している。二葉自身が「以来完全な健康とは縁がなくなった」(1)というように、このときから二葉の生涯は絶えず病気と隣り合わせのものとなるのである。二葉の回想によれば、胸膜炎を発症して郷里に帰った際に、病床で父親に「信仰とはどういうことなのか、念仏するとはどういうことなのか」(2)と問うたという。そこで「だまってしまった父親のようにはなるまいと思」(3)い、龍谷大学で仏教を学び進めるうちに、二葉は仏教の本質を把握するには体験的基礎が必要だと考えるようになった。この問題に出会ったことで、二葉は随分と苦しみ、逡巡したようである。一九四〇年三月に卒業した後は龍谷大学研究科に進学し、研究科では「仏教史の領域及び仏教史学の課題」(4)および「日本仏教史成立の研究」(5)を論題とした卒業論文を書いている。一九四四年三月に日本教学研究所研究員となった二葉は、「とても仏教の深さは把握できそうもない。世俗のなかで暮らそう」(6)と思い立って満州に渡り、翌四月に満州国文教部教官に着任したが、翌年八月に敗戦を迎え、抑留生活を送ることとなった。一年間の抑留生活を経て帰国した二葉は、一九四八年四月に龍谷大学の助手に就任し、その後、講師・助教授を経て、一九六五年四月に教授となった。一九六九年九月に文学部長となった二葉は、翌十月には学長代行となり、大学紛争に対処した。そして、一九七六年三月から一九八三年三月まで学長の任にあったが、七月に教授を退職し、八月から京都女子学園長に就任した。龍谷大学学長就任以降はさまざまな要職を歴任し、研究・教育活動に邁進していたが、一九九五年十一月十五日に心不全により死去した(7)。

二葉仏教史学の研究成果は、『古代仏教思想史研究――日本古代における律令仏教及び反律令仏教の研究』(永田文昌堂、一九六二年)や『日本古代仏教史の研究』(永田文昌堂、一九八四年)に見られる日本古代の仏教思想史の研究から、『親鸞の研究――親鸞における信と歴史』(百華苑、一九六二年)に結実する親鸞研究、そこでの親鸞理解を軸とした真宗史研究、さらには近代以降の政教関係や戦後の神社問題にまで及んでいる(8)。

その厖大な著述の山に分け入ってみるとき、読者はそこに底流する、二葉の仏教徒としての主体性を感じ取ることができよう。二葉は、さまざまな研究対象に、終始、自身の仏教理解を立脚点にして向き合っていたのである。二葉は戦時下で研究を出発させ、戦後仏教史研究(9)のなかで一つの仏教史像を提示することとなるが、生涯を通じて方法意識は一貫していたようである。古代仏教思想史や親鸞をめぐる活発な論争において中心的役割を果たした二葉の学問は、常に仏教徒としての主体性を強烈に押し出すところに特徴があるのだが、それは、若き日の逡巡を跳躍台にして獲得した方法的立場に支えられていたといえよう。

そして、二葉は親鸞に即して仏教理解を構築したため、研究史上では古代仏教の研究成果が著名ではあるものの、実は親鸞論こそが二葉仏教史学の特徴を摑み出す鍵である。二葉が、自らの師であるという親鸞の仏教史観を「学問的に確かめてみよう、その上から日本仏教を再検討してみよう、と思った(10)」と、自身の研究を振り返って述べているのは、そうした立場と不可分のことであろう。最初の単行本となる『親鸞の人間像』（真宗典籍刊行会、一九五四年）は二葉が三十九歳のときに刊行され、その二年後には『親鸞の社会的実践』（百華苑、一九五六年）が続く二作目として刊行された。親鸞論は、二葉仏教史学の初期に一つの山場を迎え、それ以後の研究活動の基本的方角を指し示す羅針盤となったのである。そこには、二葉の仏教理解の特質や、戦後仏教史研究との関係など、興味深い論点も集中的に表現されている。以下では、そこに照準を合わせ、二葉仏教史学の基本的立場をあきらかにしてみたい。

一　二葉仏教史学の方法

二葉が自らの学問を出発させようとしたとき、戦時下という時代状況が否応なく覆いかぶさっていた。戦時下では、たとえば「戦時教学」[11]や聖典削除[12]といった問題があり、仏教史研究も皇国史観に立つものが基本となっていた。二葉の学問の出発にあたって決定的に重要なのは、皇国史観（およびそれと一体化した国家主義的仏教史研究）との訣別である。その方法的自覚は、仏教の普遍性・本来性をどう考えるかという問題と重なりつつ、具体化していった。ただし、それが当時の状況のもとで社会的影響力を発揮しえないのは、ほとんど必然だったといえよう。[13]

二葉仏教史学は、敗戦を迎えて状況が大きく転換したとき、どのように本格化したのか。まずは二葉仏教史学の出発点に位置する「仏教史の領域及び仏教史学の課題」という作品から、その方法意識を探っておきたい。筆者の見るところ、二葉仏教史学の基本的立場は、この作品が発表された一九四四年から一九五〇年頃までの間にほぼ定まった。この作品で二葉は、「仏教は、如何なる主体によって如何に歴史となったか、云ひかへれば如何なる主体によって如何なる仏教史がつくられたかを明かにする事、それを仏教史学の課題としなくてはならぬ[14]」と宣言し、仏教が信仰主体を回路にして、歴史のなかに何をもたらしたのかを問うことが仏教史学の課題であると見定めた。さらに、

仏教は、単なる思想ではない。仏陀への行修なくして、云ひかへれば自らに於ける仏教史の成立なくして、仏教の完全な把握は不可能である。即ち仏教史の完全な把握は、自らに於ける仏教史の成立を究極の根拠とするものである。仏教史の研究は、自己が先づ仏教のになひ手である時、過去の仏教が現在の生命を与へられた時、その完全さを獲得する事ができる。仏教史と仏教史学とは、究極に於て体験に於ける統一を持たなくてはならぬ[15]。

と述べて、仏教史の把握にとって研究主体の仏教理解が決定的に重要であることをあきらかにした。こうした仏教の本質的把握とでもいうべき方法意識は、戦後も引き続き二葉仏教史学の基調となっていく。

二葉は、「現代日本仏教史学の展開」という一九五〇年に発表した論文で、「初期仏教史学者の持った動機と関心」に論及し、「忠義心と義務心、及びそれによる関心の仕方と、教理と歴史との分離による関心領域の限定とを指摘した[16]」。そして、前者が日本仏教史の研究に「ひづみを与へ」、その結果として「日本仏教」の独自性の主張が生まれたと述べ、そうした「ひづみ」の問題は、戦後の唯物史観によっても別の仕方で繰り返されたと論じたのである。他方、二葉は、後者の問題にも幾度となく言及し、その都度かなり強い注意をうながした。というのも、二葉によれば、「教理と歴史との分離は、その始源の追求に於ける根本的課題たる釈尊の立場とその展開に関する研

究の欠如となり、根本思想とその実践による歴史的展開を除外した叙事とならざるを得なかった」[17]からである。ここに、戦前から一貫した二葉の方法意識がうかがえよう。

ここで指摘された「ひづみ」の問題との関連で注意しておきたいのは、二葉の親鸞研究の方法的前提として、マルクス主義に立脚した宗教理解への批判が存したことである。[18]二葉は、服部之総に対する批判を通して、その問題を具体化した。たとえば、二葉は、服部の『親鸞ノート』(国土社、一九四八年)が親鸞研究や仏教史研究に寄与したといい、その画期性を積極的に評価する一方で、「宗教的契機を、時代・社会の直接的な反映としてのみ把握するという限界を有する」[19]とも述べている。要するに、宗教に対する経済構造の規定性を斥け、宗教の超歴史的契機に注目することが、ここで二葉の批判の背後にあった問題関心なのである。下部構造の反映ではなく、宗教それ自体の主体性を主張しようとしたところに、われわれは二葉自身が仏教の担い手として立とうとする責任意識を看取しうるだろう。

また周知のように、マルクス主義の強い影響下で形成された戦後歴史学には、国家権力と人民を対立構図のもとで描き出すことに問題意識が存した。そして、戦後仏教史研究もこうした理論的枠組みを共有しながら進められていったのである。二葉もその例外ではなく、国家権力と人民との対立構図を受容して、人民の側に仏教の本質的把握の伝統を読み込もうとする傾向が顕著である。けれども、二葉の場合、国家権力と人民とを截然と区切って対立構図に解消するというかたちで論じきらないで、人民が国家権力を支えるものであった点にも切り込み、そこにどのような世界観・人間観が横たわっているのかを、両者の宗教性を注視しながら切開していくところに重要な特徴がある。[20]

二葉が、戦前の「日本仏教」の独自性を主張する皇国史観と戦後の唯物史観の両者に通底する問題性を見ていたことは先に述べた。二葉仏教史学の方法は、戦前の皇国史観と戦後の唯物史観、この両者との格闘によって鍛え上げられていったのである。その格闘の末に二葉が辿りついたのは、「仏教の立場に立つ歴史学」であった。二葉は、一九五〇年に発表した「道元の仏教史観」で、仏教の根本的立場から歴史を認識するとき、「仏教の立場に立つ歴史学が可能となる」[21]と述べ、「仏教が歴史として成立し展開することはいかなることを意味するかという反省」[22]が、「仏教の名を冠するあらゆる出来事を仏教史と考へる事に対する批判を生み、仏教史を深い混迷の中から救ひ出す」[23]と論じた。以上より、二葉仏教史学は、仏教を対象としながら、同時に方法とするものであったといえよう。

二　二葉親鸞論と仏教の本質的把握への志向性

一九五四年に刊行された二葉の最初の著書となる『親鸞の人間像』は、一九五二年の「二度目の入院のベッドで」「ものにつかれたように」書き続けられたという[24]。二葉はその「序」に、「この書は、偉大な親鸞の全貌を伝えるようなものではないが、歴史を超える信の立場が、歴史・社会に対してどのような主体を確立して対決して行くかを、親鸞に即して解きあかそうとしたものである」[25]と記した。つまり、本書は、親鸞論という形態をとってはいるものの、仏教の根本的立場およびその歴史（仏教史）をあきらかにすることにこそ主眼が置かれているのである。

二葉は『親鸞の人間像』を「仏教の根本的立場」と題する章から書き起こし、「非我の自覚こそ仏教の原理的立場」[26]であり、「非我の自覚は、我の存在を否定して、五蘊と言いあらわすほかない自己の絶対相を我とはいえないものと自覚すること」[27]であると明かした。そして、二葉はこの検討の直後に「親鸞の根本的立場」と題した章を配し、その冒頭部で次のように述べた。

仏教の根本的立場を見た私は、ただちに親鸞の根本的立場をながめよう。この場合、ただちにとは、釈尊から親鸞にいたる歴史的過程の一切を抜きにして、という意味である。歴史的に構成、発表せられた親鸞の思想には、釈尊との間に歴史的には甚だしい違いがある。その相違の認識に歴史学の主要な課題があり、そのような課題の構成こそ、近代仏教史学の提起した仏教思想展開の研究の本筋となるものである。……しかしながら、このような仏教の歴史的発展の認識は、歴史的な相違の根底をつらぬく超時代的同一の面の認識を欠いては、真に仏教の発展の認識であることはできないであろう。(28)

二葉がこうした議論を展開するのは、仏教の立場を、歴史的な規定性から解き放たれた地平に見ているからである。(29)これを二葉は、「超時代的契機」とも表現している。しかし仏教もまた、歴史のなかでそれを担う主体を通して現出するのであるから、歴史的規定性と何らかの関係を構築せざるをえない。

宗教を社会の反映と見ることは、宗教の主体性をはくだつすることに外ならないが、宗教は、社会・歴史以前の自己に関する人間の自覚として主体の確立を可能とするのであって、宗教的立場の社会・歴史との関係は反映ではなくて対決である。／それゆえに、宗教史の成立は、社会条件の反映としてとらえられるべきではなく、宗教的契機と社会的契機、超時代的契機と時代的契機の対決としてとらえられなくてはならない。(30)

ここに提示された「対決」という一語には、公式的マルクス主義による反映論と社会性を捨象した宗教論の双方への批判が込められている。(31)無論、仏教と称されているもののすべてが反映論に解消できないだけの主体性を確保したとは到底いえないから、上の文章には宗教一般ではなく、普遍宗教に限定した議論であることを注記しなければならないだろう。以上のように、本書で二葉は、親鸞の「自力の心」の否定に、根本仏教の非我の自覚との超時代的同一性を指摘し、その立場が歴史的世界からの解放であるために歴史的現実との対決をもたらすと論じた。二葉はさらに、「専修念仏を弾圧した中世の国家権力及び武家権力の思想的立場が、律令国家の立場をつぐものであり、仏教教団に対して「僧尼令」を規定した立場につづくことを[32]」指摘し、こうした「民族宗教を地盤とする国家の仏教信奉の立場と、それに対立する本質的な、いわば正統仏教の立場[33]」を描き出し、後者の系譜に、行基から最澄、そして「親鸞とその農民[34]」とを位置づけたのである。

二葉は、『親鸞の人間像』刊行から二年後の一九五六年に『親鸞の社会的実践』を発表した。本書で二葉は、家永三郎批判を一つの軸として議論を展開している。二葉は、家永が、親鸞の信仰の構造を「社会的実践→罪障の自覚→信の決定[35]」と示したことを批判し、これに、「親鸞の信の構造は、自力の心の否定→信の決定→社会的実践(世をいとうしるしをもとめて友同朋とねんごろにし、悪き行為をひるがえし、新しい実践の規範を創造する)という構造をもつ[36]」という理解を対置した。二葉はまた、家永の議論について、「社会条件の直接的な反映として宗教信仰を把握する立場と似ている[37]」と指摘し、かつて家永自身が「思想史学の立場[38]」で論じた親鸞の思想の自律性を充分に考慮しえていない点を鋭く突き、家永が提示した「親鸞の決断といふ新要素X」を「下部構造」との「対決」として把握すべきだと論じたのである。二葉によれば、家永が親鸞の信仰構造を考える際に、親鸞の踏まえた「我見の否定(自力の心の否定)」を外したために、家永が「罪障の自覚」として提示したものの実質は「単なる自我意識による煩悩の意識に止まる」のであり、その結果、家永親鸞論は「我」の立場からの親鸞論になっているという[39]。つまり、「非我」を仏教の根本的立場として考える二葉にしてみれば、親鸞の自力の心の否定こそ、親鸞の仏教的立場の集中的表現なのであった。こうした議論の構成に決定的な影響を与えたのは、二葉自身の仏教の本質的把握への志向性とでもいうべき問題意識であったといえよう。

ところで、戦後仏教史研究では、本願寺教団を封建的残滓の象徴として批判的に捉える一方で、親鸞を近代的価値に即した実質を持つ思想家として積極的に評価していた。このような両者への評価は、いうまでもなく、親鸞と教団の関係を分断することで並存が可能となっていた。それを一言にしていえば、親鸞はあのように堕落した教団を形成する気などなかったのだ、となろう。ここから、親鸞の信を内面的世界に封殺し、社会的立場と無関係なものとして把握する傾向が生じたのは当然のことであった。二葉は、こうした議論を注視しながらも、親鸞の信の立場が社会的実践を呼び起こし、「非権力的自律社会」[40]を形成する原理であったことをあきらかにした。すなわち、二葉は分断されていた宗教的立場と社会的立場を親鸞に即して総合し、親鸞の信と教団形成を結びつけて論じたのである。

ただし、二葉の親鸞理解は、眼の前の教団をそのまま親鸞の時期のそれと同質だと把握し、正当化する護教的な色彩を帯びてはいない。真宗教団の変化については、一九六一年の「真宗伝道史」と題した文章で、「一、伝道教団/二、教化者教団/三、制度化教団/四、遺制教団」[41]と、教団の変質過程を四段階に整理して示し、現段階が単なる「遺制」に過ぎないと断じているし、一九六六年の「真宗信仰における往生信仰と歴史との関係についての仮説」では、親鸞から蓮如、さらに近代真宗という「三つのピーク」における往生信仰の特徴を検討し、親鸞以降の真宗の社会的立場の変質が宗教的立場のそれでもあったことを論じている。[42]

先に見た『親鸞の人間像』と『親鸞の社会的実践』は、一九六二年に一書にまとめられ、『親鸞の研究——親鸞における信と歴史』として刊行された。こうして、『親鸞の研究』は二葉親鸞論の全体像を示す成果となった。二葉の親鸞研究は、それ以後も数多く発表されるけれども、基本的骨格に関する変更は一切ない。『親鸞の研究』以後のものでは、一九七一年に発表された「親鸞のきりひらいた地平――真宗教団の成立と日本仏教の転換[43]」が、二葉の親鸞研究の成果を集約的に盛り込んだ内容であり、二葉親鸞論の一つの到達点を示す作品である。そこで、ここではそれを手掛かりに二葉が真宗史・日本仏教史をどのように理解したのかを整理してみよう。

二葉はまず、日本仏教史における二つの伝統を指摘する。「仏教の正統に立ち民衆を基盤として展開する仏教[44]」と「日本の民族宗教と結びつき政治権力と合体して展開する仏教[45]」という二つのながれである。この二つのながれは「推古朝における聖徳太子と蘇我馬子にその源流がある[46]」のだが、「政治権力と民衆、民族宗教と仏教という二つの軸の間をさまざまな変化をみせながら、日本仏教史ないし日本宗教社会史のなかを貫流する[47]」のである。まず、「仏教の本質的受容とその社会的展開[48]」は、聖徳太子―行基―最澄―空也―千観―源信という系譜において把握できるという。二葉はそこに成立してくる浄土教の構造を、「個人の現世的栄華を死後の世界にもちつづけるために浄土を願うもの（1）、現世に絶望し人生を否定し、死後の常楽の世界へ生まれようとするもの（2）、……現実否定を通じて現実への宗教的還相の指向をふくむ[49]」もの（3）、という三つのパターンに類型化し、それらを次のように示した。

（1）現実単純肯定　⟶　未来世単純肯定
（2）現実単純否定　⟶　未来世単純肯定
（3）現実否定　⟷　浄土・現実の絶対肯定

上の第三のパターンの完成者として位置づけられるのが親鸞であり、「親鸞によってきりひらかれたのは、民衆が神々と権力の呪縛からときはなたれ、自由な人格として結びあう普遍的世界の地平であった[50]」と二葉は見た。そして、「親鸞のするどい現実感覚に立った往生信仰は、浄土とは全く異質の穢土（現実）に還帰することをもって完成するという逆説的な構造をみせる」のに対して、「親鸞の宗教の偉大な後継者といわれる」蓮如においては、「たのむに足らず取るに足らないもの、それが現世であり、ねがうべき世界は永遠常楽の死後の浄土の世界であった」ことを指摘し、蓮如の真宗を第二のパターンへの逆もどりだと把握した[51]。蓮如型真宗は、信心をあらゆる価値に優先するものと理解したため、一揆の原理となりえたが、その後、日本近世の世俗的現世主義によって蓮如型真宗教理から現実否定が抜き去られ、第一のパターンへと変質するという。さらに、近代に突入すると、「現実単純肯定→観念の浄土肯定[52]」という形態の奇妙な浄土真宗が生まれたと論じた[53]。

以上のように、往生信仰の類型化を軸にして、二葉は日本仏教史全体のなかで親鸞の位置をあきらかにすると同時に、親鸞において成立した仏教の本来性を軸に日本仏教史の全体を捉えようとしたのである。

三　二葉仏教史学の実践性——神社問題と家永教科書裁判

二葉による数々の社会的実践のなかでも、その学問的立場性がとりわけ際立っているのは、神社問題に対する批判的関与と家永教科書裁判の第三次訴訟における意見書提出である。

神社問題との関連でいえば、二葉が一九六〇年代の靖国神社国家護持法案に反対したことも重要だが、それに先立って、一九五九年に伊勢神宮の特別立法化の動向にただちに反応して批判の論陣を張っていたことも見逃せない[54]。

二葉自身の整理によると、その実践は、「伊勢神宮を宗教法人のわくからはずして国家支持を実現しようとする意図が、神宮を非宗教とすることによって日本国憲法の信教自由の規定を無意義にし、神宮崇拝を国民に強制することと、それによって神聖化される天皇の権威のもとに国家権力の絶対性を確立しようとするものであるという認識に立つものであった[55]」。いうまでもなく、神宮崇拝の強要と信教自由とは相容れない。二葉はここで、近代日本の政教関係史のなかで神社神道非宗教論が果たした役割を重視するように、注意を喚起したのである。神社神道が非宗教とされ、国家権力と結びつくことで、国家権力絶対化への道が開かれるという点を、二葉は繰り返し論じた。

二葉はちょうど同時期に発表した「ひと皮むけば原始人――現代人の信ずるもの」という短文で、「無宗教はたかだか特定の宗教を信じないというにとどまり、反宗教は既成宗教への反感を示すにすぎない[56]」と述べている。伊勢神宮の特別立法化を支えるのはこうした国民の宗教性であり、ここから伊勢神宮特別立法化が信教自由に対する侵犯だという認識はもちろん成立しえない。ここには、戦前の国家神道を支えた宗教性が、そのまま横たわっているのである。二葉は、そうした国民に伏在する宗教性の正体を次のように指摘した。「その正体は、自己の力への信仰が示すように、我の信者であり、いってしまえば、力あるものを無上のものとして信じた原始宗教につながるものである[57]」、と。ここで二葉は、こうした宗教理解に「進んだ世界的宗教[58]」を対置して、宗教進化論的立場から論じている。ただ、二葉が重視しているのは「受けいれる主体の原始性[59]」である。いくら「世界的宗教」が進んでいようとも、それを担う主体の質こそが重要なのである。「非我」を「我」の立場から理解したとき、それがもはや「非我」ではなくなるのと同じように。

一九六七年、靖国神社国家護持法案をめぐる論争の最中で二葉が批判の論陣に加わったとき、論敵となったのは「神道の弁護士[60]」を自任する葦津珍彦であった。両者の論争は一九六七年から六八年にかけて『中外日報』紙上で展開された[61]。ここでも二葉は、伊勢神宮の特別立法化反対の際と同様に、神道非宗教論の危険性の主張に議論を集中させた。それに対して、葦津は、明治期に神道非宗教論を提示したのが渥美契縁などの真宗者であったことや、戦前の真宗関係者が繰り返し神道非宗教論を主張した点を突き、そうした真宗の立場から二葉の議論が一貫していないと批判したのであった。つまり、葦津によれば、神道非宗教論を提示したのは真宗であり、そうした真宗には靖国神社国家護持への反対論を提示するだけの条件が備わっていないのである。ここで葦津が論じた、近代真宗による神社非宗教論を通した天皇制国家への従属は、むしろ二葉こそが解明してきた問題であったから、両者の主張は奇妙な一致を示すこととなった。ただし、二葉とともに靖国神社国家護持に反対の論陣を張った福嶋寛隆が指摘したように、「明治十年代までの神道非宗教論はいちおう真宗の神祇不拝の伝統をふまえて権力と対峙した、きわめて緊張をはらんだ、積極的な意味をも担っていた[62]」のであり、歴史的文脈を捨象した葦津の議論が靖国神社国家護持のためになされた強引さを伴っていたことは否定できないだろう。

二葉にとって神社問題は、「真宗信仰の歴史的意義を明らかにし、信教自由、権力に蹂躙せられない人間の尊厳を基礎づけ獲得する使命を自らに課さなければならない[63]」という、真宗信仰の再生に関わる問題でもあったから、近代真宗の歴史を自己批判的に踏まえる点で、葦津とは議論の位相を異にしていた。すなわち、二葉や福嶋にとって靖国神社国家護持反対の議論は、真宗の歴史を反省的に踏まえることができるだけの主体の確立を志向する「自己変革」を目指す運動でもあった[64]。

こうして見てくると、二葉の学問的営為は、現実批判の性格を強く帯びていたことがわかる。その根底に存したのは戦前の国家神道を支えた宗教に対峙しうるだけの主体性の確立であった。そして、そうした主体性と、二葉が説き続けた仏教徒としての主体性とは不離一体のものであった。この点から、二葉仏教史学は戦後という歴史的条件と共振する性格を有していたといえるかもしれない。

このような神社問題への批判的関与と通底する立場から取り組まれたのが、家永教科書裁判への意見書提出であった。[65] 一九九二年、二葉は教科書裁判の第三次訴訟に際して、教科書のなかの特に親鸞理解に関わる意見書を執筆し、法廷で証言台に立っている。教科書検定では、家永教科書の「法然親鸞らは朝廷から弾圧を受けたが、親鸞はこれにたいし、堂々と抗議の言を発して屈しなかった」という記述について、文中の「堂々と抗議の言を発して」という部分が、親鸞が弾圧を受けた当時に抗議の言を発したと読めるという理由で、修正意見を加えられた。こうした検定意見を受け、二葉は、検定意見が論拠とした赤松俊秀説を「国家仏教とは違う仏教、そういった民衆を土台とした仏教と国家仏教との対立点というのは認識から欠落しております」と批判し、古田武彦の『教行信証』の「後序」の成立の研究を参照しながら、[66]「主上臣下、法に背き義に違し」という言葉は「弾圧の最中に親鸞の発した抗議の言」[67]であり、「親鸞の国家仏教に対する批判は終生変らなかった」[68]と反論した。さらに意見書の末尾では、検定意見に対し、「それは、いわゆる国家仏教と、親鸞の開いた仏教の普遍性をふまえた正統仏教の展開との相違を知らず、もっぱら国家仏教的で、国家に対する批判を持たない仏教を正統とする考え方から来ているものであろう。それは、事実に反するばかりでなく、いわゆる教科書記述に対して、特定な立場を強要するという、思想研究に対する干渉という側面を免れることはできないであろう」[69]と断じている。二葉において学問的営為と社会的実践が統一されていたことを、ここに確認できよう。親鸞論との関連でいえば、二葉が、家永裁判を契機として、古田のいわゆる「承元の奏状」論を吸収したことは、二葉親鸞論における仏教と歴史との原理的関係の明確化を結果したといえよう。

以上のように、二葉親鸞論は、非権力的で自律した普遍的主体の形成、および権力との対決・緊張関係という、親鸞において成立した立場をそのまま研究主体にも要求する、実践的な性格を強く帯びていたのである。

四　二葉仏教史学の特質

二葉親鸞論の展開で特に注意しておきたいのは、やはり黒田俊雄の顕密体制論との関係である。残念ながら二葉がこれを学術論文において取り上げた形跡はないけれども、一九八九年八月に開催された浄土真宗本願寺派の山陰教区三隅組の講習会で、黒田の『日本中世の国家と宗教』（岩波書店、一九七五年）に論及していたことが確認できるので、少しそれを追ってみよう。ここで二葉は、黒田の議論を歴史的実態という点においては承認しながらも、その議論が『興福寺奏状』の追認という側面を持つことを厳しく批判した(70)。つまり、顕密仏教が中世仏教の正統として、法然や親鸞が異端として、それぞれ位置づけられるとき、その「正統」とは何であるかを二葉は問うているのである。いうまでもなく、黒田にとっては中世世界の全体像の把握こそが課題であり、それとの関連で親鸞の仏教を「異端」と評価したのであるが、親鸞を釈迦の説いた仏教の正統な継承者と見る二葉の立場からすれば、親鸞が異端として位置づけられることを拒絶するのは当然だろう。このように、研究の内容だけではなく、それを構成する研究主体の正統仏教理解を問うた点に、二葉仏教史学の特徴が表れている。こうした二葉の顕密体制論批判はまた、正統仏教の位置づけのみならず、顕密体制論が『興福寺奏状』の追認により権力秩序を肯定する研究として構成された点にまで及んだ。そこには、権力と仏教との原理的関係を、どこまでも緊張において捉えようとする二葉の立場がうかがえよう。

先に見たように、二葉の仏教史観は、親鸞の仏教史観を基本的な骨格としていた。それは、仏教史を二つの流れにおいて把握するものであった。日本仏教史を把握する際に、〈律令仏教─反律令仏教〉として設定された分析概念は、やがて〈民族宗教─普遍宗教〉に、そして〈有我仏教─無我仏教〉へと変化していったが、二葉は後者の分析概念に適う仏教徒に一貫して仏教の正統的立場を認めた[71]。もともと状況論ではなく本質論であり、歴史概念というより分析概念というべき、これらの概念群の変化は、二葉の思想的変化の表出というよりも、より仏教の本質的把握に即した分析概念の錬磨を意味するものであろう。

これに関わって想起しておきたいのは、二葉のいう「民族宗教社会」とは、特定の時代状況に限定的に適用すべきものではなく、人間の歴史を貫く本質であり、したがって二葉自身の眼前に広がる現実状況の本質でもあったことである。特定の時代の、特定の状況の説明とならない以上、時代区分を自明の前提として、それぞれの時代状況とその変化を詳細に分析していく歴史研究の立場からすれば、二葉の議論は抽象的な概念で糊塗された図式的理解の安易な適用と見られることだろう。その意味で、たとえば平雅行が「二葉氏らの「民族宗教」「律令仏教」といったスタティックな概念装置では、体制仏教が超歴史的なものとなってしまい、古代と中世の異同を明示できない点に問題がある[72]」と指摘したのは、二葉仏教史学の一面を的確に捉えている。

二葉における普遍宗教としての仏教に対する関心の集中は、民族宗教の内実についての丁寧な議論の不充分さを結果してしまったきらいがある。むしろ、普遍宗教の本質的把握とともに、民族宗教の内実を丁寧に解き明かしてこそ、二葉の〈民族宗教─普遍宗教〉という分析概念はより強度を高めることができたのではないだろうか。というのも、二葉の議論に基づいていえば、普遍宗教を踏まえた信仰主体の成立の前提は、常に民族宗教的主体にほかならないからである。

二葉は、個別・具体的な歴史状況を綿密に分析したり、微細な次元を丁寧に描き出したりすることに、あまり積極的でなかった。二葉はむしろ、仏教の原理的把握に、より即した形で分析概念の抽象度を高めて、その枠組みに基づく日本仏教史の全体像の把握へと舵を切った。二葉仏教史学に、「事実認定と価値評価」の「混淆[73]」や、「宗教や信仰における超歴史的普遍性の契機の主観性と客観性の混同[74]」が指摘されるのはそのためだろう。二葉の展望のもと、綿密な分析とそれを通した概念の強化（あるいは再検討）は、二葉に続こうとする研究者に託されたのである。

おわりに

二葉は、仏教史を把握するうえで、研究主体が仏教的主体を成立させることの重要性を繰り返し指摘した。二葉自身がどうだったのかといえば、敗戦後の研究室に帰った後の病院生活のなかで「漸く仏教の門に立つことができた。私は仏教史研究の出発点にたどりついたと感じた[75]」と述懐している。

この仏教的主体の成立を仏教史研究の前提とする二葉仏教史学は、研究主体にとって自己の信仰が厳しく問われる構造となっているため、一部の宗教的達人向けの方法のようにさえ映じてくる。この研究の方法的前提に関わる難題については、二葉自身が、「主体が問題になることと、その転回が困難であることは、そのこと自体に理由があるのであって、時代、歴史以前の問題であるというところがある。それは現代において困難であるばかりでなく、いつの時代においても困難であったのである[76]」と述べている通りだろう。ただし、その困難さと真摯に向き合うことは、存在論的次元での反省に研究主体を直面させるばかりか、時として、人間とその世界の根源的否定性を媒介した、新たな人間観・世界観の前に彼を立たせるような事態さえも惹き起こす。

このように、二葉仏教史学は、ほとんど到達不可能な地平への旅を突きつけてくる。にもかかわらず、二葉仏教史学がいまなお説得力を失わないのは、仏教を研究対象として扱うだけの確固たる理由を求める研究主体に、二葉仏教史学が一つの明確な回答を用意しているからだろう。その回答とは繰り返し確認してきたように、仏教的主体の確立にほかならない。それは明快だが、困難な回答である。とするなら、その困難さを二葉に説き続けさせたのは一体何であったか。それは、「親鸞聖人において成立した信心と歴史的実践との関係は、われわれにおいても成立する、……信心はその超越的根拠の故に時代を超えて、いつでも成立する。そのことは、その信心に立って、われわれが歴史的決断を行うことの可能と意義を教える」[77]というように、親鸞研究を通して獲得した、仏教と人間に対する信頼であった。

註

（1）二葉憲香「病院生活を縁として」一九六六年七月（『二葉憲香著作集』第五巻、永田文昌堂）、八四頁。以下、『二葉憲香著作集』全一〇巻（永田文昌堂、一九九九―二〇〇四年）の引用に際しては、次のように略記する。『著作集』五、八四頁。

（2）二葉憲香「生きていることの理由」一九六六年十一月（『著作集』五）、八七頁。

（3）二葉「生きていることの理由」、八八頁。

（4）二葉憲香「仏教史の領域及び仏教史学の課題」一九四四年九月（『著作集』一所収）。

（5）この論文の内容は確認できていないが、二葉の回想によれば、研究科で「聖徳太子のことについての卒業論文を書いた」（「生きていることの理由」、九〇頁）とある。おそらくこの論文のことであろう。

（6）二葉「生きていることの理由」、九〇頁。

（7）以上、「二葉憲香教授略年譜」（『龍谷史壇』第一〇六号、龍谷大学史学会、一九九六年）、「緒言」（『古代仏教思想史研究――日本古代における律令仏教及び反律令仏教の研究』一九六二年九月、『著作集』四）、二葉「生きていることの理由」、同「わが師わが友」（『本願寺新報』二三二六号、一九八六年六月一日、五頁）を参照。

（8）二葉の著作は、その大半が註（1）前掲の『二葉憲香著作集』にまとめられている。

（9）戦後仏教史研究は仏教の戦争体験を批判的に乗り越えようとする一つの試みだといえよう。それは天皇制国家への従属史を批判的に捉え直し、仏教がいかに国家権力と対立するものであるかを描き出す点に問題意識があった。戦前と戦後を通じて国家とどのような関係を構築すべきかが重要な課題であった点においては、一貫した問題を抱え込んでいたともいえる。認識の枠組みを継承しながら、そこに新たな意味を与えていこうとしたとき、起爆剤となったのがマルクス主義だったのではないだろうか。

（10）二葉「わが師わが友」、五頁。

（11）福嶋寛隆監修・「戦時教学」研究会編『戦時教学と真宗』（全三巻、永田文昌堂、一九八八―一九九五年）参照。

（12）信楽峻麿「真宗における聖典削除問題」（中濃教篤編『講座日本近代と仏教6　戦時下の仏教』国書刊行会、一九七七年）参照。

（13）二葉憲香「戦争と学問」一九八四年一月（『著作集』九）、二八―二九頁。

（14）二葉「仏教史の領域及び仏教史学の課題」、三〇頁。

（15）二葉「仏教史の領域及び仏教史学の課題」、三〇―三一頁。

（16）二葉憲香「現代日本仏教史学の展開」一九五〇年十一月（『著作集』一）、六一頁。

（17）二葉「現代日本仏教史学の展開」、六一頁。

（18）マルクス主義の影響下で形成された親鸞像については、拙稿「戦後親鸞論への道程――マルクス主義という経験を中心に」（『仏教文化研究所紀要』第五二集、二〇一四年）で考察した。あわせて参照されたい。

(19) 二葉憲香「日本の仏教史研究の方法論的展望」一九五二年二月(『著作集』一)、一三七頁。
(20) この点については、たとえば、二葉憲香「国家権力と宗教」(一九五六年十月、『著作集』一、三七〇―三七一頁)を参照。
(21) 二葉憲香「道元の仏教史観」一九五〇年六月(『著作集』一)、三八頁。
(22) 二葉「道元の仏教史観」、三九頁。
(23) 二葉「道元の仏教史観」、四〇頁。
(24) 註(1)前掲の二葉「病院生活を縁として」、八四頁。
(25) 二葉憲香「序」『親鸞の人間像』一九五四年四月(『著作集』一)、一八〇頁。なお、「序」の末尾には「昭和二九年三月八日」とある。
(26) 二葉『親鸞の人間像』、一九三頁。
(27) 二葉『親鸞の人間像』、一九五頁。
(28) 二葉『親鸞の人間像』、二〇〇頁。
(29) たとえば他にも、「宗教の立場は、人間の作為、歴史・時代を超えたところにその本来の立場あり、そのかぎり、その超歴史的立場の認識がなくては、宗教の歴史的発展の認識はなりたたない」(『親鸞の人間像』、二〇一頁)と述べられている。
(30) 二葉「日本の仏教史研究の方法論的展望」、一六二頁。
(31) こうした理解については、川本義昭「親鸞の〝実践性〟をめぐる方法的覚え書――「寛喜の体験」の逆射するもの」(二葉憲香博士古稀記念論集刊行会編『日本仏教史論叢』永田文昌堂、一九八六年)参照。
(32) 二葉『親鸞の人間像』、二二四頁。
(33) 二葉『親鸞の人間像』、二四三頁。

(34) 二葉『親鸞の人間像』、二八三頁。
(35) 家永三郎「親鸞の念仏――親鸞の思想の歴史的限界に就て」(『中世仏教思想史研究――増補版』法藏館、一九五五年)、二四二頁。初出一九五三年一月。
(36) 二葉憲香『親鸞の社会的実践』(『著作集』二)、一〇頁。
(37) 二葉『親鸞の社会的実践』、一二頁。
(38) 家永三郎「思想史学の立場」(黒田俊雄編『思想史〈前近代〉』歴史科学大系第一九巻、校倉書房、一九七九年)。初出一九四九年十一月。
(39) こうした議論はすでに一九五三年十月に発表された「親鸞の信の構造と歴史性」(『著作集』一所収)で提示されている。ただし、二葉が親鸞の信の構造を対置するのは、『親鸞の社会的実践』を俟たねばならない。
(40) 二葉『親鸞の社会的実践』、一二頁。
(41) 二葉憲香「真宗伝道史」一九六一年二月(『著作集』二)、四四六頁。
(42) 二葉憲香「真宗信仰における往生信仰と歴史との関係についての仮説」一九六六年十二月(『著作集』五所収)。
(43) 二葉憲香「親鸞のきりひらいた地平――真宗教団の成立と日本仏教の転換」一九七一年一月(『著作集』六所収)。
(44) 二葉「親鸞のきりひらいた地平」、三一二頁。
(45) 二葉「親鸞のきりひらいた地平」、三一二頁。
(46) 二葉「親鸞のきりひらいた地平」、三一二―三一三頁。
(47) 二葉「親鸞のきりひらいた地平」、三一四頁。
(48) 二葉「親鸞のきりひらいた地平」、三一三頁。
(49) 二葉「親鸞のきりひらいた地平」、三一七頁。
(50) 二葉「親鸞のきりひらいた地平」、三一八頁。

(51) 二葉「親鸞のきりひらいた地平」、三一八頁。
(52) 二葉「親鸞のきりひらいた地平」、三一九—三二〇頁。
(53) かつて児玉識が指摘したように、こうした二葉仏教史学の立場からは、近世真宗史の研究それ自体の積極的意義を認められなくなることは避けられないだろう。二葉が近世の仏教史について切り込む用意を持たないのは、その仏教史観に起因する問題であった。児玉識『近世真宗の展開過程——西日本を中心として』(吉川弘文館、一九七六年)、四—七頁。
(54) 二葉憲香「動きだす権力の神聖化——伊勢神宮特別立法に反対する」一九五九年十月(『著作集』二所収)。
(55) 二葉憲香「信教自由圧殺の動きについて——伊勢神宮の超宗教化」一九五九年十二月、(『著作集』二)、三〇九頁。
(56) 二葉憲香「ひと皮むけば原始人——現代人の信ずるもの」一九五九年九月(『著作集』二)、二七八頁。
(57) 二葉「ひと皮むけば原始人」、二七八頁。
(58) 二葉「ひと皮むけば原始人」、二七九頁。
(59) 二葉「ひと皮むけば原始人」、二七九頁。
(60) 葦津珍彦「私も神道人の中の一人である」(『神国の民の心』島津書房、一九八六年)、一一〇頁。
(61) 『中外日報』紙上の日付順に整理すると、次のようになる——二葉「靖国神社法案に反対する」(一九六七年一〇月二一・二二日)、葦津珍彦「靖国神社国家護持案の討論の前提——とくに二葉憲香教授に質問する」(一九六七年一一月一六・一七日)、二葉「靖国神社非宗教論の欺瞞」(一九六七年一二月一二・一三・一四・一五日)、葦津「靖国神社国家護持・私説——二葉憲香教授の所論に応えて」(一九六八年二月七・八・九・一〇日)。
(62) 福嶋寛隆「神道非宗教論と真宗——靖国神社問題は真宗にとって何であるか」(『伝道院紀要』第八号、伝道院、一九六九年)、四〇頁。
(63) 二葉憲香「靖国神社問題の歴史的背景——神社非宗教政策と真宗との歴史的関連について」一九六九年三月(『著

作集』五)、四八一頁。

(64) 註(59)前掲の福嶋「神道非宗教論と真宗」を参照。

(65) 教科書検定訴訟を支援する全国連絡会編『家永・教科書裁判 第三次訴訟 地裁編』(第三巻、朝鮮人民の抵抗・草莽隊、ロング出版、一九九二年)。

(66) 古田武彦「親鸞の奏状と教行信証の成立――「今上」問題の究明」(宮崎円遵博士還暦記念会編『真宗史の研究』永田文昌堂、一九六六年)、同「親鸞の史実」(二葉憲香編『親鸞のすべて』新人物往来社、一九八四年)。

(67) 二葉憲香「専修念仏禁制に対する親鸞の抗議――家永教科書裁判における意見書」一九九二年四月(『著作集』一〇)、一九四頁。

(68) 二葉「専修念仏禁制に対する親鸞の抗議」、一九四―一九五頁。

(69) 二葉「専修念仏禁制に対する親鸞の抗議」、一九六―一九七頁。

(70) 二葉憲香『天皇制と真宗』一九九一年七月(『著作集』一〇)、五四頁。

(71) これについては、松尾一「戦後親鸞論の軌跡(1)―(3)――二葉憲香「仏教史学・親鸞論」を読む」(『久留米工業高等専門学校紀要』第二四巻第一号―第二五巻第一号、久留米工業高等専門学校、二〇〇八―二〇〇九年)を参照。松尾論文は、ほとんど研究史上で顧みられることのない二葉仏教史学の意義と限界を論じた貴重な成果である。

(72) 平雅行『日本中世の社会と仏教』(塙書房、一九九二年)、六九頁。

(73) 薗田香融「二葉憲香著「古代仏教思想史研究」」(『仏教史学』第十二巻第一号、仏教史学会、一九六五年)、六五頁。

(74) 亀山純生『〈災害社会〉・東国農民と親鸞浄土教――夢から解読する〈歴史に埋め込まれた親鸞〉と思想史的意義』(農林統計出版、二〇一二年)、八頁。

(75) 二葉『古代仏教思想史研究』、三頁。

(76) 二葉憲香「信仰の運動」一九六六年六月(『著作集』五)、八〇頁。

(77) 二葉憲香「現代において仏教史を学ぶことの意義」一九七四年九・十月(『著作集』七)、二四六頁。

付記 本稿は、科学研究費補助金(研究課題番号:一五K〇二五〇六、一六H〇三三五七)による研究成果の一部である。

田村芳朗

思想史学と本覚思想研究

花野充道

HANANO Jūdō

TAMURA Yoshirō
1921-1989

日本仏教研究者はおおむね歴史学者と教理学者に分類できる。前者が実証的であるとされるのに対して、後者はその護教的な傾向が否めない。しかし戦後、東京大学に新設された日本仏教史講座の初代教授となった田村芳朗は、天台本覚思想や鎌倉新仏教の成立に関して、その二つの世界をまたぐような業績を示すことに成功した。

はじめに

「本覚思想」が、いわゆる「日本仏教」の基底に流れる思想潮流であることに、異論を呈する研究者はいないであろう。この課題をめぐる研究は、すでに戦前の段階で始まっていたが、それがさまざまな形で展開するのは戦後である。以下、思想史学の観点から、戦後の日本仏教研究を代表する田村芳朗の学問的営為について考察する。

田村は一九二一年に大阪に生まれる。田村自身の記すところによれば(1)、家はもともと浄土真宗であったが、子供時代はクリスチャンとして育ち、日曜日には教会に通っていた。ところが小学校五年の終わりに結核性の肋膜炎にかかり、旧制中学の半ばごろから人生に対して懐疑的となり、キリスト教をやめるに至る。旧制の第三高等学校に進んだが、懐疑は深まるいっぽうであった。そういうとき、法華宗(本門流)の小笠原日堂にめぐりあい、人生の羅針盤を喪失して漂浪していた田村は、信念の塊りとも言うべき日蓮の人格に魅せられるようになった。

一九四三年九月、卒業から一か月後に、小笠原の導きにより、宮内日大を師として得度し、僧名を完勝と称した。同時に、東京大学文学部印度哲学梵文学科に入学するが、十二月には応召により入隊。田村は入隊に当たり、法華経と日蓮遺文集を持って行ったが、初日に私物検査があり、思想上の理由から日蓮遺文集は送り返すことを命じられる。田村は戦地を転々としながらも、法華経だけはたえず身から離さず、暇をみては読みあさり、そこに説かれた無限の宇宙、永遠の生命にふれて、死を超越した境地にひたった、と綴っている。

一九四六年、復員・復学し、一九四九年には卒業して、さらに大学院（旧制）へと進んだ。と同時に、千葉県浄教寺の住職にも就任している。一九五四年、大学院を修了し、一九五六年には東洋大学文学部の助教授に就任。一九六二年、『鎌倉新仏教思想の研究』により文学博士の学位を受く。一九七二年、東京大学に日本仏教史講座が新設されることになり、その初代教授に就任し、一九八二年、定年退職にともなって立正大学仏教学部の教授に就任。一九八五年、浄教寺の住職を辞し、一九八九年、六十八歳で逝去する。

一　本覚思想の研究史について

東京帝国大学が創設されたのは一八七七年、文学部に史学哲学及政治学科と和漢文学科が置かれた。一八八一年の改組で哲学科に印度哲学と支那哲学が加えられ、一九一七年には印度哲学講座の初代専任教授に村上専精が就任した。翌年、大学令が公布され、私立の専門学校が大学となり、龍谷大学、駒澤大学、立正大学などが揃って大学に昇格した。その翌年、東京帝国大学で初めて日本仏教の講義が行われた。講師は島地大等、講題は「日本仏教本覚思想概説」であった。

当時、仏教が講義されていた各宗門大学は、近世の檀林・学林などと呼ばれる僧侶の養成機関を大学令にしたがって改編したものである。近世の檀林では、宗乗と呼ばれる自宗の教学を中心として、あわせて余乗と呼ばれる一般仏教学を学ぶのが通例であった。したがって、その改編に基づく各宗門大学では、宗乗を宗学科とし、余乗を仏教学科とするのが一般的である。

基本的に「宗学」は、宗祖や派祖の無謬説に立って、その教団の教義の正当性を論証し、教団の僧侶を育成することを目的としているから、客観的な学問とは少し性格を異にする。「仏教学」はその宗学を補完するものと位置づけられ、各宗門大学では、実質的に各宗派の教学を前提とした学問が行われていた。私立の各宗門大学はそれでよいとしても、まさか官立の東京帝国大学で各宗門の個別の宗学を教えるわけにもいかないから、そこで島地が選んだのが日本天台の本覚思想であった。宗門大学の宗学は、宗祖の教学を信仰的に絶対視し、個々に自己完結したものとして、教団で体系化された教義を子弟に教授する傾向が強い。島地は各宗祖の教学を歴史的に相対視し、客観的に公平に、しかも個別ではなく、統一的に論ずる一つの基準として、日本仏教や日本文化の基底に流れる日本特有の本覚思想に着目したのである。

仏教はインドで誕生したが、中国民族に受容されて中国的に変容し、朝鮮半島を経て、日本民族に受容されて日本的に変容した。島地は日本民族の生み出した仏教や文化の底流に、日本民族特有の本覚門的思考を洞察したのである。島地は亡くなる前年の一九二六年に、それまでの研究を集約して、次のように論じている――「日本特有の本覚思想〔は〕……宗教に道徳に芸術に、各方面に同工異曲の種々相を展開すべき根本思想であ〔る〕」「日本には日本自身の哲学のあるべき理由はある。哲学なき国家は精神なき屍骸である。日本に哲学なしと云ふの説は予の服する能はざるところである。……予は……仏教哲学時代に於ける思想上のクライマックスを古天台の本覚思想に設定せんと提唱したるものである(2)」。

このような発想は、東京帝国大学印度哲学の専任教授に就いた宇井伯寿にも継承された。宇井は、大学を定年退職後、一九四七年に、インドから中国、日本へと展開した仏教を総合的・体系的にまとめた『仏教汎論』を世に問い、さらに一九五一年には、日本仏教の展開をまとめた『日本仏教概史』を公刊している。宇井は前書の中で、

「仏教の真意義は我が国に来たって初めて発揮せられる」と述べ[3]、後書において次のように結論している。

日本仏教は、仏教発達の達すべき点までも凡て達した如き観があるから、此点を、簡単に、事と理との関係の解釈で考へて見るに、インドの仏教は事理の相即融通までを明らかにし、シナ仏教は理の中に含まれるとしての事と事との相即融通を説き、日本仏教は事の一一の中に理を見、事のみの相即融通を見るに至つたものといへるであらう……。日本仏教は、真言宗にしても、日本天台殊に中古天台にしても、また鎌倉時代の新宗教にしても、凡て事に立場を置いて、事の中に理を見、事で事を解釈説明することになつて居るから、事理の関係の上では、これ以上の発達はなかるべきであると思はれる[4]。

これはまさに島地が、一九二六年の前出論文で、「日本文化史の上に……一貫の思想の横溢して居ることに気付かれた筈である。……天台教学史の立場からは、本門思想とも事本思想とも云ふべきであらう……。それ等に一貫せるものは予の所謂具体的絶待論であり絶対肯定の思想であつて、専門的には本覚思想と称するものである」と論じた視点と軌を一にするものである[5]。

島地や宇井は、なぜこのような日本仏教論を論じたのであろうか。オリオン・クラウタウが指摘しているように、一九四五年の敗戦までの東京帝国大学の教員は、ナショナリズムの時代環境の中で、「日本仏教がいかに勝れているか」という主体的(政治的)な視点に立って研究を進めていたからである[6]。島地も宇井も、インド以来の仏教教理の究極的な展開を日本仏教に見る視点はまったく同じである。しかも両氏がともに、日本仏教の特質を「事で事を解釈」する、「専門的には本覚思想と称するもの」に見ていたことは注目に値する。

宗門大学における宗学は、それぞれの宗祖の教学を個別的・超歴史的に解釈する傾向が強い。対して国立大学における仏教学は、そのような信仰的な宗学と異なり、日本仏教を総合的・歴史的に解釈することが求められる。いわゆる思想史研究である。今日の日本仏教は、道元・親鸞・日蓮などの鎌倉時代に興った新仏教の流れをくむ教団が多数を占めている。その成立を思想史的に解明するに当たっては、末法思想を克服しようとする欲求がその原因であるとか、沙弥や聖と呼ばれる隠遁者にその源流を求めるべきとか、さまざまな視点が提示されているが、その中で、日本仏教全体の特質を日本民族特有の本覚門的思考に求める島地説は、一つの有力な視座として、戦後も硲慈弘、田村芳朗などに継承された。

島地説の提示以来、日本仏教の思想史研究において、天台本覚思想の重要性が論じられてきたが、その解明は容易ではなかった。その最大の理由は、天台本覚思想文献の時代設定が非常に困難なことである。伝えられる撰者名に信用できないものが多いために、その文献がはたしていつできたのかを、書誌学、文献学、思想史学などによって総合的に考察し、全体的な見通しを立てて、自分の仏教思想史観を提示するという作業はなかなか大変である。その課題に取り組んだのが島地門下の硲慈弘であり、次世代の田村芳朗であった。田村は一一〇〇年から一四〇〇年までを五〇年ずつ六期に分け、天台本覚思想文献をそれぞれに配当している[7]。田村の時代設定については異論があるにせよ、それ以後の議論の土台となる仮説を提示した功績は特筆すべきであろう。

二　絶対と相対の哲理をめぐって

島地は、日本特有の本覚思想を「具体的絶待論」「絶対肯定の思想」と定義し、宇井もまた「事で事を解釈」する思想は日本仏教以上の発達はない、とまで言い切っている。島地が言うように、日本の本覚思想はあくまで「仏教哲学時代に於ける思想上のクライマックス」であって、信仰・実践はそれとは別の問題であるから、本覚思想がただちに修行無用論を意味するわけではない。この点が往々に誤解されて議論に混乱が生じているが、筆者はこのことを明確に区別しなければならないと考えている。日本の本覚思想は、理想の「理」をはるか彼方に設定するのではなく、只今の現実の中に見る思想であり、現実の「事」を離れて理想の「理」はない、とまで極言する思想である。それは決して修行無用論ではないが、そのように受け止められ、堕落する危険性を常に内包していた。そのことはつとに島地自身が、「本覚門の信仰は一種の劇薬であって、……真言に「表徳ぼこり」の学弊生じ、延いて立川流の毒説を見るに至り、天台に「円頓ぼこり」の学弊ありて後、遂に玄旨帰命壇の邪義を見るに至り、真宗に「他力ぼこり」の余弊は、「法体慕り」「十劫非事」の異義を見るに至りしが何れも其の的証〔である〕」と論述している通りである。(8) このように哲理として高度な本覚思想と、宗教の生命とも言うべき信仰・実践との止揚に苦慮したというのが、田村の鎌倉新仏教論であった。

田村は東京大学の卒業論文で、智顗の「絶待妙・相待妙」について考察したが、それは法華宗（本門流）の日隆が説く「絶待妙の上の相待」の思想を究めんとしたからであると言う。(9) 田村は学位論文である『鎌倉新仏教思想の研究』において、第一章を「天台教理における相絶二概念」と題し、絶待と相待（絶対と相対）の関係について哲学的に論じている。西洋哲学にも言及し、「ヘーゲルにおいては、どこまでも有限的な存在が地盤となっており、かれにおける真理は、あくまで具体的なもの、事実的なもの〔であった〕」と述べ、(10) さらに智顗における三種の絶待観を説明しているが、そのような絶待の哲学的考察をふまえて、日本の天台本覚思想を「絶対一元論」と表現したのである。このような田村の哲学的な「絶待」解釈には、「言語を絶す」という禅的絶対論のみを「絶対」と考える一部学者からの批判もあるが、筆者は哲学的に絶対と相対との関係を論ずる場合、田村の説明は妥当であると思って自ら用いている。

田村は『鎌倉新仏教思想の研究』の第三章で、親鸞の仏教を「相対の上の絶対」、道元の仏教を「絶対の上の相対[11]」、日蓮の仏教を道元と同じく「絶対の上の相対」と論じ[12]、「むすび」では次のように結論している。

親鸞・道元・日蓮等は、きわめて高度な不二絶対論と、相対的現実に接しておこるところの而二相対論……の矛盾に苦悩し、その止揚にともに苦慮したのであり、……それは一口にいって、絶対と相対、哲理と実践の問題であり、この問題は仏教のみならず、諸宗教・哲学にとっての根本課題たるものである[13]。

筆者は基本的に、このような田村の哲学的な解釈を支持しているが、ただ日蓮の仏教には親鸞と同じように、自己否定の信心による絶対肯定の論理もあるので、「相対（信）の上の絶対（証）」でもあることを指摘しておきたい[14]。

さらに田村は、東京大学を定年退職するに当たり、その最終講義で次のように述べている。

できあがった教理の祖述・解釈［だけに］……終わらないためには、われわれ研究者が問題意識と批判精神を旺盛にしながら、問題点を発掘し、矛盾・対立を見抜き、それを改めてみずからに哲学していくことが必要となります。……客観的な仏教研究を改めて主体的にみずからに哲学するわけです。……その研究方法を一口にいえば、客観的にして主体的、主体的にして客観的ということ［になります[15]］。

田村は一九六五年に発表した論考においても、『大乗起信論』の「現代的意義を発掘するためには、用語・表現を現代的にあらためてみることが必要である」として、それを試みている。[16] 田村が常に自ら哲学して、仏教思想を広く世界の哲学界に開放しようと努めていることは、それがたとえ試行錯誤で終わったとしても、その方向性は高く評価されてしかるべきであろう。

三　本覚思想の定義をめぐって

田村は、一九七三年に刊行された日本思想大系の『天台本覚論』の中で、「天台本覚思想の絶対的一元論について、その由来するところを探ってみると、……生死即涅槃・煩悩即菩提・凡聖不二・生仏一如などの相即不二論が発端となっていることを知る」[17] と述べて、本覚思想の発展を論じ、①基本的（空的）相即論→②内在的相即論→③顕現的相即論→④顕在的相即論という四段階を提示した。天台の「本覚思想」は、たしかに田村の言うように、煩悩即菩提の空思想に基づいているが、「本覚」の思想そのものは『大乗起信論』（以下『起信論』と略す）の如来蔵思想に基づいているから、ここで議論に混乱が生じた。松本史朗が「如来蔵思想は仏教に非ず」と論陣を張ったこと[18] に呼応して、袴谷憲昭は「本覚思想は仏教に非ず」と主張したのである。[19] 袴谷は、『起信論』に説かれる本覚の思想は如来蔵思想にほかならないから、空思想を正統とする仏教に反すると言いたかったのであるが、田村の言う空思想に基づいた本覚思想と齟齬をきたす結果になってしまった。本覚思想ははたして空思想に基づくのか、それとも如来蔵思想に基づくのか、その論理構造を明確にしなければ、松本のように、「〔前期の〕道元は、徹底した本覚思想によって、いまだ徹底していない本覚思想を批判した」[20] というようなわかりにくい論述になってしまう。

実際に、中国や韓国の仏教学者と議論する際には、「本覚思想」と言えば日本特有の天台の「本覚思想」ではなく、『起信論』に説かれる「本覚」の思想をイメージする人が多い。そこで末木文美士は、田村が岩波の『仏教辞典』の第一版（一九八九年）で、本覚思想を空（不二）思想の展開として説明した記述をすべて削除し、第二版（二〇〇二年）では、「〔本覚思想とは〕狭義には日本の中世天台において展開した本覚門の思想を指し、広義には〈本覚〉をキーワードとして展開する思想を広く指す」と書き改めた。そして、狭義の本覚思想をA、広義の本覚思想をBと呼んでいる。[21] 筆者は本覚思想について、空思想の系譜に展開する実相論系の思想類型と、「如来蔵」や「仏性」や「本覚」を基体として立てる縁起論系の思想類型に分けて考えることを提案した。[22]

松本は、袴谷が言う「本覚思想」の定義が曖昧なために、「仏性内在論」「仏性顕在論」「仏性修顕論」の用語を新たに作って道元の仏性論を論じている。[23] 松本・袴谷の説と、田村・花野・末木の説を合わせて図示すれば、次頁の図1のようになる。

図1の中で、田村が③と④とを分別していることは妥当であるが、それを「理顕本」「事常住」と称していることは明らかに間違いである。[24]

先に述べたように、松本は袴谷の「本覚思想」の用語に引きずられて、前期の道元は「徹底した本覚思想（＝仏性顕在論）によって、いまだ徹底していない本覚思想（＝仏性内在論）を批判した」と記した。しかし田村の四段階説で言えば、①と④が筆者の言う実相論系の本覚思想であるから、空思想の系譜に属する道元は、実相論系の④（不二絶対論に基づく本覚思想）の立場に立って、仏性や本覚を基体的に見る縁起論系の②と③を批判した、と記すべきであろう。②の本覚思想の徹底が④の本覚思想でないことは明らかだからである。

図1の中で注意すべきは、田村の言う②の「内在的相即論」という言葉自体に、すでに矛盾をはらんでいること

である。「内在」という言葉は、『涅槃経』に説かれる仏性の内在や、『起信論』に説かれる本覚の内在、すなわち松本が言う「仏教に非ざる如来蔵の思想」を意味しているから、「仏教である空思想」の系譜に属する「相即」と「内在」とは本来、相反する概念である。したがって、この二つの語を結びつけることは妥当とは言いがたい(25)。筆者は「本覚思想」の研究は、中国・韓国・日本において『起信論』に説かれる「本覚」の思想の展開として考察するとともに、特に日本においては、天台本覚思想文献である『三十四箇事書』に代表されるように、『起信論』に基づく縁起論系の「本覚思想」(②③)と、天台教学(空思想)に基づく実相論系の「本覚思想」(①④)があることを分別しながら、両者の混合思想として考察すべきであると考えている。念のために記せば、筆者は「如来蔵思想」も「本覚思想」も、さらには「密教思想」も仏教であると考えていることは言うまでもない。

図1

松本史朗	袴谷憲昭	松本史朗	田村芳朗	花野充道	末木文美士
			①基本（空）的相即論	実相論系	
如来蔵思想批判	本覚思想批判	仏性内在論	②内在的相即論	縁起論系	本覚思想B
			③顕現的相即論（理顕本）	縁起論系	本覚思想AB
		仏性顕在論	④顕在的相即論（事常住）	実相論系	本覚思想AB

四　本覚思想文献の時代設定について

すでに述べたように、島地は一九一九年、東京帝国大学で初めて「日本仏教本覚思想概説」を講義したが、それ以前に一九〇七年から日蓮宗大学で天台教学史などを講じている。島地はその講義の中で、「日蓮の教えは中古天台の亜流である」と発言したので、大学内はにわかに騒がしくなった。学長の清水龍山は、山川智応にこの問題にどのように対処すればよいか相談したところ、山川は「日蓮の三大秘法と、教・機・時・国・序の五義は、中古天台に説かれていない」と答えたそうである。(26) しかし、島地によって提起された「日蓮の仏教を中古天台の亜流と見る」思想史観は、その後の日蓮宗大学（立正大学）に重い宿題として突きつけられることになった。

中古天台文献の一つに、慧心流の七箇法門（の内の四箇大事）を記した『修禅寺決』がある。『修禅寺決』には、「十界の形像をそれぞれ絵に図して礼拝し、南無妙法蓮華経と唱えなさい。これは末世劣機のために天台大師が密かに授けた行法である」と記されている。島地は一九二二年の論文で、「観想と称名が両存する源信の『往生要集』から法然の称名専修へと進展したと同じように、観想と唱題が両存する慧心流の『修禅寺決』から日蓮の唱題専修へと進展した」（要旨）と論述し、(27) 宇井もまた前出の『仏教汎論』の中で、「〔日蓮〕上人は、比叡山に於て、慧心流の正統を学んだことは確実であるが、……本門を立場とし、……唱題を主張するまでが、慧心流の流れを汲むものである」(28) と述べている。このような思想史観は、当時の日蓮宗大学でも受け入れられ、先ほど挙げた学長の清水は、一九一九年の論文の中で、「日蓮の学系は、日本天台中、……迹門思想の檀那流に対して本門思想の慧心流の流れに位置する」（要旨）と述べている。(29)

島地門下の硲慈弘は、一九三三年の論文において、『修禅寺決』の成立を平安末期と推定し、[30]滅後に集大成された『日本仏教の開展とその基調』では、「日蓮の法華至上主義、本門立の法門、事観唱題の思想の如き皆中古天台の教義学説より直接の暗示を得たものであり、夫れの発展純化である」[31]と述べている。このような島地から硲へと続く天台研究者の主張に対して、「日蓮の仏教は日蓮の己証に基づくものであって、断じて中古天台の亜流ではない」という宗学上の要請に基づいて、日蓮遺文の真偽論により亜流説の払拭を目指したのが浅井要麟であった。浅井は一九三八年の論文において、「硲教授が……修禅寺決の成立年代を論ずる場合にも、文献として「日蓮上人の遺文」（恐らくは十八円満抄）を採り上げられているが、これは如何なものであろう」と述べて、日蓮遺文の真偽論をもって亜流説に対抗したのである。[32]

浅井門下として、亜流説に真っ向から対峙する思想史観を提示したのが執行海秀である。執行は一九五四年の論文の中で、『修禅寺決』や『漢光類聚』の成立を鎌倉中期から末期とし、これらの文献は、「鎌倉新仏教の出現とあいまって、並立に成立したものであろう。従ってそれらの文献の思想が、鎌倉新仏教の母胎となしたというよりも、むしろそれらは新仏教の刺激を受けて、正統天台教学の樹立をはからんとして成立したものではなかろうか」と主張している。[33]ことここに至って、日蓮の仏教を中古天台の「亜流」「脱化」「純化」と見る思想史観とは正反対の、日蓮研究者による新たな思想史観が提示されるに至ったのである。

浅井や執行が、中古天台教学の見える日蓮遺文を、真偽論によって徹底的に排除し、日蓮の独創性を強調するのに対して、やや異なったスタンスをとったのが田村である。すでに述べたように、田村は日蓮における中古天台教学の受容を認めた上で、「絶対と相対」「哲理と実践」のジンテーゼ（止揚）としてとらえている。しかし、中古天台文献の時代設定については、浅井―執行説を継承して、『鎌倉新仏教思想の研究』でも、「日蓮（一二八二寂）以後において、日蓮教学を摂取しつつ、天台本覚法門を構成しようとしたものが『修禅寺決』であり、その『修禅寺決』を摂取しつつ、日蓮教学を構成しようとしたものが『十八円満抄』〔であろう〕[34]と述べている。

筆者は、『三十四箇事書』の成立を院政末期（皇覚撰）とし、『修禅寺決』の成立を鎌倉初期に設定するから、田村の時代設定より全体的に五〇年から一〇〇年ほど前にさかのぼる。[35]田村は東京大学での講義中、しばしば天台本覚思想文献の時代設定について、「田村説」と「花野説」が対峙していることに言及した。[36]島地―硲―田村によって切り開かれた、日本民族の本覚的思考と、親鸞・道元・日蓮の日本的な仏教との思想史的な関係は、これからさらに詳細な研究が期待されるところである。

五　日蓮の立正安国の思想について

日蓮教団に僧籍のあった田村の関心が、本覚思想とともに日蓮研究にあったことは言うまでもない。日蓮の「立正安国」の理念と実践は、中世においては国家諫暁となり、近世においては日蓮主義となって現れた。一八九四年の日清戦争、一九〇四年の日露戦争を経て、ナショナリズムが高揚し、国粋主義が力を増していく中で、日蓮の信奉者たちによって「愛国者としての日蓮像」が宣揚されていった。田中智学（一八六一―一九三九）や本多日生（一八六七―一九三一）によって唱えられた日蓮主義は、政教一致・王仏冥合を掲げて、神聖国家の樹立と、天皇のもとに「八紘一宇」「一天四海、皆帰妙法」を目指すものであった。

太平洋戦争までは、超国家主義（ウルトラ・ナショナリズム）のイデオロギーであった日蓮主義は、一九四五年の敗戦を境に一変し、世間の厳しい批判にさらされるようになった。日本を戦争に導いた超国家主義が指弾され、平和国家の歩みが開始されると、戦前に日蓮を超国家主義者に仕立て上げた、『立正安国論』の解釈もまた一変するに至った。それは『立正安国論』の第七問答の次の箇所である。

客則ち和らぎて曰く、……所詮、天下泰平国土安穏は、君臣の楽う所、土民の思う所なり。夫れ国は法に依って昌え、法は人に因って貴し。国亡び人滅せば、仏を誰か崇むべき、法を誰か信ずべきや。先ず国家を祈って須らく仏法を立つべし。若し災いを消し、難を止むの術有らば、聞かんと欲す。主人曰く、……数ば愚案を廻らすに、謗法の人を禁じて、正道の侶を重んぜば、国中安穏にして天下泰平ならん。……早く天下の静謐を思わば、須らく国中の謗法を断つべし。

この中で客人が言う「先ず国家を祈って須らく仏法を立つべし[37]」の文は、戦前においては日蓮の超国家主義思想の典拠とされた。しかし戦後は一転して、これは日蓮（主人）の思想ではないとして、むしろ日蓮によって否定されるべき思想である、と主張する学者が現れた。戸頃重基は一九六五年刊行の『日蓮の思想と鎌倉仏教』で、「〔日蓮の〕本質においては、正法為本、法主国従、仏本神迹にほかならぬ」「日蓮によれば、王法は仏法に従属すべきものなのである」と論じている[38]。田村もまた一九六五年刊行の『鎌倉新仏教思想の研究』において、「『立正安国論』は、「安国」に腰をすえる客（俗）と、「立正」に腰をすえる主（聖）との、たくみな弁証法的対話であり、……仏法ないし正法中心の主人の立場が、すなわち日蓮の立場である[39]」と述べ、一九七五年刊行の著書でも、「近代になって、……客のことばを、主人の日蓮のことばとして取りだし、愛国者日蓮の宣伝に使うにいたった。……しかし、これは誤解もはなはだしく、……日蓮は主人として客の世俗的立場を聖なる宗教の世界にひきあげようとした[40]」と論じている。これらの書は、客人の「王法為本」（国主法従）と、主人の「仏法為本」（法主国従）とを対立する立場と見て、日蓮はあくまで「仏法為本」であったと解釈するものである。

このような戦後の国家超越的な解釈に対して、最初に疑義を投じたのは勝呂信静である。勝呂は一九七二年の論文で、「現実の国家を重視する立場を、〈日蓮〉聖人は客人の言葉を借りて、このように表現されたのであって、……これは聖人が肯定されるところの思想であった」と述べている。[41] 佐藤弘夫も二〇〇八年刊行の著書において、「客は、しばしば主人の〈仏法為本〉に対して〈王法為本〉の立場をとる人物とされるが、これは明白な誤読である。……仏法なくして安国もないという点では両者の認識は完全に一致しており、それは議論の共通の前提であった」と論じている。[42] 戦前から戦後にかけて生きた戸頃も田村も、国家主義者日蓮像の払拭に懸命であったが、歴史的事実としては、勝呂や佐藤の見解が妥当であると言えよう。

六　思想史学の方法論について

島地は、他国と異なる日本仏教の特質を、「仏教教理の究極的な展開が天台本覚思想である」という視点に立って論述した。田村は島地説をふまえながら、鎌倉新仏教の祖師たちが当時の思想環境（天台本覚思想）の中で、「どのような新仏教を創造したか」という視点に力点をおいて論述している。すなわち田村は、祖師の思想を信仰的・超歴史的に考察する宗門大学の宗学に対して、より客観的・歴史的に考察する思想史学の方法をもって研究を進めたのである。

田村は、東京大学を定年退職するに当たって刊行された『仏教教理の研究』の中で、客観的な仏教教理研究の重要性を強調している。[43] 田村によれば、その方法は今なお確立していないと言う。その理由として、第一に、「日本の近代化にともなって、ヨーロッパの仏教研究の方法が日本にもたらされたが、それは原典を素材としての言語学的、文献学的研究を主とするものであった。これらの研究方法は近代における客観的、科学的、実証的な精神の現われであり、日本の仏教学界も新天地が開けるにいたった。……〔しかし〕ヨーロッパの仏教研究の方法をうのみにして、思想的研究を忘失してしまった」と論じている。

田村の指摘は、筆者も実感しているところであるが、今日ではコンピューターの発達によって、用語の検索など、文献を客観的に考察することが随分と容易になった。たとえば日蓮研究について言えば、「本覚」や「受持」の用語が、どの遺文に何回出てくるかを客観的に調べて、統計学的に、（一）この用語は頻度が高いから重要であるとか、（二）この用語は真蹟遺文にないから偽書であるとか主張している論文をよく目にする。このような方法はたしかに基礎的な作業として意義があるが、頻度が高い用語であるからと言って、ただちに重要な教義であるとは限らないし、真蹟遺文にその用語がないからと言って、それがただちに偽書説の根拠になるわけではない。検索ソフトの充実によって、（三）この文の典拠は何にあるとか、（四）この文は原典とは異なるから孫引きであるとか、（五）この文は何の遺文の断簡であるとか、そのような外面的な考察は多く行われているが、日蓮の内面にまでふみこんで、本尊論とか、成仏論とか、仏身論などを考察する主体的な思想研究は非常に低調になってきている。日蓮文献の外面的・客観的な研究は、あくまで主体的に日蓮の思想を考察するための基礎学であることをここで強調しておきたい。天台教学、台密教学、法然教学、中古天台教学などをマスターしなければ、真に日蓮の思想を解明することはできないことを自覚すべきである。

田村は第二として、「教理学……が、既成の教理の祖述あるいは解説に終わりがちとなり、結局は護教論の域を脱しないことである。……そこでは、宗祖無謬が大前提となっており、信仰としてはそれでいいとして〔も〕、真の学問的な教理研究とはいいがたい。……依然として宗派内の教学、つまりは宗学が根強く存〔していて〕、……客観的な研究方法が教理研究にまで及ぼされなかった」と論じている。

このこともまた、前の（第一の）悪しき客体的な考察とは逆の、（第二の）悪しき主観的な考察として、筆者も深く憂慮するところである。たとえば筆者が、田村の言う客観的な教理研究（思想史学）の方法を用いて、「日蓮の思想と宗教は、実は日蓮が口を極めて批判した法然の称名念仏や密教の曼荼羅本尊に親しく、常楽我浄の如来蔵思想や本覚思想の思想的土壌の上に成り立っている」(44)と論じたことに対して、立正大学の『大崎学報』には、「日蓮遺文における上古天台・中古天台の本覚思想に対する批判は、「日蓮の日本仏教思想史観」である。……日蓮自らが、慈覚・安然・慧心等と異なることを明確に宣言したものであり、日蓮自身が思想史における日蓮教学の位置を示した結論である。……花野氏は、日蓮自身の思想史観ならびに三国四師の宣言を無視し、自説の思想史観を前提に、……日蓮の宣言や見解を否定することは本末転倒である」(45)という反論が掲載された。さらに、「花野氏は、最澄は「円密一致の行者」で、慈覚・智証の理同事勝による俗諦常住は最澄の思想系譜にあり、智顗の教説は空海の教説より劣るので、最澄は積極的に真言教学を取り入れた、という。これは日蓮遺文の記載と全く逆の見解である」(46)という厳しい批判も頂戴した(47)。

しかし、このような宗祖無謬論に立脚した信仰的な宗学が、はたして客観的・学術的な仏教の思想研究と言えるかはなはだ疑問である(48)。筆者は宗学者のように、日蓮の日本仏教思想史観を論じているのではない。日蓮の思想史観や最澄観を論ずるだけなら、日蓮の遺文にどう書いてあるかを紹介するだけで事足りるが、筆者は「思想史学」の方法論を用いて、最澄や日蓮を客観的な仏教思想史の俎上に乗せて論じているのである。

田村は、このような宗門大学の宗学者の論考について、「宗派立の仏教系大学〔では〕、……ほとんどは宗派の教学、つまり宗学の研究です。宗学の研究とは、一口にいって、祖師の教説にたいする祖述であり、祖師の教説を絶対視して、その通りに解説するものです。……それぞれが宗祖として絶対視されているために、相対的な場におろして検討することがタブーとなっているのです。これは、いいかえれば、問題意識や批判精神の欠如を示すもので、それでは真の学問的研究とはいえないと思います」と批判している。(49) 宗祖無謬説に立脚した宗学者〔教団宗学の護教学者〕は、筆者が最澄の思想を「円密一致」と論じたことに対して、「日蓮の見解を否定するものであるから、本末転倒の謬見である」と言う。それはまさに、「仏教学の常識は日蓮宗学の非常識」の典型例であり、田村の「それでは真の学問的研究とはいえない」という批判に当たるであろう。

田村は、「日本仏教史の研究は、近年にいたるまで主として史学畑による史実考証が中心であった。思想史研究がなかったわけではないが、宗派が厳然として存在している日本では、……客観的・批判的立場からの思想ないし教理の比較研究は、今日にいたるまで不毛のままで終わっているといって過言ではない」と論じて、思想史研究の方法論を提示している。(50) 田村によれば、縦の線として、「一つの思想・教理をインドから中国・朝鮮・日本への進展線上にのせて検討を加えること」を挙げ、横の線として、「祖師たちの思想・教理を共通の場に置いて、あるいは共通の背景から比較・検討すること」を挙げているが、筆者もそのような思想史研究を心がけている。日蓮の言葉を絶対と信じて日蓮を語ろうとする宗学者と、思想史学の方法を用いて日蓮を語ろうとする筆者との方法論の違いは、その論争についても平行線をたどり、決して生産的なものとはならないであろう。

末木が、「十年に及ぶ〔田村〕先生の東大教授時代に、先生のもとで日本仏教を専攻して、研究者として残ったのは、結局僕一人しかいなかった」と述べているように、(51) 日本仏教の教理を客観的に研究する思想史研究者はその後もほとんど育っていない。各教団に宗学を志す人材は多くいるが、祖師の教理を個別的・超歴史的・信仰的に祖述するだけで、田村が提言したような思想史学的な方法を用いて、広く日本仏教思想史の上に祖師の教理を位置づけて論じる人はきわめて少ない。対して、歴史学者による日本仏教研究の成果は目を見張るものがあり、各大学に人材も豊富であるが、宗学者に比べるとどうしても教理の研究が弱いのはいなめない。家永三郎や井上光貞のように、歴史学者が思想を歴史的に考察するか、島地大等や田村芳朗のように、仏教学者が教理を歴史的に考察するかしかないのであるから、人材の豊富な宗学者の中から、教団の護教主義に拘束されることなく、自由な立場で、「客観的」かつ「主体的」な思想史研究を志す人が現れるのをただ祈るのみである。

おわりに

田村没後の二〇〇一年、当時の法華宗教学研究所の所長であった苅谷玄翁（定彦）は、田村の法華宗僧侶としての論考を刊行するに当たり、「〔先生は〕法華宗の僧侶として一寺の住職でもあられ、……私たち法華宗の布教信仰雑誌『無上道』にも数多く寄稿していただいております。しかしながらそれらは、「学問はあくまでも客観的立場に立ってなされなければならない」という先生の厳しい信念から、業績目録からも先生ご自身の手で削除されております。……〔それらを刊行することは〕先生のお叱りを受けることかとは存じますが、……切にご寛恕を請い願うものであります」と記している[52]。田村は教団の僧侶である以上、教団の僧俗の教導のために「信仰の論文」を書かなければならないことがあったが、自ら客観的・学術的な研究論文とは厳格に区別している。田村は、あくまで客観的な思想史研究の学者として、教団の信仰を正当化する宗学者と一線を画しているのである。

教団の信徒を教導する立場にある僧侶が、祖師の思想を研究する場合、教団の護教主義に拘束されることなく、学問の客観性・中立性・公平性を確保することは至難のわざである。教団に属する現今の学者は、教団の信仰と学問の独立という、わずらわしい問題を避けるために、教団の信仰と直接の関係をもたないインド仏教などの学問を修するか、それとも教団の信仰を護るための学問＝宗学を修するか、そのどちらかに分かれてしまうのが現状である。日本仏教の研究は、僧籍を持たない仏教学者や、仏教を専攻する歴史学者が、各宗の祖師の思想を客観的・実証的に研究した論文を発表して、学術的な評価を受けているのに対して、僧籍を持った宗学者の発表する論文は、主観的・護教的であるために、教団外部の研究者からほとんど評価されていないのが実状である。筆者は、僧籍を持った学者が、客観的・実証的な研究を進めていけるように、各教団において、もっと「教団の信仰」と「学問の独立」という問題を真剣に議論すべきであると考えている。

筆者自身かつて、「現代の実証的な学問」と「教団の護教的な学問」とのはざまで苦悩した経験を綴ったことがあるが[53]、末木はそれを、「信仰と学問という古くて新しい問題に対する大きな問題提起」と評している[54]。田村も筆者と同じように、僧侶と学者のバランスの間で苦慮し、終生、僧籍にありながらも、その葬儀は「あくまでも既成の宗派仏教を拒否された先生のご遺志を生かした無宗教式の簡素な式」であったのは[55]、田村が教団の宗学者ではなく、真理を追究する真摯な求道者として人生を終えたことを物語っている。

註

（1）田村芳朗『日蓮聖人と法華経』（法華宗本門流『法華シリーズ8』、東方出版、二〇〇一年）、三頁。同「株橋先生との出会い」（『桂林学叢』一三、法華宗宗務院、一九八五年）。

（2）島地大等『教理と史論』（明治書院、一九三一年）、一三五頁、一三八頁。初出は「日本古天台研究の必要を論ず」（『思想』六、一九二六年）。
（3）宇井伯寿『仏教汎論』（岩波書店、一九六二年）、六八頁。原著一九四七―四八年。
（4）宇井伯寿『日本仏教概史』（岩波書店、一九五一年）、一二七―一二八頁。
（5）島地『教理と史論』一三四頁。
（6）オリオン・クラウタウ『近代日本思想としての仏教史学』（法藏館、二〇一二年）、第一部（四九―一七九頁）の諸論文を参照。
（7）田村芳朗「天台本覚思想概説」（多田厚隆・他編『天台本覚論』日本思想大系9、岩波書店、一九七三年）。
（8）島地大等「本覚門の信仰」（同『思想と信仰』明治書院、一九二八年）。
（9）『桂林学叢』「田村芳朗先生追悼号」（一五号、一九九四年）所収の「追悼のことば」および「思い出の記」を参照。
（10）田村芳朗『鎌倉新仏教思想の研究』（平楽寺書店、一九六五年）、八九頁。
（11）田村『鎌倉新仏教思想の研究』、二六七頁。
（12）田村『鎌倉新仏教思想の研究』、二〇五頁。
（13）田村『鎌倉新仏教思想の研究』、六五四頁。
（14）拙稿「日蓮の名字即成仏論の考察」（『道心』四号、一九九四年）。後に『天台本覚思想と日蓮教学』（山喜房佛書林、二〇一〇年）第三篇・第四章に収載。拙稿「日蓮の本尊論と『日女御前御返事』」（『法華仏教研究』一四、二〇一二年）も参照されたい。
（15）田村芳朗「仏教哲学の提唱」（『春秋』二三六、春秋社、一九八二年）。後に『日本仏教論』（春秋社、一九九一年）に収載。
（16）田村芳朗「仏教哲学体系――『大乗起信論』」（『理想』三八八、理想社、一九六五年）。後に『本覚思想論』（春秋社、一九九〇年）に収載。
(17) 註（7）前掲の田村「天台本覚思想概説」、四八〇頁。
(18) 松本史朗「如来蔵思想は仏教にあらず」（日本印度学仏教学会、一九八六年学術大会における発表原稿）。後に同『縁起と空』（大蔵出版、一九八九年）に収載。
(19) 袴谷憲昭「本覚思想批判の意義」（『本覚思想批判』所収、大蔵出版、一九八九年）。
(20) 松本史朗『道元思想論』（大蔵出版、二〇〇〇年）、二七頁。
(21) 末木文美士「本覚思想と密教」（『日本密教』シリーズ密教4、春秋社、二〇〇〇年）。後に『鎌倉仏教展開論』（トランスビュー、二〇〇八年）に収載。
(22) 拙稿「本覚思想と本迹思想」（『駒澤短期大学仏教論集』九、二〇〇三年）。
(23) 註（20）前掲の松本『道元思想論』を参照。
(24) 拙稿「最澄における無作三身義の考察」（『東洋の思想と宗教』一二、一九九五年）。後に『天台本覚思想と日蓮教学』第一篇・第五章に収載。
(25) 拙稿「天台本覚思想の進展概観」（『印仏研究』四九―一、二〇〇〇年）。
(26) 山口晃一「『天台本覚思想と日蓮教学』を読む」（『法華仏教研究』七、二〇一一年）。
(27) 島地大等「唱題思想に就て」（『東洋哲学』二九―五、一九二二年）。後に註（2）前掲の島地『教理と史論』（四九四―五一〇頁）に収載。
(28) 註（3）前掲の宇井『仏教汎論』、九一二頁。
(29) 清水龍山「日蓮聖人の学説の由来に就て」（『清水龍山著作集』一、東方出版、一九七九年）、二〇〇頁。
(30) 硲慈弘「慧檀両流の発生及び発達に関する研究」（『山家学報』新七、一九三三年）。後に『日本仏教の開展とその基調　下』（三省堂、一九四八年）に収載。

(31) 硲『日本仏教の開展とその基調　下』、二四四頁。
(32) 浅井要麟「慧檀両流と日蓮聖人の教学」(『大崎学報』九二、一九三八年)。後に同『日蓮聖人教学の研究』(平楽寺書店、一九四五年)前篇・第六章・第一節に収載。
(33) 執行海秀「日蓮聖人の思想史的研究の一考察」(『大崎学報』一〇一、一九五四年)。
(34) 註(10)前掲の田村『鎌倉新仏教思想の研究』、四三五頁。
(35) 拙稿「『三十四箇事書』の研究」(『道心』五、一九九四年、および『道心』二〇、二〇〇〇年)。後に『天台本覚思想と日蓮教学』第四篇・第一章に収載。
(36) 註(26)前掲の山口「『天台本覚思想と日蓮教学』を読む」、さらに末木文美士「孤高の先駆者・田村芳朗先生」(『大法輪』二〇〇〇年一一月号)や、拙稿「解説」(末木文美士『増補　日蓮入門』ちくま学芸文庫、二〇一〇年)参照。
(37) この文については、「先ず国家を祈らんには須らく仏法を立つべし」と読むべきであるという意見があり、筆者もその読み方を支持したい。山中講一郎「『立正安国論』の文体(二)」(『法華仏教研究』一〇、二〇一一年)参照。
(38) 戸頃重基『日蓮の思想と鎌倉仏教』(冨山房、一九六五年)、緒言一一頁、一五七頁。
(39) 註(10)前掲の田村『鎌倉新仏教思想の研究』、三二五頁。
(40) 田村芳朗『日蓮』(NHKブックス、一九七五年)、四七頁。
(41) 勝呂信静「日蓮聖人の国家観」(宮崎英修・茂田井教亨編『日蓮聖人研究』平楽寺書店、一九七二年)。後に『日蓮思想の根本論』(山喜房佛書林、二〇一一年)に収載。
(42) 佐藤弘夫全訳注『日蓮「立正安国論」』(講談社、二〇〇八年)、二七頁。
(43) 田村芳朗「仏教教理の研究——試論」(田村芳朗博士還暦記念論集『仏教教理の研究』春秋社、一九八二年)。
(44) 拙稿「書評『続・九識霊断説の問題点』」(『法華仏教研究』一〇、二〇一一年)。

(45) 山崎斎明「日蓮教学中古天台本覚亜流説批判」(『大崎学報』一六八、二〇一二年)、一一〇頁。

(46) 山崎「日蓮教学中古天台本覚亜流説批判」、三九頁。

(47) 立正大学法華経文化研究所研究員の山崎斎明氏は、現代宗教研究所主任の高佐宣長氏が「教学の現代化について」と題して、「五時八教のうちの五時説を肯定して、……全ての仏教経典を釈尊金口の直説である、というようなスタンスを取って、教学の現代化など果たしうる筈がない」(『現代宗教研究』四三、二〇〇九年)と述べたことに対し、「高佐宣長師は五時八教を否定するのであるから、……日蓮聖人の法華教学をも否定する立場である。……明らかに増上慢であり法華誹謗の邪徒以外の何者でもない。もはや日蓮門下ではない。獅子身中の虫である」と批判している(『現代仏教』二〇一〇年一一月号)。これは大乗非仏説を論じた村上専精に対して、当時の浄土真宗大谷派の僧侶が痛烈な罵声を浴びせた構図とまったく同じである。在俗の仏教学者は、真理のための学問をすることが容易であるが、教団に属する学者は、常に教団(信仰)のための学問を強いられる運命にあるから、真理追究を優先すべき各宗門大学においては、もっと学問と信仰の問題を真剣に討議すべきであろう。

(48) 駒澤大学で道元無謬論をめぐって、宗学論争が行われたことがある。その論争は、現今の各宗門大学が直面する「信仰と学問」の問題に真正面から取り組んだものであった。ただしそれは、日蓮無謬の宗学が、日蓮の最澄観や思想史観と相違する学説を批判するのに対して、道元無謬の宗学は、道元に思想的な変化を認める学説を批判するものであったから、両者の宗祖無謬論の内容は異なっている。松本史朗は、「自分は道元無謬説には立たない」と公言し(「伝統宗学から批判宗学へ」『宗学研究』四〇、曹洞宗宗学研究所、一九九八年)、角田泰隆、石井修道、吉津宜英などがそれぞれ自説を述べている。各宗門大学の枠を超えて、「護教的な宗学」と「客観的な思想史学」という方法論の問題を議論する必要があると思う。拙稿「法華本門仏と仏身の常無常論(上)」(『法華仏教研究』一八、二〇一四年)五七頁以下にやや詳しく論じたので参照されたい。

(49) 註(15)前掲の田村「仏教哲学の提唱」を参照。

(50) 田村芳朗「『日本仏教教学史』解説」(島地大等『日本仏教教学史』復刻版、中山書房、一九七六年)。仏教の思想史研究について、末木文美士「思想史の観点から見た日本仏教」(『仏教史学研究』五五―一、二〇一二年)は非常に有益である。
(51) 註(36)前掲の末木「孤高の先駆者・田村芳朗先生」、三〇頁。
(52) 苅谷玄翁「序にかえて」(註(1)前掲の田村『日蓮聖人と法華経』所収)。
(53) 拙著『天台本覚思想と日蓮教学』の「あとがき」参照。
(54) 末木文美士「書評『天台本覚思想と日蓮教学』」(『中外日報』二〇一〇年一一月六日号)。
(55) 註(36)前掲の末木「孤高の先駆者・田村芳朗先生」、三二頁。

付記 田村芳朗先生が提示された思想史学の方法を用いて、日本仏教を研究されている第一人者は内弟子の末木文美士氏である。筆者も外弟子の一人として日本仏教の思想史的研究を続けているが、その筆者が田村学説の意義について書く機会を与えられたことは誠に光栄であり、心より感謝申し上げたい。

黒田俊雄

マルクス主義史学におけるカミの発見

佐藤弘夫
SATŌ Hiroo

KURODA Toshio
1926-1993

戦後歴史学をリードしたマルクス主義史学では、宗教は上部構造に位置づけられるものであり、自立した存在基盤をもたない虚偽意識にほかならなかった。しかし、黒田俊雄の親鸞に対する強い思い入れは、そうした基本構造そのものの変容をもたらし、それが黒田の学問に、独自の色合いと魅力を付与する源になった。

はじめに

黒田俊雄は終生、自他共に認めるマルクス主義の熱心な信奉者であった。彼がいつマルクス主義を受け入れたかは定かではない。一九四八年に京都大学史学科を卒業した黒田は、それに前後する「青春彷徨」(1)の時期を経て、一九五〇年には民科(民主主義科学者協会)京都支部歴史部会の責任者となり、国民的歴史学運動の先導者としての役割を担うようになった。黒田はやがてこの運動を批判的に総括し、政治的な実践から距離を置いて独自の学問体系の創出に向かうが、マルクス主義そのものに対する信頼は晩年まで揺らぐことはなかった。

他方、黒田は浄土真宗、なかでもその教祖とされる親鸞に対する強い共感を抱いていた。その点については黒田自身が、後に「かつて私にも親鸞の魅力に惹かれてその論理に無上の輝きを見出していた時期があった」(2)と記している通りである。ここでは親鸞への傾倒は過去形で記述されているが、黒田の心の深い場所で、長期にわたって親鸞が大きな位置を占めていたことは否定できないように思われる。

黒田と親鸞との結びつきは、その幼少の時分まで遡る。彼は、富山県東礪波郡の「きまじめな真宗門徒」(3)の家に生まれた。物心付いたときから、「正信偈」や『阿弥陀経』などを日常的に耳にする生活を送っていた。卒業論文では真宗における「仏法領」の問題をテーマとしており、社会構成史の道に本格的に足を踏み入れた後も、仏教史との「二足のわらじ」(4)を脱ぎ捨てることがなかった。

マルクス主義からすれば、宗教は虚偽意識の最たるものであり、上部構造のさらなる上澄みだった。来世の安楽を説くことによって、民衆が現世の階級矛盾に目を向け、その是正を目指して立ち上がることを妨げる、あたかもアヘンのごとき存在だった。しかし、黒田はそうした教条的な図式にとらわれることはなかった。黒田は生涯親鸞を突き放すことがなかった。中世の社会構造への関心を深める一方で、繰り返し親鸞を論じ続けた。そこには、親鸞と真宗を歴史上に客観的に位置づけようとする立場を超えた、親鸞に対する強い共感が感じ取れる。一九七五年以降に展開される「顕密体制論」も、そのもっとも根底には、顕密仏教との対比において親鸞の価値の再発見を目指そうとする黒田の意図が横たわっているようにみえてならないのである。

本稿は、以上のような問題意識にもとづき、マルクス主義と親鸞という容易に融合しがたい二つの要素を抱え込んだ黒田の学問の形成過程とその特質を、広く戦後歴史学の流れのなかで考えようとするものである。

一　黒田史学の形成

1　領主制理論との出会い

黒田の学問形成に立ち入る前に、第二次世界大戦後のアカデミズムの状況を瞥見しておきたい。一九四五年八月十五日の敗戦を機に、それまで学問の世界を厚く覆っていた国家による検閲と抑圧が消滅し、学界はどの分野においても百花繚乱の活況を呈するようになった。

なかでも顕著な活躍を開始するのが丸山真男、大塚久雄ら、いわゆる「近代主義」のグループだった。彼らは日本と周辺諸国を無謀で悲惨な戦争に引きずり込んだ軍国主義跋扈の原因を、近代日本が抱え込んでいた前近代的性格（封建遺制）にあると考え、それを剔抉し西欧レベルの民主主義国家を建設することが戦後日本における最重要の課題と信じ、学問的立場からその作業に取り組んだ。

戦時下の学問に対する根本的な見直しは、歴史学の世界でも開始された。天皇の統治する神州日本の神聖を説いて一世を風靡した平泉澄の史観は、敗戦とともにその存立の根拠を喪失した。そうした実証に裏づけられない学問の横行に対する反省の意味も含めて、改めて学問的・客観的視座からの歴史学の再構築が叫ばれた。その中心的な担い手となったのが戦中から密かに地道な研究を継続していた若手研究者であり、その多くがマルクス主義の立場からの研究だった。なかでも直接黒田に影響を与えることになったのが、石母田正の中世史研究である。

戦前の中世史研究は、天皇の権威の失墜する中世を暗黒時代と捉えることが一般的だった。それに対し、石母田は日本の「中世国家」として鎌倉政権を措定した原勝郎の立場を引き継ぎ[5]、新たな時代の開拓者として在地領主＝武士の役割に着目した。そして、奴隷制から農奴制への転換に古代から中世への転換を見出すマルクス主義歴史学の立場から、在地領主層の成長とそれにともなう農民の奴隷から農奴への進化を中世的世界形成の指標と捉え、そうした視点から平安後期における社会構成体の転換を論じた。

石母田の代表的著作が、一九四六年に刊行された『中世的世界の形成』（伊藤書店）である。この本では、東大寺領の伊賀国黒田荘という一つの荘園を舞台として、奴隷制支配を貫こうとする荘園領主の東大寺と、それに対抗して領主制支配を確立しようとする源俊方との対立を軸に、私営田領主藤原実遠、黒田悪党ら脇役の動きを配して、中世成立期の在地の動向がダイナミックに描写されている。だが、その結末は、新たな世界を切り開くはずだった領主勢力の華やかな勝利ではない。住民を「寺奴」として肉体的にも精神的にも厳しい拘束のもとに置こうとする東大寺の支配の強固さであり、その支配に挑んでは跳ね返される在地領主の挫折＝「中世の敗北」だったのである。

石母田は鎌倉仏教―浄土教についても、独自の視座からその位置づけを試みている。すでに日本では浄土教の成立を宗教改革とみなし、西欧のそれと比較考察することが伝統となっていたが、石母田はこうした見方を「時代錯誤」として切り捨てる。その上で、「身分、出身、生業の如何を問はずただ信仰するもののみが往生し得るといふ思想」は「その本質に於て反貴族的」であると規定し、「もし比較が必要ならば寧ろ古代ローマ末期の社会に於ける頽廃と混乱と迷信の横行の中から成立した基督教が中世社会を支配して来た過程に比較すべき」と論じる。(6) このような論理によって、浄土教が都市貴族社会において形成されながらも、それが本質としてもつ中世的性格を強調するのである。

2 「中世的宗教」を求めて

黒田俊雄の中世史研究は、当時圧倒的な影響力をもっていた石母田正の領主制理論を受け入れるところから始まった。後に黒田は、この石母田理論を根源的に批判して権門体制論を提示するが、それはまだはるか先のことであり、まずはこの石母田の理論的枠組みのなかで親鸞と真宗をどう位置づけるかという課題に取り組むことになった。

その最初の成果が、一九四八年に卒業論文として京都大学に提出された「真宗教団史序考」である。(7) 黒田はこの論考において、親鸞の教義がどのように受け止められ、社会に浸透し、教団として形を整えていったかを考察している。なかでも注目されるのは、蓮如の「仏法領」の観念を取り上げ、そこに「封建的」「領主的」性格を見出していることである。黒田は本願寺教団の封建領主的性格を強調することによって、同じ仏教教団でありながらも、古代的な荘園制支配に立脚する伝統教団との断絶を指摘するとともに、そこに中世領主制との共通性をみようとしたのである。

領主制に照応する中世的宗教として親鸞の一向専修を捉えようとする黒田の構想は、一九五三年に発表された「鎌倉仏教における一向専修と本地垂迹」において完成をみる。[8] 黒田は論文の冒頭、「革新の原理としての「一向専修」」という一節を設け、一向専修がもつ社会変革の論理としての意義に着目する。だが、「鎌倉新仏教の核心をなす」一向専修は、普遍的・抽象的な意味において革新的だったわけではなく、「多神観の中でのたたかいとしてのみ最も見事な実践の論理として成立し得た」とする。[9] そして、その多神観とは、具体的には「荘園制反動勢力の論理」である本地垂迹にほかならなかった。かくして真宗─一向専修は、荘園制反動勢力─旧仏教─古代的存在に対峙する、中世的宗教の典型として位置づけられることになったのである。

しかし、この黒田の構想は、やがて大きな転換を迎える。一九五九年刊行の「中世国家と神国思想」[10]と、翌年の「思想史の方法についての覚え書き」は、戦後の研究成果を総括するとともに、新たな中世国家の見取り図を示したものだが、ここでは寺社の封建領主化の動きが指摘され、それを踏まえて旧仏教がなしくずし的で不完全ながらも中世仏教と規定されている。[11] かつて古代勢力の代表とされた旧仏教が、一転して中世的存在とされているのである。

黒田はこれらの論考において、「中世的宗教」の概念規定は、家永が行ったような新仏教の祖師が共有する民衆的性格の抽出によってではなく、封建的生産様式との対応に求めるべきであるとして、その基準として「呪術」「浄土」など四つの指標を提示する。これに照らせば真宗は中世宗教のもっとも純粋な形であり、旧仏教＝顕密仏教とその神国思想は一向専修の反神祇運動が盛行する状況において、それへの反動として生み出された封建支配のための宗教にほかならなかった。それぞれ中世的宗教・古代的宗教と位置づけられていた一向専修と顕密仏教は、ここにおいて純粋な中世宗教と不完全な中世宗教として捉え直されることになったのである。

この転換の背後には、顕密仏教を古代的と捉えるか、中世的と捉えるかといった問題を超えて、歴史認識の基本に関わる黒田の方法と視座の変化を見て取ることができる。かつて黒田は石母田の理論を承けて、荘園性―古代的、領主制―中世的という枠組みを前提として、荘園制を基盤とする顕密仏教を「古代的」存在と規定した。それは、在地領主を中世的世界形成の主役と捉えたことから導き出された論理的な帰結であり、顕密仏教そのものの分析から生まれた結論ではなかった。

そうした先入観を捨てて実態をみれば、中世において顕密仏教がもっていた社会的な影響力と、それを支える物質的・軍事的な基盤は圧倒的だった。しかし、領主制理論にもとづく限り、顕密仏教がいかに強大な勢力を保持しようとも、それは結局「古代的」と規定する以外に手はないのである。石母田が東大寺の支配の貫徹を、古代の勝利と結論づけざるをえなかったゆえんである。そうしたなかで、黒田の顕密仏教＝中世的存在という規定は、当時多大な影響力を保持していた領主制理論に対する、歴史の現実を踏まえた重大な異議申し立てだった。ただし、この段階ではそうした疑問はまだ萌芽的であり、顕密仏教を「不徹底な中世宗教」と規定するなど問題提起に留まっていた。

なお、この時期黒田が真宗を一貫して中世宗教の典型とする背景には、親鸞をもっとも純粋な中世的宗教として把握し、旧仏教と対比してのその革新性に着目した家永三郎[12]や服部之総[13]の影響があったと推定される。それに加えて、マルクス主義の理論と実証主義によっては割り切れない、親鸞―真宗に対する黒田の変わることのない共感があるように思われる。そうした心情の一端は、一九五〇年代の著作に散見される、「親鸞の思想は、彼の死後二百余年後、一向一揆の農民の心の糧として、はるかに大規模によみがえるのである」といった言葉にうかがうことができる。

黒田は親鸞と真宗の意義に着目する一方で、マルクス主義が上部構造の思想・文化を法則的な視点から把握することを否定するものであるとする、当時の通念を批判していった。その上で、「土台と上部構造に関するマルクス主義理論の正当性は、文化史の研究が、自らの方法によってそのような論断を可能にすること、いわば固有の方法の確保にもとづいて自己主張することを、妨げるものではあるまい」と述べ[15]、宗教思想研究への沈潜がマルクス主義史学の立場と矛盾するものでないことを強調するのである。

3 権門体制論の提唱

一九六〇年ごろ、黒田俊雄は領主制理論を離脱して、荘園制を封建制支配のシステムと捉えるようになった。平雅行のいう、黒田学説の第二期への転換である[16]。その転換をもたらしたものは、おそらくは黒田が中世史料を繙いていくなかで実感した寺社勢力の圧倒的な権力と権威だった。

その転換を経てもなお、黒田は親鸞と一向専修を典型的な中世的宗教とみる第一期以来の認識にもとづき、権門寺社の封建領主化を「反動的」対応と位置づけていた。だが、農民的な小経営に対する収取を基礎に置く荘園制支配の体系は、その実態を知れば知るほど、いかなる観点からしても奴隷制と捉えることは困難だった。寺社領荘園が列島全域を広く覆っていた中世社会においては、むしろ領主制理論が重視してきた在地領主による家父長制的な農奴主経営よりも、荘園領主の農民支配が収取関係の基本的位置を占めていた。

こうした認識の転換を経て、黒田は荘園制的支配を中世的な領主制支配の主流と捉え直し、在地領主の農奴支配を副次的なものと位置づける、まったく新たな中世像の構想に到達する。『岩波講座日本歴史』（一九六三年）に収録された「中世の国家と天皇」[17]における、「権門体制論」の提唱である。

黒田の権門体制論は、封建的支配の基本を在地領主制から荘園領主制へとシフトさせるという重大な役割を果たしたが、それは中世国家論についても新たな地平を切り開くものだった。石母田は都市貴族や大寺社が行う荘園制支配を古代的なものと捉え、それを在地レベルで根源から突き崩していく新たな動きを在地領主制の形成に求めた。当然のことながら石母田にとっては、在地領主層の力を結集し、それを基盤として成立した鎌倉幕府こそが中世国家であった。中世国家の主役を鎌倉幕府と捉える一方、公家政権を最終的には打倒さるべき古代的存在とみなし、両者の相克のうちに鎌倉期の政治過程をみようとする「二重政権論」は、当時の中世国家論の主流だった。

黒田が権門体制論によって批判の俎上に上げたのは、この二重政権論だった。一見すると、鎌倉時代が公武の激しい対立と相克の時代にみえることはまぎれもない事実である。しかし、黒田はこうした表面的な対立の背後に一定の秩序が保たれていたことに着目する。たとえば、武家政権は次々と公家の権益を侵犯していくようにみえながらも、在地領主—地頭の荘園侵略に対しては一貫して荘園領主を擁護する側に回った[18]。

公武政権は表面的には常に対立して、反目しあっていた。しかし、それはどこにでもある権力内部の主導権争いにすぎない。むしろ重要なのは、支配される民衆の側の問題である。二つの権力は人民に対しては、相互に連携しながらその上に厚く覆いかぶさっていたのではないか。

黒田はこうした見通しに立って中世国家を、大土地所有＝荘園制支配を共通の基盤とする荘園領主階層＝権門勢家が、国家権力を分掌しつつ支配を遂行する体制と規定した。すなわち天皇家は国王を輩出する家としての役割を、武家権門は軍事・警察の権限を、寺社権門は国家支配のイデオロギーを提供するという役割を、それぞれ担っていた。これらの諸権門は国政上の一定の役割を司りながら、あいよって国家支配を遂行していたとされるのである。

これまでしばしば黒田の権門体制論は一つの国家論であり、諸権門が国家権力を分掌する体制と説明されてきた。こうした規定は誤りとはいえないまでも、権門体制論の本質を的確に言い当てたものとはいいがたい。黒田が第一義として論じようとしたのは、たんなる支配権力の共存のシステムではなかった。「中世国家……が、当時の人民にとって、いかなるものであったか[19]」という、支配される人民の側に立った視点の重要性だったのである。

二 顕密体制論の構造

1 権門体制論と顕密体制論

権門体制論の提示から一二年後、黒田は一九七五年に刊行された『日本中世の国家と宗教』所収の「中世における顕密体制の展開」という論考において、従来の常識的な理解とは異なる独自の中世宗教像を提示した。以後の日本仏教研究に重大な影響を及ぼすことになる、「顕密体制論」と呼ばれる学説の提唱である。

顕密体制論は、権門体制下における権門寺社の共存のあり方と、国家との関係の基本構造についての概念である。すでにみてきたように、早い段階からの黒田の研究動機の一つに、親鸞を歴史上にいかに位置づけるかという問題意識があった。黒田がはじめ顕密仏教に着目したのは、一向専修が克服すべき古代仏教としてであったが、やがてその社会的実体と宗教的権威の大きさを実感するにつれて、顕密仏教を中世仏教の主流として把握すべきであるという認識に到達するに至る。

黒田の権門体制論は、公家や寺社勢力を中世権門と捉えることを前提として、はじめて成立する図式だった。その意味では、寺社勢力を中心にして中世の宗教世界を把握しようとする顕密体制論は、発想としては権門体制論に先行するものであり、もっと早い段階で提示されても不思議はなかった。だが、黒田は早急にことを進めようとはせず、長期間にわたる成熟を待った。そのため、その図式の完成度は高く、古代から近代までを見通す宗教史の図式としてもたいへん優れたものとなった。顕密体制論以前・以後という研究史の区分ができるほどに、学界に甚大なインパクトを与えるのである。

「中世における顕密体制の展開」において黒田がまず強調したのは、社会的勢力・宗教的権威いずれの面でも、中世において旧仏教の保持していた圧倒的な力である。その際、黒田は「新仏教・旧仏教」といった区分が近世以降の宗派を基準にしてなされたものであるとして、分析概念としてのその有効性に疑問を投げかけた。代わって、歴史的に実在した中世の正統を示す概念として「顕密」という語を提示した。

黒田によれば延暦寺・興福寺・東大寺などの古代以来の伝統を誇る有力寺院――顕密仏教は、通説でいわれるように、一方的な衰退と退廃の道を辿ったわけではなかった。彼らは従来の後援者であった古代国家が解体するや、国家的支援に代わる新たな財政基盤として、積極的に土地＝荘園の獲得に乗り出した。その結果、伝統寺院は十二世紀には巨大な荘園領主（権門寺院）として再生することに成功し、古代以上の強力な権力を体現して世俗界に影響力を行使するようになった。同時に、仏教界においてもその盟主としての地位を強化していく。

それらの権門寺院はたんに個別領主として分立し対抗しつつ存在していたのではない。彼らは「顕密主義」ともいうべき共通の理念を媒介として、共存の秩序を作り上げるとともに、国家支配を正当化するイデオロギー部門を担当することを通じて、みずから支配体制の一翼を担っていたのである。

黒田はこのように、顕密主義を基調とする諸宗が国家権力と癒着した形で宗教のあり方を固めた体制を、「顕密体制」と命名した。そして、「独特の社会集団と国家体制とによって裏付けられた、世俗的実体さえ含む[20]」この顕密体制こそが、中世仏教界の「正統」であり、支配的位置を占めていたと主張するのである。

2 全体史としての中世史へ

旧仏教の歴史的な役割を重視する顕密体制論は決して研究界の突然変異ではなく、その前提には寺社勢力の役割に着目した平泉澄の研究[21]をはじめ、中世仏教をめぐる学問研究の蓄積があった。にもかかわらず顕密体制論の顕著な特色は、その背後に「権門体制論」と呼ばれる黒田独自の中世国家像をもっていたことだった。

戦後の鎌倉仏教研究に共通する問題関心は、いかにすれば宗派史を超えたその総体的な把握が可能になるかという点にあった。この課題に対して取られた代表的なアプローチの方法は、先に述べたように、新仏教に共通する革新性に着目してそれを抽出しようとするものだった。それ以外にも、田村芳朗が試みた本覚思想を諸思想把握の座標軸とするもの[22]、大隅和雄のように広く時代思潮のなかで鎌倉仏教の成立を考えようとするもの[23]、などのさまざまな試みがなされた。

これらの立場に対し、黒田がとったのは、中世に出現する宗教そのものの内在的分析からその「中世的」性格を探り出そうとする方法だった。黒田によれば、戦後の中世仏教研究の中心となった鎌倉新仏教論は、宗派という枠は超えたものの、近世以降に確定する後世の宗派概念をそのまま中世に持ち込むという誤りを犯していた。これを克服するためには、なにゆえにそれぞれの宗教が中世的であるかを、同時代の歴史的状況と照応させながら解明していく必要があった。

黒田の場合、彼が考える中世宗教としての指標は、中世という固有の歴史状況のなかで特定の役割を担っていることでなければならなかった。かくして彼は、中世的な支配体制＝権門体制に即応し、それをイデオロギー的に支える機能を果たしたものを中世宗教の正統と規定するのである。

黒田が「中世の人民にとって宗教とはなんだったのか」という問題視覚から、顕密体制論にイデオロギー論の方法を導入したことは、その理論にもう一つの重要な特色を付与することになった。そのことによって仏教史研究に、頂点的思想家論を超えて、歴史の全体的動向や生きた民衆との関わりを追究する道が開かれた。従来の中世仏教研究をはるかに凌駕する顕密体制論のスケールは、こうした彼独自の視座と方法から生み出されることになったのである。

黒田の顕密体制論はこれまでしばしば、思想の「質」から「量」へと視点を転換したところにその意義があるとされた。しかし、「量」的影響力という点からいえば旧仏教が中世仏教の主流であることは、すでに戦前からの常識であり、家永をはじめとする中世仏教研究者の等しく認めるところであった。彼らがそこに着目しなかったのは、それがしょせんは古代仏教の残骸であり、思想的にみるべき価値がないという認識があったからである。

それに対して、黒田は旧仏教を明確に「中世的」宗教と規定し、それが果たした歴史的・イデオロギー的機能を明示した。黒田の指摘によって、中世の旧仏教に一躍スポットライトが当てられることになった。寺領荘園や寺院機構の形成についても、顕密体制論以後は、「古代寺院の中世的転生」という角度から、改めてその意義が問い直されるようになった。かくして一九七五年を転機として、中世仏教研究の中心対象はいわゆる新仏教から顕密仏教へと地滑り的な転換を迎えるのである。

3　中世仏教の正統と異端

顕密体制論においては、それまで中世仏教の主役として扱われてきた親鸞をはじめとする新仏教諸派はどのような位置を与えられるのであろうか。黒田によれば、十二世紀末から始まる一連の仏教改革運動（いわゆる新仏教の勃興）は、支配的位置にあるこの「顕密」仏教に対し、それが生み出す時代的・社会的諸矛盾を、さまざまな部分的・特殊的形態で表現する「改革」、ないしは「異端」の運動にほかならなかった。

黒田の示した見取り図に対しては、当然のことながら批判の声も起こった。その中心となったのが、今井雅晴[24]、家永三郎[25]ら鎌倉新仏教研究者だった。黒田の顕密体制論のように社会的実体としての仏教教団を重視する立場では、仏教がもつ可能性や普遍的価値を無視することになってしまうのではないか、という批判である。

この批判についていえば、平雅行が的確に反論しているように、顕密体制論は決して思想的達成を無視するものではない[26]。鎌倉新仏教に対する「異端」という規定は、「正統」である顕密仏教に対して、それがどのような思想史的意義をもっていたのかという問いかけと表裏一体のものである。顕密仏教を背景に置くことによって、より明確に新仏教の思想的達成を浮かび上がらせる道が拓かれたのである。その先には、親鸞の歴史的な意義を追求してきた黒田の最終的な到達点が展望されるはずであった。

黒田の第二期の著作には、新仏教の思想について純粋な中世的宗教という評価がみられる一方、宗教＝アヘン論と見まがうような否定的な評価も混在していた。「仏法領」の観念についての、「その表象《イメージ》が封建所領の映像であることにおいて、また世俗との峻別や「凡夫」の強調によって一面では民衆の願望をとらえ他面では封建支配の安全弁となった点において、封建社会にふさわしい[27]」という言葉は、その矛盾を端的に示すものである。中世封建制から中世宗教の概念を導きだそうとすれば、中世宗教＝封建制支配のイデオロギーと考えざるをえず、新仏教を純粋な中世宗教と規定すれば、そこから必然的に新仏教＝典型的な封建支配の宗教という結論が導きだされることになるからである。それに対し、新仏教＝「異端」という規定は、顕密仏教＝「正統」を封建支配のイデオロギーとする一方、異端をそれに対する中世的な解放の思想として位置づけることを可能にした。

しかし、黒田は「正統」と「異端」（および「改革派」）という図式で中世仏教の全体構造の見取り図を示しながらも、さらに先に進んで、「異端」の歴史的意義の追究と、最終目標だったはずの親鸞論に踏み込むことはなかった。中世史の代表的な研究者となっていた黒田は、すでにあまりにも多くの戦線を抱えていた。研究者以外の読者を対象とした仕事の多さに加え、晩年の体調の不安もあり、おそらくは黒田がもっとも沈潜したかった仕事の一つである「異端」の歴史的意義の解明に取りかかることはできなかった。その課題は平雅行[28]など、その志を継いだ当時の若手研究者によって押し進められることになるのである。

三　戦後歴史学と神仏

1　黒田俊雄と網野善彦

私が黒田俊雄の名を初めて知ったのは、一九七五年七月、書店で刊行されたばかりの『日本中世の国家と宗教』（岩波書店）を手にしたときである。おりしも大学の卒業論文の準備に追われていた時期だった。私は卒論のテーマとして日蓮の思想を取り上げることを決めていた。旧仏教の思想との対比において、日蓮の思想史的意義を明らかにすることを目指していた私にとって、この本で提起された「顕密体制論」はきわめて新鮮だった。

しかしその一方で、きわめて稚拙なレベルの問題意識ではあるが、黒田の「顕密体制論」ではいわゆる「新仏教」の歴史的な位置づけがまだ十分ではないという印象を抱いた。家永が見出したような、親鸞、道元、日蓮らの思想のもつ時代を超えた輝きを、黒田が開拓した新たなコンテクストのなかでいかに描き出すかが、私のさしあたっての課題となったのである。

黒田の顕密体制論を海図として学問の海に乗り出した私は、遠からずしてもう一冊の衝撃的な著作に遭遇した。それは一九七八年に、平凡社から刊行された網野善彦の『無縁・公界・楽――日本中世の自由と平和』である。一九七〇年代から九〇年代にかけて中世史研究の双璧をなした黒田と網野は、いずれも一九二〇年代の生まれで、五〇年代初めにはマルクス主義の政治運動に従事したという経歴をもっている。

黒田の学説を戦後の学問史に位置づけようとするとき、網野との対比によって、その特色がより鮮明に浮かび上がってくるように思われる。最後に、その視点から若干の考察を試みたい。

私たち現代人は、「世界」や「社会」といえば人間によって構成されるものという認識をもっている。しかし、近代以前の人々の理解によれば、この世界の構成者は人間だけではなかった。そこでは神仏といった超越者や死者が圧倒的な存在感をもっていた。それらが人間と共存しながら、一つの世界を形作っていると信じられていた。とりわけ中世以前の社会では、神仏の意思が、社会をもっとも根源的なレベルで突き動かしていると考えられたのである。

もしこの前提が承認されるのであれば、私たちが前近代の国家や社会を考察しようとする場合、その構成要素として人間を視野に入れるだけでは不十分である。人間と人間を超える存在が、いかなる関係をたもちながら共通の世界を作り上げているかを解明する必要がある。

王の問題を考えようとするにあたっても、こうした視点は不可欠である。王の創出は人間界だけでなく、神仏や死者によって構成される異界や自然界をも含めた、世界全体に秩序を付与する行為だった。逆に、王がこの世界のなかで安定した位置を占めるためには、支配組織の整備や権力基盤の拡充だけでなく、神仏や死者と安定した関係を取り結ぶことが不可欠だった。

黒田俊雄が提起した国家論の重要性は、国家の存立と支配に果たす超越的存在の役割を的確に認識し、それを歴史の構想に組み込んだことにあるように思われる。中世社会は社会のシステムの隅々にまで宗教の浸透していた時代だった。支配―被支配関係や身分関係も、すべて宗教的な外被をまとって現出していた。顕密仏教はそうした社会秩序を維持する上で、不可欠の役割を担っていた。支配が宗教的な形態をとって現れる社会では、それに対する不満や批判・反抗も、宗教的反抗の装いをもって登場することになった。

中世的支配における宗教イデオロギーの重要性は、黒田以前から認識されていた。しかし、「権門体制論」といわれる独自の中世国家論の構想を踏まえ、全体史としての宗教史を指向した黒田の顕密体制論には、従来の浅薄な支配イデオロギー研究からの明らかな飛躍を看取できるのである。

2　無縁の力

こうした形で研究史の流れを振り返ったとき、すぐに気がつくことは、網野善彦もまた人間を超えるもの（カミ）が歴史に果たす役割を、正確に認識していた歴史家だったということである。

網野は『無縁・公界・楽』において、なにものにも拘束されない根源的な自由を求める原始・未開以来の脈々とした動きを「無縁」と名付け、その原理の展開と衰退のプロセスを軸として歴史を把握しようと試みた。その際網野は、西欧におけるアジールの発展段階説を参照しながら、「無縁」の現れ方を三つの段階に区分している。

人類が最初に「無縁」の原理を自覚するのは、自然に完全に圧倒されている未開の段階が終了し、人類の定住と移動が明瞭になり、族長の権力と原初的な奴隷が出現するころだった。そこでは「無縁」はその対極に「有縁」「有主」を析出しながら、それとみずからを区別する形でその原理をあらわにしてくる。この第一段階は、まだ色濃く未開の特質を残しており、「無縁」の原理はさまざまな神に結びついた聖なるものとしてその姿を現している。

第二段階は、「無縁」の原理が明確に自覚されるとともに、仏教などのさまざまな宗教思想として体系化される段階である。日本では鎌倉後期からそれまでの聖的・呪術的アジールに代わって、実利的アジールともいうべき現象が広く社会に現れ、室町・戦国期に至ってほぼ完成した姿を示す。「無縁」の原理は宗教的な色彩を残しながらも、「無縁」「公界」「楽」という明確に意識化された自覚的な原理となった。

そこでは思想の深化がみられる一方で、「有主」「有縁」の原理による「無主」「無縁」の原理の取り込みも活発化し、「原無縁」の衰弱も進行する。それは同時にアジールの第三段階、「無縁」の原理の衰退と「終末」段階の開始の時期でもあったのである。

網野によれば、無縁の原理は常に人間を超える聖なる存在によって支えられていた。その現れであるアジールは、神や仏の支配する聖なる空間だった。私的所有の展開は、自然・野生に発する「無縁」の原理を取り込み克服する過程であり、それは人間がみずから作り上げた鉄鎖で自身を縛り上げていく行為にほかならなかった。——網野はこうした形で歴史の展開を振り返り、人類があらためてその鉄鎖を断ち切って自由を回復する道筋として、「無所有」の深化・発展の法則を解明していく必要を論じるのである。

戦後歴史学の主流は、中世史だけに留まらず、マルクス主義にもとづく社会構成史だった。そこでは、歴史はどこまでも人間の歴史だった。神仏や死者などの目にみえない存在は、当然のことながら視野に入ることはなかった。

こうした風潮に対して大きな転機となったものが、一九七〇年台から顕著になる社会史の隆盛だった。西洋史の阿部謹也や網野善彦はその代表的研究者だった。彼らが着目したのは、神・仏・先祖などに対して前近代人が抱いていたリアリティであり、それが社会や国家のあり方をいかに大きく規定したかという問題だった。社会史を厳しく批判した黒田と、社会史家を自任した網野は一見その立ち位置を異にしているようにみえるが、超越的存在の役割に対する強い関心という点において共通の立場を看取できるのである。

3 戦後歴史学におけるカミの再発見

ともに中世といわれる時代を主たるフィールドとし、超越的存在（カミ）が前近代社会において占める位置とその果たす役割を重視しながらも、私は黒田と網野のあいだには、単なる研究対象や歴史解釈の相違の問題に還元できない、歴史観そのものの根本的な違いが横たわっていたように思われる。それは、聖なる存在のもつパワーを実際に信じるかどうかという点に関わる問題であり、現代社会が直面する課題に対して、それがなんらかの役割を果たしうるのかという信念に関する問題である。

近代西欧において生み出された思想や哲学は、人間の理性に全幅の信頼を置き、人類と社会の際限なき進化を信じる立場をとってきた。歴史観もその例外ではない。近代の歴史観は基本的に進歩史観の立場をとり、到達すべきユートピアを遠い未来に設定した。奴隷制→農奴制→資本制という変化をとげつつ私的所有が進み、最終的には社会主義社会実現の必然性を説くマルクス主義史観も、社会の進歩を前提とする点において、近代史観の一つのヴァリエーションにほかならなかった。

その基本的な軸足を唯物史観に置く黒田は、中世社会において神仏が果たす不可欠の役割を認めるものの、社会の発展はそうした超越者の機能する余地をしだいに狭めていくという信念を抱いていた。黒田は親鸞の思想を高く評価したが、それはあくまで個人の内面レベルでの問題であって、現代における社会変革の論理と捉えることはなかった。黒田は人間の理性を信頼し、そのたゆまぬ努力がやがてはよりよき社会を実現することを信じてやまなかった。

出発点は同じマルクス主義にありながらも、網野が『無縁・公界・楽』で描き出した歴史の像は、黒田とは対照的だった。網野はどの人間も自由に対する根源的な欲求をもっていると考え、それを「無縁」と命名した。それの原理は普遍的であるとともに、時代と社会に応じてさまざまな形態をとって出現した。

網野にとって真の自由と平和の空間は、無縁の原理が何ものにも妨げられることなく機能していた過去にこそ存在した。人類の歴史は人間がもつ本源的な自由の衰退の歴史にほかならなかった。網野の歴史認識は、黒田とはまったく対照的に、過去にユートピアを見出す衰退史観だった。

黒田の顕密体制論と網野の無縁論がその全貌をあらわにする一九七〇年代は、モダンからポストモダンへの潮目の時期に当たっていた。左翼的・大衆的な政治運動は、七〇年安保を分水嶺として急速に勢いを失った。その挫折は戦後民主主義を支えてきた近代主義やマルクス主義からの人々の離反を招いた。成長神話の崩壊と進歩への疑念が生まれ、社会には閉塞感が漂い始めていた。

黒田と網野はともにそうした思潮に棹さし、歴史発展に果たす聖なる存在の役割に着目した研究者だった。だが、人間の理性と社会の進化を信じるマルクス主義の再生を目指すか、歴史の進歩という概念そのものを放棄して新たな法則を探究するかという選択において、両者は正反対の方向に歩み出すことになったのである。

おわりに

真宗の影響の強い家庭に育った黒田俊雄にとって、親鸞は幼少の時分からなじみのある人物だった。黒田は青春時代のある時期、親鸞と再会を果たしその思想に魅了された。やがて黒田はマルクス主義の道に入るが、親鸞思想に対する共感はその後も変わることがなかった。黒田が中世史研究の道を志したとき、彼がまず試みたのは広い中世史のコンテクストのなかに、親鸞と真宗をどのように位置づけるかという問題だった。

やがて黒田の関心は、親鸞が対峙した当時の伝統仏教界＝顕密仏教に向けられるようになる。さらにその問題関心は、顕密寺社勢力をその一角に組み込んだ中世の国家体制へと拡大する。しかし、問題意識は変わっても、その中核に位置していたのは親鸞だった。黒田の学問は、親鸞が対峙した相手を追究し、親鸞を位置づけるためのより広い歴史的文脈を探り出すなかで作り上げられていったもののように、私には思われるのである。

黒田は親鸞に対し、終始学問の対象という以上の共感を抱き続けていた。しかし、その親鸞論は、あくまでも思想史的意義の考察であり、現代的な問題関心とストレートに結びつけて親鸞を語ることはなかった。また、上部構造としての文化・思想を固有の方法にもとづいて分析することがマルクス主義史学と矛盾しないことを論じて、自身の宗教思想史研究とマルクス主義との調和を模索しつづけた。それは科学的な学問に立脚することを自任する歴史家としての、黒田なりの身の処し方であったにちがいない。

黒田は顕密体制論において親鸞を中世的な異端と規定するが、その後「異端」の意味を深める作業が進められることはなかった。中世という時代を背景として親鸞思想のきらめきを見出すことが、私には黒田の最終的な目的の一つだったように思われる。それはまた、私が聞きたかった彼の肉声だった。だが、そこに至り着く以前に、黒田はその生涯を終えざるをえなかったのである。

註

（1）黒田俊雄「歴史学入門のころを回想する」（『黒田俊雄著作集 第八巻』法藏館、一九九五年）、四三八―四三九頁。

（2）黒田俊雄「宗教史研究の軌跡――『日本中世の国家と宗教』あとがき」（『黒田俊雄著作集 第八巻』）、四二一頁。初出一九七五年。

（3）黒田「歴史学入門のころを回想する」、四三九頁。

（4）黒田「歴史学入門のころを回想する」、四四〇頁。

（5）原勝郎「東西の宗教改革」（『藝文』第二巻・第七号、一九一一年）、一―一六頁（同『日本中世史の研究』同文館、一九二九年、三〇四―三二一頁に再録）。

（6）石母田正『中世的世界の形成』（伊藤書店、一九四六年）、二四八頁。

（7）『黒田俊雄著作集 第四巻』（法藏館、一九九五年）、二〇七―二五三頁。

（8）『黒田俊雄著作集 第四巻』、二五四―二八二頁。

（9）『黒田俊雄著作集 第四巻』、二五六頁。

（10）『黒田俊雄著作集 第四巻』、三一―八二頁。

（11）『黒田俊雄著作集 第二巻』（法藏館、一九九四年）、三五六―四〇三頁。

（12）家永三郎「親鸞の思想の成立に関する思想史考察」（同『中世仏教思想史研究』法藏館、一九四七年）。

（13）服部之総『親鸞ノート』（国土社、一九四八年）。

(14) 黒田俊雄「親鸞」(『黒田俊雄著作集 第四巻』)、三三八頁。
(15) 『黒田俊雄著作集 第二巻』、三五七頁。
(16) 平雅行「黒田俊雄氏と顕密体制論」(『歴史科学』一三八、一九九四年)。
(17) 『黒田俊雄著作集 第一巻』(法藏館、一九九四年)、三一四六頁。
(18) 黒田俊雄「鎌倉幕府論覚書」(『黒田俊雄著作集 第一巻』)、一七七―二〇三頁。
(19) 黒田俊雄「中世国家論の課題」(『黒田俊雄著作集 第一巻』)、二一一六頁。
(20) 黒田俊雄「顕密体制論の立場」(『黒田俊雄著作集 第二巻』)、二九二頁。
(21) 平泉澄『中世に於ける社寺と社会との関係』(至文堂、一九二六年)。
(22) 田村芳朗『鎌倉新仏教思想の研究』(平楽寺書店、一九六五年)。
(23) 大隅和雄「鎌倉仏教とその革新運動」(『岩波講座 日本歴史』五、一九七五年)。
(24) 今井雅晴「書評・黒田俊雄著『寺社勢力』」(『歴史学研究』五〇〇、一九八二年)。
(25) 家永三郎「書評・平雅行著『日本中世の社会と仏教』」(『日本史研究』三七八、一九九四年)。
(26) 平「黒田俊雄氏と顕密体制論」。
(27) 黒田俊雄「一向一揆の政治理念」(『黒田俊雄著作集 第四巻』)、三一四頁。
(28) 平雅行「専修念仏の歴史的意義」(同『日本中世の社会と仏教』塙書房、一九九二年)。初出一九八〇年。

執筆者一覧（掲載順）

KLAUTAU, Orion（クラウタウ　オリオン）
一九八〇年生まれ。専門は宗教史学（近代日本仏教）。東北大学大学院国際文化研究科准教授。著書・論文に『近代日本思想としての仏教史学』（法藏館、二〇一二年）、「宗教概念と日本」（島薗進・他編『神・儒・仏の時代――シリーズ日本人と宗教 第2巻』春秋社、二〇一四年）、「近代日本の仏教学における〝仏教 Buddhism〟の語り方」（末木文美士・他編『ブッダの変貌――交錯する近代仏教』法藏館、二〇一四年）ほか。

末木　文美士（すえき　ふみひこ）
一九四九年生まれ。専門は仏教学、日本思想史。東京大学名誉教授、国際日本文化研究センター名誉教授。著書には『鎌倉仏教展開論』（トランスビュー、二〇〇八年）、『浄土思想論』（春秋社、二〇一三年）、『親鸞――主上臣下、法に背く』（ミネルヴァ書房、二〇一六年）ほか。

桐原　健真（きりはら　けんしん）
一九七五年生まれ。専門は近代日本倫理思想史。博士（文学、二〇〇四年東北大学）。金城学院大学文学部教授。主な著書には、『吉田松陰の思想と行動――幕末日本における自他認識の転回』（東北大学出版会、二〇〇九年）、共編著『東アジアにおける公益思想の変容――近世から近代へ』（日本経済評論社、二〇〇九年）、『吉田松陰――「日本」を発見した思想家』（ちくま新書、二〇一四年）ほか。

平　雅行（たいら　まさゆき）
一九五一年生まれ。専門は日本中世史。大阪大学名誉教授、京都学園大学人文学部教授。主な著書には、『日本中世の社会と仏教』（塙書房、一九九二年）、『親鸞とその時代』（法藏館、二〇〇一年）、『歴史のなかに見る親鸞』（法藏館、二〇一一年）ほか。

林　淳（はやし　まこと）
一九五三年生まれ。専門は宗教学、日本宗教史。愛知学院大学教授。主な著書には、『近世陰陽道の研究』（吉川弘文館、二〇〇五年）、『天文方と陰陽道』（山川出版社、二〇〇六年）、共編著『ブッダの変貌』（法藏館、二〇一四年）ほか。

大澤　広嗣（おおさわ　こうじ）
一九七六年生まれ。専門は宗教学、日本近現代宗教史。文化庁文化部宗務課専門職、東洋大学文学部非常勤講師。主な著書には、『戦時下の日本仏教と南方地域』（法藏館、二〇一五年）、編著『仏教をめぐる日本と東南アジア地域』（アジア遊学・第一九六号、勉誠出版、二〇一六年）ほか。

西村　玲（にしむら　りょう）
一九七二年生まれ。専門は日本思想史、東アジア仏教思想。日本学術振興会特別研究員、公益財団法人中村元東方研究所専任研究員などを歴任。主な著書・論文には、『近世仏教思想の独創——僧侶普寂の思想と実践』（トランスビュー、二〇〇八年、日本学士院学術奨励賞）、「教学の進展と仏教改革運動」（『新アジア仏教史13・日本Ⅲ——民衆仏教の定着』佼成出版社、二〇一〇年）、「近世仏教論」（『日本思想史講座3——近世』ぺりかん社、二〇一二年）、「須弥山と地球説」（『岩波講座日本の思想・第四巻——自然と人為』（岩波書店、二〇一三年）ほか。二〇一六年二月没。

菊地　大樹（きくち　ひろき）
一九六八年生まれ。専門は日本中世史、仏教史。東京大学史料編纂所准教授。主な著書・論文には、『中世仏教の原形と展開』（吉川弘文館、二〇〇七年）、『鎌倉仏教への道』（講談社、二〇一一年）、「日本中世における宗教的救済言説の生成と流布」（『歴史学研究』九三二、二〇一五年）ほか。

岩田　真美（いわた　まみ）
一九八〇年生まれ。専門は真宗学、近代仏教。龍谷大学文学部講師。主な論文には、「幕末期西本願寺と『仏法護国論』をめぐって——月性「護法意見封事」との相違について」（『仏教史学研究』五三・二、二〇一一年）、「十九世紀の真宗とキリスト教——自他認識をめぐって」（『真宗学』一二七、二〇一三年）、「近代の妙好人伝にみる女性仏教者像」（『龍谷大学論集』四八五、二〇一五年）ほか。

引野　亨輔（ひきの　きょうすけ）
一九七四年生まれ。専門は日本近世文化史。千葉大学文学部准教授。主な著書・論文には、『近世宗教世界における普遍と特殊』（法藏館、二〇〇七年）、「講釈と出版のあいだ」（島薗進・他編『書物・メディアと社会――シリーズ日本人と宗教　第5巻』春秋社、二〇一五年）、「仏書と僧侶・信徒」（横田冬彦編『シリーズ〈本の文化史〉第1巻』平凡社、二〇一五年）ほか。

碧海　寿広（おおみ　としひろ）
一九八一年生まれ。専門は宗教学、近代仏教。龍谷大学アジア仏教文化研究センター博士研究員。主な著書には、『近代仏教のなかの真宗』（法藏館、二〇一四年）、『入門　近代仏教思想』（ちくま新書、二〇一六年）、共著『ホッピー文化論』（ハーベスト社、二〇一六年）ほか。

繁田　真爾（しげた　しんじ）
一九八〇年生まれ。専門は日本近代思想史。明星学園教諭、早稲田大学現代政治経済研究所特別研究所員。主な論文には、「一九〇〇年前後日本における国民道徳論のイデオロギー構造（上）（下）」（『早稲田大学大学院文学研究科紀要』第五三・五四輯、二〇〇八・二〇〇九年）、「日清戦争前後の真宗大谷派教団と「革新運動」」（『近代仏教』第一五号、二〇〇八年）、「清沢満之「精神主義」再考」（『佛教史学研究』第五四巻一号、二〇一一年）ほか。

前川　健一（まえがわ　けんいち）
一九六八年生まれ。専門は日本仏教思想史。創価大学大学院文学研究科准教授。主な著書・論文には、『明恵の思想史的研究』（法藏館、二〇一二年）、共編著『明恵上人夢記訳注』（勉誠出版、二〇一五年）、「『薩曇分陀利経』と法華経」（『仏教学』五六号、二〇一五年）ほか。

近藤　俊太郎（こんどう　しゅんたろう）
一九八〇年生まれ。専門は仏教史学。本願寺史料研究所研究員。主な著書・論文には、『天皇制国家と「精神主義」――清沢満之とその門下』（法藏館、二〇一三年）、共編著『近代仏教スタディーズ――仏教からみたもうひとつの近代』（法藏館、二〇一六年）、「戦後親鸞論への道程――マルクス主義という経験を中心に」（『仏教文化研究所紀要』第五二集、龍谷大学仏教文化研究所、二〇一四年）、ほか。

花野　充道（はなの　じゅうどう）
一九五〇年生まれ。専門は天台教学史、日本仏教思想史。

法華仏教研究会主宰。著書には、『天台本覚思想と日蓮教学』（山喜房佛書林、二〇一〇年）、編書に『法華経と日蓮』（春秋社、二〇一四年）や『日蓮の思想とその展開』（春秋社、二〇一四年）ほか。

佐藤　弘夫（さとう　ひろお）

一九五三年生まれ。専門は日本思想史。東北大学大学院文学研究科教授。主な著書には、『ヒトガミ信仰の系譜』（岩田書院、二〇一二年）、『鎌倉仏教』（ちくま学芸文庫、二〇一四年）、『死者の花嫁』（幻戯書房、二〇一五年）ほか。

肖像写真出典一覧

家永三郎
東京教育大学近くの公園にて。一九七二年。
『家永三郎――一歴史学者の歩み』（日本図書センター、一九九七年）

服部之総
吉川英治との対談に赴く途次。一九五一年十二月。
『服部之総著作集1』（理論社、一九六四年）

井上光貞
撮影場所および年月日不詳。
『井上光貞著作集　第十一巻』（岩波書店、一九八六年）

圭室諦成
撮影場所および年月日不詳。
圭室諦成先生ご遺族蔵（圭室文雄氏提供）。
『駿台史学』（第二〇号、一九六七年三月）にも掲載。

古田紹欽
出光美術館にて。一九八〇年ごろ。
山県市文化の里・古田紹欽記念館蔵および提供。

中村元
撮影場所および年月日不詳。
中村元博士還暦記念会編『インド思想と仏教』（春秋社、一九七三年）

笠原一男
一九六一年三月。
東京大学史料編纂所蔵。

森龍吉
撮影場所および年月日不詳。
『森龍吉著作選集――森龍吉・人と思想』（東洋思想研究所、一九八二年）

柏原祐泉
撮影場所および年月日不詳。

滋賀県長浜市智源寺所蔵および提供。

五来重
石川県ヤセの断崖（能登金剛）付近にて。一九八五年六月一六日。
西山郷史氏撮影、蔵および提供。

吉田久一
一九六五年ごろ。
淑徳大学アーカイブズ。

石田瑞麿
撮影場所および年月日不詳。
石田瑞麿先生ご遺族蔵（石田巍氏提供）。

二葉憲香
一九七六年ころ。
井上博道氏撮影。二葉博士還暦記念会編『仏教史学論集』（永田文昌堂、一九七七年）

田村芳朗
撮影場所および年月日不詳。
田村芳朗博士還暦記念会編『仏教教理の研究』（春秋社、一九八二年）

黒田俊雄
大阪大学黒田俊雄研究室にて。一九八九年三月。
『黒田俊雄著作集　第8巻』（法藏館、一九九五年）

戦後歴史学と日本仏教

二〇一六年一一月一〇日　初版第一刷発行

編　者　オリオン・クラウタウ
発行者　西村明高
発行所　株式会社法藏館
京都市下京区正面通烏丸東入
郵便番号　六〇〇—八一五三
電話　〇七五—三四三—〇〇三〇（編集）
〇七五—三四三—五六五六（営業）

装　画　君島彩子
装幀者　高麗隆彦
印刷・製本　亜細亜印刷株式会社

ISBN978-4-8318-5544-2 C3021